dtv

»Die ganze Welt ist ein Theater, und jeder spielt seine Rolle. Mir ist's egal, wie das Stück heißt, solange ich nur im Rampenlicht stehe.« Das ist nicht ganz die richtige Einstellung, um auf einem Friedensfest in Moskau als überzeugter Pariser Kommunist aufzutreten, doch die Partei hat keine Wahl. Immerhin lernt dieser angebliche Vertreter einer vom französischen Imperialismus unterdrückten Ethnie das nötige Vokabular wie einen Bühnentext – und macht überraschend Furore ... Michael Kleeberg zeigt in fünfzehn zeitkritischen Geschichten Menschen bei der Bewältigung unterschiedlichster Lebenssituationen. Er erweist sich dabei als genauer Beobachter und glänzender Stilist.

Michael Kleeberg, geboren am 24. August 1959 in Stuttgart, wuchs in Böblingen und Hamburg auf. Er lebte in Rom und Amsterdam und war von 1986 bis 1994 Mitinhaber einer Werbeagentur in Paris. Heute lebt er als Schriftsteller und Übersetzer aus dem Französischen und Englischen in Berlin.

Michael Kleeberg

Der Kommunist vom Montmartre

und andere Geschichten

Deutscher Taschenbuch Verlag

Von Michael Kleeberg
sind im Deutschen Taschenbuch Verlag erschienen:
Barfuß (12357)
Ein Garten im Norden (12890)

Ungekürzte Ausgabe
Januar 2002
© 2002 Deutscher Taschenbuch Verlag GmbH & Co. KG,
München
www.dtv.de
Erstveröffentlichung: Köln 1997
Umschlagkonzept: Balk & Brumshagen
Umschlagbild: ›Ohne Titel‹ (1971) von Sigmar Polke
Gesamtherstellung: Druckerei C. H. Beck, Nördlingen
Gedruckt auf säurefreiem, chlorfrei gebleichtem Papier
Printed in Germany · ISBN 3-423-12938-7

Für Thommy

...after all these years

Inhalt

Der Kommunist vom Montmartre	9
Liebes Brüderchen, liebe Schwester	30
Sechs Tage mit Tiina	49
Laertes und Eumaios	66
Birth of the Cool	76
Der junge König	86
Steven der Held	98
Wasserette	109
Kebab ist überall	131
Der Vater von Lise	154
Eine kurze Freundschaft	165
Die zwei Leben des Dominik D.	182
Literatur	198
Der Herd	222
Der digitale Abenteurer	233

Der Kommunist vom Montmartre

Als die Pariser Zentrale der KP im April 1935 von Moskau aufgefordert wurde, zu dem für den Sommer geplanten Friedensfest je einen Repräsentanten aller vom französischen Imperialismus unterdrückten Ethnien mitzubringen, fand sie sich in tiefste Verlegenheit gestürzt.
Als man nämlich die Mitgliederkartei durchging, bereitete es zwar nicht die geringste Mühe, einen vertrauenswürdigen Algerier und einen aktiven Vietnamesen zu finden sowie Polynesier und karibische Mulatten, die der Order, die französische Delegation zu begleiten, auch begeistert zustimmten; so sehr man jedoch suchte, es gab keinen Vertreter des ausgebeuteten Schwarzafrika in den Reihen der Partei.
Gaspard Morand, den das ZK mit der Organisation der französischen Abordnung beauftragt hatte, glaubte sich schon gerettet, als er schließlich doch die Spuren eines Idriss Wakabe in einem verlegten Zettelkasten aufspürte, erfuhr dann aber vom Kassenwart, der Betreffende sei vor über einem Jahr wegen wiederholter Nichtzahlung der Beiträge aus der Partei ausgeschlossen worden. Morand, der sich über die Schwierigkeiten, die ihn erwarteten, noch nicht im klaren war, lehnte empört den Vorschlag ab, Wakabe doch einfach wieder, trotz seiner mangelnden Solidarität, aufzunehmen und so das Problem zu lösen.
Diese Reise ist eine Auszeichnung, erklärte er katego-

risch, und es kommt gar nicht in Frage, einen Profiteur davon profitieren zu lassen!

Wen aber dann?

Die Parteiaktivisten wurden losgeschickt, um in ihrem Viertel oder in ihrem Bekanntenkreis oder bei der Arbeit einen geeigneten Schwarzen aufzutreiben, der tatsächlich – das war die Bedingung – aus Afrika stammte und bereit war, Mitglied der Partei zu werden. Alle kamen sie mit leeren Händen zurück.
Entweder sie hatten überhaupt niemanden gefunden, oder aber sie fanden jemanden, der paßte, der auch die Reise in die Sowjetunion mitgemacht hätte, aber eben nicht um den in der Tat hohen Preis, durch die zweiwöchige Abwesenheit seine Arbeit zu verlieren.
Schließlich, als die Visatermine immer näher rückten, sah Gaspard Morand sich gezwungen, eine Kleinanzeige aufzugeben, die er sicherheitshalber nicht nur ins Parteiblatt setzte, sondern auch in den »Figaro«, und die folgendermaßen lautete:

»Humanistische Organisation sucht Schwarzafrikaner für zweiwöchige Bildungsreise mit Animation in einen befreundeten Staat.«
Antwort unter Chiffre

Morand war recht stolz auf den verschlüsselten Ton, den die Umstände notwendig machten, aber dieses Gefühl wich einer aufsteigenden Panik, als drei Tage nach Erscheinen der Anzeige nur ein einziger Brief im Postfach des »Figaro« wartete. Er überflog die drei, vier unleser-

lichen und fehlerhaften Zeilen, die erstaunlicherweise auf feinstes Bütten geschrieben waren und lediglich besagten, der Unterzeichnete, ein gewisser L. L., erfülle die Bedingungen, liebe Reisen und sei Herr seiner Zeit.
Morand, dem keine große Wahl blieb, schrieb sofort zurück und bestellte den mutmaßlichen Afrikaner für den übernächsten Morgen in die Parteizentrale.
Am Mittwoch früh, inmitten von Papierbergen an seinem schäbigen Schreibtisch sitzend, konnte er zuerst das Geraune auf dem Flur hören, aber bevor er noch über dessen Ursachen nachzudenken vermochte, flog die Tür auf, und Marie, die Sektionssekretärin, die Hand vor dem Mund und mit geweiteten Augen, stand auf der Schwelle und verkündete:
Monsieur Lammermoor.
Di Lammermoor, bitte! Luciano di Lammermoor! Schauspieler und Varietékünstler, zu Ihren Diensten!
In eine Parfumwolke gehüllt, Jasmin oder Lavendel, dachte Morand, der sich dergleichen für seine Frau nicht leisten konnte, unwillig, tänzelte ein breit grinsender Schwarzer in das verrauchte Büro, zog seine Kreissäge und verneigte sich, indem er mit dem Strohhut wie ein Musketier vor sich in der Luft wedelte. Er trug einen gelben karierten Maßanzug mit bunten Hosenträgern, ein schwarzes Hemd, eine rote Krawatte und dazu – aber nur dazu – passende rote Socken.
Morand, dessen Mund klaffte, dachte zwei Dinge gleichzeitig und war unfähig, sein Gehirn zu tieferer Analyse und seinen Mund zu einer Begrüßung oder Antwort zu bringen. Er dachte:
»Gott sei Dank, er IST schwarz« und »Gottverdammich, eine Tante«.

Als Morand sich von dem Anblick seines Gegenübers erholt und ihm einen Stuhl angeboten hatte, zündete er sich eine Zigarette an, überlegte kurz und entschied sich dann dafür, ohne Umschweife mit der Wahrheit herauszurücken.
Wir suchen einen afrikanischen Neger, der als Mitglied der Partei eine Delegation in die Sowjetunion begleitet, sagte er und blickte den Schwarzen unter zusammengezogenen Brauen an.
Gewiß, antwortete di Lammermoor lächelnd, zu Ihren Diensten, und zündete sich ebenfalls eine Zigarette an, die er in eine elfenbeinerne Spitze gesteckt hatte.
Wir sind die Kommunistische Partei Frankreichs, sagte Gaspard Morand mehr fragend als forschend.
Der Schwarze lehnte sich zurück, nahm einen Zug und hielt die Zigarette von sich, mit gespreizten Fingern. Wie betäubt starrte Morand auf das Rund des Mundes, aus dem kleine Rauchkringel traten.
Ich biete meine Talente einem jeden an, der sie zu würdigen versteht, hier beugte er sich etwas nach vorn und rieb Daumen und Zeigefinger gegeneinander. Überdies, fügte er zwischen den Rauchringen hinzu, habe ich in diesen Teil der Welt noch keine Tournee unternommen.
Morand schloß kurz die Augen.
Sie kennen die Partei? fragte er dann.
Der Schwarze schmunzelte und bewegte die Hand in einer vagen Geste vor seinem Gesicht, als habe man ihn nach einem Theaterstück gefragt, dessen Autor ihm unbekannt war, aber von dessen Akteuren er irgendwo bereits gehört hatte.
Sie sind aber nicht Mitglied einer anderen Partei? fragte Morand vorsichtig.

Lammermoor brach in Gelächter aus. Dann sagte er ernst: Ich bin KÜNSTLER.
Äh, Künstler...?
Ja, ich habe mich bis vor kurzem im »Chat qui pêche« produziert.
Der Name sagte Morand etwas. Es handelte sich um eines der zweifelhaften Kabaretts oben auf dem Montmartre, in dem die Reichen sich Samstag abends gern unter die Kanaille mischten und wohin kein ehrlicher Arbeiter vom Faubourg jemals den Fuß setzen würde.
Und, äh, worin bestand Ihre Arbeit dort?
Oh, warten Sie, ich zeige Ihnen eine Nummer, rief Lammermoor freudig erregt. Es ist natürlich nicht dasselbe ohne Kostüm, ohne Perücke, ohne Accessoires, aber es wird Ihnen eine Idee geben...
Er stand auf, stellte ein Bein auf die Sitzfläche des Stuhls, warf den Kopf in den Nacken, blies den Rauch durch die Nase und begann zu singen: »Je cherche un millionaire...«
Morand erstarrte. Das war die Miss, Mistinguett, kein Zweifel, da stand sie, er vergaß, einen Neger im gelbkarierten Anzug vor sich zu haben, sah nur die große Mistinguett.
Als di Lammermoor seine Imitation unterbrach und sich zu Gaspard Morand hin verneigte, hörte man es klatschen, und fünf Köpfe steckten im Türspalt.
Bravo! rief Marie.
Raus! An die Arbeit! brüllte Morand. Und die Tür zu! Wir sind in einer wichtigen Sitzung! Er tupfte sich den Schweiß von der Stirn.
Das ist noch nicht alles, sagte der Schwarze. Ich mache natürlich auch Fréhel, Damia...

Schon gut, unterbrach Morand ihn. Was wir suchen, ist aber auf einer ganz anderen Linie. Ist ernsthaft... Es hat mit der Ausbeutung der arbeitenden Klassen zu tun. Das ist keine Schauspielerei, sondern bitterer Ernst...
Die Ausbeutung der arbeitenden Klassen, sagte Lammermoor langsam und nachdenklich und blickte Morand an. Er sah bereits den Regisseur in ihm, der eine neue Rolle einstudierte.
Ja, es handelt sich nicht um eine Theatertournee. Wir andern sind wirkliche Arbeiter, wirkliche Ausgebeutete, und unsere Kameraden in der Sowjetunion laden uns ein, weil –
Ein Blick zu dem Schwarzen ließ ihn verstummen.
Es handelt sich... nicht... um eine Tournee? fragte Lammermoor.
Morand biß sich auf die Lippen. Es galt zu entscheiden zwischen Prinzipien und dem Wohl der Partei. Hatte nicht Lenin irgendwo gesagt, daß der Zweck die Mittel heilige? In zwei Tagen mußten die Visa beantragt werden, und die Alternative zu dem Verrückten hier war, den Genossen in Moskau eingestehen zu müssen, daß in Frankreich kein einziger Schwarzer der Partei angehörte.
Es ist... es ist keine Tournee im klassischen Sinne. Nicht in alten Kostümen, meine ich. Es ist... mehr oder minder... ein modernes Stück... Er schnappte nach Luft. Arbeitertheater! stieß er hervor. Ein internationales Treffen zum kulturellen Austausch! Wenigstens hierbei log er nicht völlig.
Lammermoor hatte sein Lächeln wiedergefunden.
Ah, die anderen sind alles Amateure! rief er. Das heißt, ich werde ihnen meine Bühnenerfahrungen weitergeben können. Sehr schön. Worin besteht aber mein Part nun genau?

Morand, dem der Schweiß in Strömen von der Stirn lief, tupfte sich mit seinem karierten Tuch ab und fuhr dann mit einer wilden Bewegung in den Nacken, um sich auch dort zu trocknen.
Sie müssen einen schwarzen Pariser Arbeiter darstellen, der, um seine Lebensbedingungen zu verbessern, der Partei beigetreten ist...
Sonst nichts? rief Lammermoor erstaunt.
Täuschen Sie sich nicht, sagte Morand grimmig. Ein tristes Leben zu spielen, wenn man's nicht kennt, stelle ich mir schwer genug vor.
Ich verspreche Ihnen, daß ich auf der Höhe sein werde. Es ist schon richtig, ich habe bislang hauptsächlich im humoristischen Fach brilliert, aber jeder Schauspieler träumt von einer Charakterrolle. Wissen Sie, vorher wird man nie wirklich ernst genommen.

Es galt, noch zwei Hindernisse zu überwinden. Das erste war das Visum. Der Schwarze gab Luciano di Lammermoor als Namen an und wollte partout nicht einsehen, daß die Behörden den Geburtsnamen verlangten. Schließlich, als ein gerädeter Morand ihn anschrie: Den Namen oder keine Tournee! gab er klein bei und trug sich als Watabe N'Komo in die Liste ein.
Das zweite Problem war das Honorar für die Tournee. Natürlich hatte die Partei kein Geld für dergleichen in ihrer Kasse, und Lammermoor wollte sich nicht unter Wert verkaufen und beteuerte, daß es in seinem Metier unmöglich sei, einmal errungene Preise wieder zu senken. Aber schließlich einigte man sich auf halbem Wege, und die Vorbereitungen konnten beginnen.
Gaspard Morand, der sich um die Gesamtorganisation

der Reise zu kümmern hatte, kommandierte einen Jungen, der bei Citroën am Fließband arbeitete und mit seinen 21 Jahren einer der feurigsten und fleißigsten Aktivisten war, dazu ab, Lammermoor im Schnellverfahren eine kommunistische Kultur beizubringen. Die wichtigsten historischen Fakten, die essentiellen Aussagen der Klassiker, die soziale Lage in Frankreich, die Rolle der Partei innerhalb der Komintern, die Agitationsarbeit im Hinblick auf die Revolution und zu guter Letzt das Programm des Friedenstreffens in Moskau und die Rolle der französischen Delegation dabei. François, so hieß der junge Instrukteur, und die anderen, alles Arbeiter aus Belleville, in den Hallen oder an den Fließbändern, stellten bald fest, daß die Erziehung Lammermoors eine reziproke Angelegenheit war.

Denn wenn dieser zweifelsohne ahnungslos genannt werden durfte, was Marx, Engels, Lenin und die Komintern betraf, sich um den Imperialismus der französischen Kolonisatoren bislang herzlich wenig geschert hatte und zu François' Entsetzen nicht den Schimmer eines Klassenbewußtseins besaß, so kannte er doch Dinge, wichtige Dinge, ein ganzes Schatzkästlein beruflicher Kniffe und abgeschauter Lebenserfahrung, die er seinen neuen Kollegen im Hinblick auf die bevorstehende Tournee nicht vorenthalten wollte.

Das gesellschaftliche Bewußtsein erklärt sich aus dem gesellschaftlichen Sein... die Produktivkräfte... die Produktionsverhältnisse... Der gesellschaftliche Charakter des Produktionsprozesses erfordert gesellschaftliches Eigentum an den Produktionsmitteln... die proletarische Revolution... Die geschichtliche Notwendigkeit setzt sich nicht von selbst durch, sie bedarf einer bewußten kämpferischen Anstrengung, getragen von einem klassenbewußten Vortrupp des Proletariats... der Unterbau, der Überbau (dazu gehörst du, sagte François)... der Klassenkampf, die Diktatur des Proletariats... die sozialistische Moral (Morand hatte darauf bestanden, daß François Lammermoor hierüber eingehend informiere)... die Ausbeutung usw., bis hin zur »Internationalen«, die der Schwarze zu lernen hatte.

Zunächst benutzte Lammermoor kleine Merkzettel, um im Wald der komplizierten, einander ähnelnden Ausdrücke zurechtzukommen; was die Anwendung einer Phrase in einem bestimmten Moment betraf, so durfte er seinem künstlerischen Instinkt vertrauen: Ohnehin war alles, das hatte er schnell begriffen, eher eine Sache der Lautmalerei, des Gesichtsausdrucks, einer pathetischen oder aber gedeckten Betonung und daher seinem eigenen Metier nicht so fremd, wie er anfangs befürchtet hatte.

Nach einigen Wochen traten manchen Kameraden Tränen der Rührung in die Augen, wenn der elegante kleine Schwarze vortrat, die Kreissäge abnahm, sie vor der Brust knetete und mit einem Blick, der schräg nach oben in die Ferne (bzw. gegen die niedrige Decke) gerichtet war, »Brüder, zur Sonne, zur Freiheit« anstimmte.

François, der ihn sympathisch fand, lud ihn eines Abends nach der Schulung auf ein Bier ein und fragte ihn über sein Leben aus.

Wie kommt's, daß du dich uns angeschlossen hast? Genug vom unbewußten Leben? Schnauze voll von der Ausbeutung?

Sagen wir, mein Kleiner, antwortete Lammermoor, daß mein letztes Engagement im »Chat qui pêche« abgelaufen war und ich derzeit ein wenig, hm, auf dem trockenen saß? Da kommt so eine Tournee gerade recht. Aber unter uns, der Chef, der Regisseur, Morand, er bezahlt verdammt schlecht.

Was quatschst du nur immer von Tournee und Theater? Du hast doch mittlerweile kapiert, wer wir sind?

Kleiner, die ganze Welt ist ein Theater, und jeder spielt seine Rolle. Mir ist's egal, wie das Stück heißt, solange ich nur im Rampenlicht stehe. Und dann, schau her, kannst du's besser?

Und er stand auf, zog den Kopf zwischen die Schultern, schleifte einen imaginären Besen hinter sich her und schlurfte durch den Raum: Ja, Monsieur, gewiß, Monsieur, zu Ihren Diensten, Monsieur... straffte sich dann plötzlich und hielt eine flammende Rede über die Notwendigkeit der proletarischen Solidarität, so schnell, daß François die Einzelheiten entgingen, so blutvoll, daß er unwillkürlich Haltung annahm, bevor er in Lachen ausbrach, Beifall klatschte und in plötzlich vertraulichem Ton fragte:

Und wie ist das so? Ich meine das Theater und das Kabarett? Erzähl.

Ha, mein Kleiner, das ist eine andere Welt... eine andere Welt. Und er fächelte träumerisch die Luft vor seinen Augen, als müsse er Nebelschwaden verscheuchen, die den Blick auf diese wundersame Welt verdeckten.

Und dann erzählte er, wie er, Sohn eines senegalesischen Scharfschützen, vaterlos aufgewachsen war, mit seiner Mutter in einem Freudenhaus im neunten Bezirk, wie er später von Freunden (er dehnte das Wort und lächelte François kokett zu) in alles mögliche und unter anderem in die Welt der Music-Hall eingeführt worden war, wie er

seine ersten Schritte als abendlicher Begleiter einsamer Bürger auf dem Montmartre getan hatte.
Kennst du den Bankier Schoudler?
Was, das Ausbeuter-Schwein?
Ja, ich war eine Zeitlang... befreundet mit ihm.
Wahnsinn! schrie François. Solche Herren kennst du persönlich? Und wie lebt er?
Gut, antwortete Lammermoor. Aber allein. Und hast du schon einmal vom Baron De Clermont gehört?
Wer hat das nicht.
Auch eine Bekanntschaft aus jener Zeit.
François starrte ihn offenen Mundes an. Und du hast, du hast – er kratzte sich den Schädel.
Lammermoor lächelte. Es sind sehr großzügige Herren.
François schüttelte den Kopf und murmelte: Teufel auch, mit einem Neger... hielt sich dann erschrocken die Hand vor den Mund und stammelte eine Entschuldigung.
Lammermoor lachte laut und entblößte seine blendend weißen Zähne.
François, mit rotem Kopf, fragte: Und das Theater, wie ist es am Theater?
Interessierst du dich dafür? forschte der andere.
Ich bin Arbeiter und werde immer Arbeiter sein, sagte er, aber der stolze Ton kam kläglich heraus.
Weißt du, meine Parodie der Miss ist berühmt, einmal war sie da mit ihrem ganzen Staat, und mir haben die Beine gezittert auf der Bühne, und ich hatte eine Heidenangst, daß mir die Perücke verrutscht oder die Strapse reißen...
Die Strapse... echote François. Aber du bist doch ein Mann, wie ich. Schämst du dich gar nicht, Frauenkleider zu tragen auf der Bühne? Wenn einer bei uns so was machen würde, der würde was auf die Fresse kriegen, mein Gott...

Nicht nur auf der Bühne, Kleiner, nicht nur auf der Bühne! Warum kommst du nicht mit heute abend? Wir schauen uns irgendwo eine Show an, wo Freunde von mir auftreten.
Lammermoor hauste in einer Pension am Fuß des Montmartre in einem engen Zimmer, in dem das Durcheinander chaotische Formen angenommen hatte; überall hingen Kleider auf Bügeln von der Decke, rollten sich Federboas über Stuhllehnen, stolperte man über hochhackige Pumps. In der Mitte des Raumes thronte ein ungemachtes Himmelbett. François hockte sich auf die Kante, atmete flach, um die Lunge nicht mit dem schwülen Parfumduft zu erfüllen, den das geschlossene Fenster nicht entweichen ließ. Er öffnete den obersten Hemdknopf und knetete seine Kappe, während Lammermoor sich hinter einem japanischen Paravent umkleidete. Er trat hervor, der schwarze muskulöse Körper in Seidenwäsche und Strapsen, eine blonde Perücke auf dem Kopf, die Lippen blutrot bemalt. Er schlüpfte in Pumps und stieg danach, sich windend wie ein Aal, in ein enganliegendes grünes Samtkleid.
François schwitzte.
Machst du mir den Reißverschluß zu?
François fluchte leise, tat aber wie ihm geheißen.
Dann hängte sich Lammermoor kokett bei ihm ein, brach in Lachen aus, als der andere sich mit einer rohen Bewegung losmachen wollte, als der Schwarze seinen blonden Kopf an seine Schulter lehnte und sagte: Gehen wir, mein Kleiner?

So sehr Lammermoor seine Lehrer entnervte, indem er das kommunistische Vokabular nur lernte wie einen Büh-

nentext, ohne die geringste Sorge darum, was die Worte eigentlich bedeuteten und was an Ernst, Kampf und Leid hinter ihnen steckte, so sehr erweiterte er doch auch deren eigenes Spektrum, deren eigene Weltsicht und -kenntnis. Spätestens seit dem Abend mit François nämlich brachte er ihnen im Gegenzug sein Wissen bei: Wie man sich am Tisch eines erstklassigen Restaurants als Gast des Bankiers Schoudler zu benehmen hatte, welches Besteck rechts, welches links vom Teller lag, in welche Gläser welcher Wein gefüllt wurde, wie man eine Dame von Welt ansprach (hatte man die vollreife Gattin eines Fünfzigjährigen vor sich, so verneigte man sich vor ihrem Mann und sagte: Oh, Exzellenz haben die blendende Idee gehabt, Ihr Fräulein Tochter einzuladen), welche Komplimente man ihr machte und welche besser nicht oder nicht in aller Öffentlichkeit, welche die guten und welche die hervorragenden Champagnermarken waren, und, insbesondere für François, wie man den Gang und die Bewegungen einer Frau imitierte, wie man Theater spielte, sang, tanzte, wie man sich auf einer Bühne bewegte, wie man zweifelhafte Geschichten so zum besten gab, daß alle darüber lachten, und wann man mit dem Erzählen derselben vorsichtig sein mußte.
Als der Tag der Abfahrt herankam, gab es einen neuen Streit zwischen Lammermoor und Gaspard Morand, diesmal über die Garderobe.
Aber das beleidigt meinen Farbsinn! sagte der Schwarze, der zur abschließenden Besprechung, bevor es zum Bahnhof ging, in einem flamingofarbenen Anzug und Gamaschen erschienen war. Er deutete mit einer wegwerfenden Handbewegung und degoutierter Miene auf die braunen und grauen Kappen, Jacken und Hosen der anderen.

Ich weiß nicht, warum man nicht Kommunist sein und trotzdem Geschmack haben könnte, mein Lieber. Auf der Bühne, gut und schön, werde ich das Zeug tragen, aber für die Reise...!

Morand stand kurz vor dem Kollaps. Dann faßte er sich und sagte beschwörend: Das Stück läuft nicht nur auf der Bühne ab. Es fängt schon an, wenn wir in den Zug steigen. Wir spielen nicht nur für die Russkies... Und der Schweiß brach ihm aus, als er an die Gesichter der Leute vom ZK dachte, wenn sie seinen Neger so am Bahnhof eintreffen sähen.

Schließlich ließ Lammermoor sich breitschlagen, zog sich um, traf dann aber am Bahnhof mit einer roten Kamelie im Knopfloch ein. Morand wurde von seinem Chef angestoßen, der hinüberdeutete:

Schöne Geste, Morand. Sollten wir andern kopieren. Wird sich gut machen bei der Ankunft in Moskau, wenn wir zu Ehren der Fahne was Rotes tragen. Ist der schon lange in der Partei, der kleine Neger? Guter Aktivist?

Morand nickte, murmelte mit erstickter Stimme eine unverständliche Antwort und beeilte sich dann, zu seiner Gruppe zu kommen.

Das Programm in Moskau verlief problemlos, oder beinahe. Die Besichtigung einer Fabrik, das Gespräch zwischen den Arbeitern verschiedener Nationalitäten mit Hilfe von Übersetzern, wobei die europäischen Delegationsmitglieder aus dem Mund ihrer sowjetischen Kollegen hören konnten, wieviel besser es dem Arbeiter im Mutterland des Sozialismus gehe; Besichtigung einer Kolchose, mit dem Rauch aus den Schornsteinen der Dampfdreschmaschinen bis zum Horizont, ein Abend-

essen und Gesang unter freiem Himmel mit den Landarbeitern; die Besichtigung einer modernen Arbeitersiedlung am Rande Moskaus nach einer Busfahrt durch endlose graue Vorstädte, alles unter der Leitung des Genossen Golubtschinski, der, von mehreren anderen Männern begleitet, effizient dafür sorgte, daß alles nach Plan ablief, jeder der ausländischen Genossen ausgiebig informiert wurde und keines der Schäfchen verlorenging.
Zwei gingen aber doch verloren, und das gerade am Abend vor der offiziellen Vorstellung der Delegationen beim Parlament und beim Politbüro. Als Krasskow, einer der Wachhunde Golubtschinskis, zum Zapfenstreich in den Schlafsaal der französischen Delegation trat und nach einer oberflächlichen Inspektion Morand fragte, ob alle da seien, fürchtete der, sein roter Kopf werde ihn verraten, als er antwortete: Alle hier, gute Nacht, Genosse, morgen ist ein großer Tag!
Natürlich handelte es sich bei den beiden Fehlenden um Lammermoor und François, und Morand schwitzte Blut und Wasser und wünschte beide vor ein Standgericht, als es gegen drei Uhr morgens gegen das Fenster klopfte und die beiden Nachtschwärmer hereinkletterten.
Lammermoor grinste breit: Wir haben uns ein wenig das Moskauer Nachtleben angesehen.
Es gibt kein »Nachtleben« in Moskau! brüllte Morand, zuckte vor seiner eigenen Stimme zusammen und fuhr fort, indem er haßerfüllt zischte: Das ist ein Arbeiter- und Bauernstaat hier! Mit der kapitalistischen Dekadenz bei uns hat das nichts zu tun! Hier sind alle gleich! Und alle arbeiten, und deshalb haben sie weder die Zeit noch die Lust, abends Sauereien zu machen...
François grinste, und Lammermoor flüsterte lächelnd:

Es GIBT ein Nachtleben, glaub mir, Morand, es gibt eines.
Wir sprechen uns noch, flüsterte Morand. In die Betten jetzt, alle Mann. Morgen wird ein harter Tag.
Bevor er das Licht löschte, sah er aus den Augenwinkeln, wie François und der Neger sich verstohlen die Hand drückten, bevor sie in ihre Betten stiegen.
Am nächsten Morgen standen sich die internationalen Delegationen in zwei Reihen in einer immensen grauen Halle gegenüber, und die Delegationschefs und ordenbehängte sowjetische Parteibonzen schritten über den roten Teppich den Korridor entlang, von Dolmetschern beschattet.
Wie bei der Abnahme einer Militärparade machten die Russen von Zeit zu Zeit vor einer der Abordnungen halt und tauschten zwei, drei Sätze mit dem Fußvolk aus. Als sie an der französischen Gruppe vorbeikamen, trat di Lammermoor einen Schritt vor, die Hände im Rücken verschränkt, das Kinn vorgeschoben, die Augen zu kleinen Schlitzen verengt, und ließ, sich verbeugend, einen schnarrenden Wortschwall los, dem die Dolmetscher nicht zu folgen vermochten, um dann, während Morand sich schreckensstarr an den Rockschößen seines Chefs festhielt, mit einem klirrenden: Es lebe die Sowjetunion, es lebe die proletarische Revolution! zu enden, wobei er die Faust emporschwang.
Der Russe lauschte seinem Übersetzer mit schräggeneigtem Kopf und offenen Mundes wie ein Schwerhöriger, trat dann steif einen Schritt nach vorn, umarmte di Lammermoor und küßte ihn auf beide Wangen, bevor er würdig weiterschritt. Der Schwarze drehte den Kopf zu Morand und zeigte, in einer überzeugenden Imitation von Ekstase das Weiße seiner Augen, und Morand drohte

ihm hinter dem Rücken der anderen mit der Faust, aber dann war auch das überstanden, zur allgemeinen Erleichterung.

Der letzte Abend vor der Abreise war einer Feier der internationalen Delegationen vorbehalten, die die Völkerfreundschaft befördern sollte und in einem kleinen, banal mit roten Schleifen geschmückten Veranstaltungssaal stattfand, auf dessen Bühne eine müde Kapelle spielte. Aufgrund der Sprachschwierigkeiten blieben die nationalen Abordnungen unter sich, die Russen saßen völlig abseits, und alles hatte sich bereits darauf eingerichtet, nichts anderes zu tun, als sich am reichlich vorhandenen Wodka zu betrinken, als die Musik plötzlich aussetzte und dann einen Tusch spielte.

Aller Augen gingen zur Bühne, wo plötzlich hinter dem roten, mottenzerfressenen Vorhang ein langes, in einen Netzstrumpf gehülltes Frauenbein erschien und, im gleich hochschwellenden Gejohle und Gepfeife der mit einem Mal munter gewordenen Kommunisten, den Fuß bewegte.

Der Lärm steigerte sich noch, als ein in einen langen schwarzen Samthandschuh gegossener Arm auftauchte und mit einem Finger lockende Bewegungen ausführte, und wich dann einem Sturm von Gelächter und Applaus, als Luciano di Lammermoor alias Mistinguett komplett mit blonder Perücke hinter dem Vorhang hervorsprang und zu tanzen und zu singen begann: »Je cherche un millionaire!«

Jedermann, Franzosen, Deutsche, Italiener, Engländer, Spanier und Russen, hing sprachlos an den Lippen des schwarzen Transvestiten, dessen Show auf dem schmalen Grad zwischen Genie und Lächerlichkeit balancierte, aber selbst am Rande des Abgrunds Würde bewahrte und

den Saal, Gaspard Morand eingeschlossen, zu Beifallsstürmen hinriß. Nun waren alle wach, rückten zueinander, mischten sich, stießen sich in die Seiten, schüttelten lachend die Köpfe; die Engländer pfiffen wie besessen vor Begeisterung, als Lammermoor Louis Armstrong parodierte: Jeepers Creepers, und die Russen, den Arm mit dem Wodkaglas auf halbem Wege zum Mund in der Bewegung eingefroren, starrten ungläubig zur Bühne hinauf, bevor auch sie dank einer schmetternden Interpretation von Ochie Tschornie rhythmisch zu trampeln begannen und die ersten Gläser gegen die Wände schleuderten.
Als Lammermoor eine kurze Pause einlegte, stolzierte ein zweiter Mann auf die Bühne; alle erkannten ihn sofort, es war Maurice Chevalier. Den Strohhut tief in die Stirn geschoben, das Kreuz durchgedrückt, die Daumen hinter die Hosenträger gehakt, grölte er, noch etwas unsicher, denn es handelte sich um François' erste Bühnenpräsenz, »Prosper«, aber bei jedem »Yop-la-boum« zuckte sein Becken unter den Lachsalven des Publikums schon sehr professionell nach vorn.
Er verneigte sich tief, und dann gab Lammermoor als Fréhel (er hatte mittlerweile das kleine Schwarze angelegt – daher der große Koffer, nickte Morand verständnissinnig) breitbeinig und frontal gegen das Publikum eine tränentreibende Version von »Où est-il, mon moulin d'la place Blanche?«, und die französische Delegation, Morand inbegriffen, sang den Refrain mit wie ein einziger Mann.
Di Lammermoor strahlte und verteilte Kußhändchen, in der Tat hatte er sich noch nie vor so zahlreichem Publikum produziert, und um ihnen allen zu danken, into-

nierte er zum Abschluß – vor lauter Begeisterung hatte er völlig vergessen, wo er sich befand – die Marseillaise.
Er riß sich die Perücke vom Kopf, trat an den Bühnenrand, sein Blick flammte, und seine Stimme hätte jede Kompanie der Welt in die Bajonette der Aristokratie getrieben.
Natürlich waren es die Franzosen, die sich – ganz automatisch – als erste erhoben. Eine Delegation nach der anderen stand auf, manche schon reichlich schwankend, und lauschte, die rechte Hand auf dem Herzen, dem vom scheppernden Orchester begleiteten Gesang.
Morand war wie vom Schlag getroffen, als sich Golubtschinski mit gerunzelter Stirn zu ihm beugte und fragte: Ist das nicht die französische NATIONALhymne?
Aber dann straffte sich etwas in ihm, und er antwortete: Das, Monsieur, ist die Mutter aller revolutionären Lieder. Unter ihren Tönen haben wir die Bastille gestürmt, die Habsburger Monarchie zurückgeschlagen und die Deutschen besiegt!
Und das sagte er in einem Ton, daß auch Golubtschinski aufstand und am Ende der Hymne nach vorn ging, Lammermoor ein Wodkaglas reichte, mit ihm anstieß und es dann mit einer rassigen Geste auf den Bühnenbrettern zersplittern ließ, bevor er, das Orchester zu letzter Anstrengung treibend, den Schwarzen unterfaßte und ihn in einen Kasatschok-Pas-de-Deux verwickelte.

Zurück in Paris, als Gaspard Morand gerade die Geldscheine für Lammermoor abzählte und zu sprechen ansetzen wollte, klopfte es an der Tür, und François trat ein. Er begrüßte den Schwarzen mit zwei Wangenküssen und hob die Hand, um Morand Hallo zu sagen. Er bat um

zwei Minuten Aufmerksamkeit, druckste lange herum, faßte sich schließlich ein Herz und erklärte Morand seinen Austritt aus der Partei. Er habe seine Liebe zum Theater entdeckt, zum Kabarett, und er wolle versuchen, dort Karriere zu machen. Er hatte bereits bei Citroën gekündigt, nichts vermöge ihn aufzuhalten oder umzustimmen, und, so schwer es ihm falle, er werde keine Zeit mehr haben, aktiv für die Partei tätig zu sein, und vorerst auch kein Geld mehr, ihr anders nützen zu können. Er bitte Morand um Verzeihung und hoffe, er werde ihn nicht zu sehr verachten. Dann drehte er sich auf den Absätzen herum und ging schweigend und gesenkten Kopfes aus dem Zimmer.
Morand blickte ihm wortlos nach und sah dann auf Lammermoor.
Der hob die Hände in einer fatalistischen Geste.
Einen verloren, einen gewonnen. Du kannst mich als Mitglied einschreiben. Aber unter meinem richtigen Namen: Luciano di Lammermoor.
Morand starrte ihn an. Und womit haben wir soviel Ehre verdient? brachte er mit erstickter Stimme hervor.
Weißt du, Genosse, antwortete Lammermoor lächelnd und ließ das Wort auf der Zunge zergehen. Ich habe auch was gelernt auf unsrer Reise. Euer Kampf für ein besseres Leben ist es wert, unterstützt zu werden. Und was ich in Moskau gesehen habe an grauen Straßen, an grauen Gesichtern, an Elend und Traurigkeit, hat mich endgültig überzeugt: Ich will mithelfen, dieses Leben etwas bunter und etwas heiterer zu gestalten. Und dieses Geld hier, und er reichte Morand das dünne Bündel, soll meine Mitgift sein.
Aber! fuhr Morand auf, aber... aber dann setzte er sich

wieder, schwieg und zog das Mitgliedsformular aus seiner Schublade, denn er hatte mittlerweile gelernt, daß es sinnlos war, sich mit jemandem wie Luciano di Lammermoor streiten zu wollen.

Liebes Brüderchen, liebe Schwester

Die Praxis und die dazugehörige Wohnung des 67jährigen Arztes Ernst Braun befanden sich seit 35 Jahren unverändert im Kühlenborn, einer backsteinroten Seitenstraße in der Siemensstadt, im Nordwesten Berlins. Braun, eigentlich im Rentenalter, praktizierte dennoch weiter, wenn auch nur mehr mit halber Kraft, für sporadische Kunden, meist ebenso alt wie er, deren Hausarzt er war und die sich keinen teureren Arzt leisten wollten oder konnten. Seine übrigen Patienten waren Ausländer, Türken, Rumänen, oder jetzt, ein Jahr nach der Maueröffnung, Menschen, deren Herkunft im dunkeln lag, aus dem Braun sie auch nicht hervorzuziehen dachte.
Er hatte nicht als Armenarzt begonnen, damals, als er kurz nach dem Krieg sein Staatsexamen gemacht hatte und später, als er frisch verheiratet war. Aber da er dem Drängen seiner Frau, in ein besseres Viertel zu ziehen, nie nachgeben mochte und seines von kleinen Leuten bevölkert war, hatten die Dinge sich langsam so entwickelt, und Braun legte nie den sozialen Ehrgeiz an den Tag, der so viele seiner Kollegen auszeichnete. Es genügte ihm, kleinere und größere Krankheiten zu heilen, sofern er es vermochte, und korrekt zu leben.
Nun ist es beinahe ein Ding der Unmöglichkeit, daß ein Arzt arm bleibe, und trotz seines mangelnden Ehrgeizes hatte es Braun, der nie die Wohnung in der Siemensstadt verlassen wollte, zu einem Haus auf Sylt gebracht, das er bei der Scheidung 1974 nach 18jähriger Ehe leichten Her-

zens an seine Frau abtrat. Sein Sohn, 1957 geboren, lebte als Lebensmittelchemiker in der Bundesrepublik, und sie sahen einander nicht häufiger als ein-, zweimal im Jahr für einen halben oder ganzen Tag. Zu seiner Frau, die ihn für einen weltmännischeren Kollegen verlassen hatte, pflegte er, mit Ausnahme einer jährlichen Weihnachts- und Geburtstagskarte, keinen Kontakt mehr.
Er hielt sich jedoch weder für einsam noch für unglücklich. Wenn Einsamkeit bedeutet, von seinen Mitmenschen abgeschnitten zu sein, kann ein praktischer Arzt, der noch dazu, was das ganze Viertel wußte, zu jeder Tages- und Nachtzeit ansprechbar in seiner Praxis lebt, in einem Arbeiter- und Ausländerviertel, wohl kaum einsam sein, wo die erste morgendliche Rentnerin schon zur Frühstückszeit reden wollte und der letzte abendliche Hausbesetzer gegen Mitternacht um ein Dauerrezept für kodeinhaltigen Hustensaft klingelte. Und da Braun in seiner Arbeit aufging, seit jeher, stellte er sich die Frage, ob er, um seines zerbrochenen Privatlebens und der Tatsache, alleine zu leben, unglücklich sein müßte, zu keiner Stunde.
An diesem Novembermorgen des Jahres 1990 saß nur eine einzige Person im Wartezimmer. Eine alte Frau. Etwas an ihrer ärmlichen, um nicht zu sagen ungepflegten Erscheinung fiel dem Arzt auf, der kurz hereingeschaut und um fünf Minuten Geduld gebeten hatte. Was war's, was diese hier von den andern Alten unterschied, die ihn aufsuchten? Nach einer Weile fand er es: Sie trug ihr graues Haar lang und in einer Art Pferdeschwanz. Ihr brauner Rock endete überm Knie. Sie hatte bei dieser Jahreszeit keine Strumpfhosen an. Und um ihren Hals war ein Tüchlein gewickelt, wie man es in den Secondhand-Läden in Kreuzberg finden konnte, lila. Und sie war geschminkt. Mit

einem Wort: Sie kleidete und machte sich zurecht wie eine junge Frau, dabei war sie mindestens so alt wie er, wenn nicht älter. Und sie trank, das sah er ihr an. Keine Dame.
Die Frau saß da, die Arme über dem Schoß verschränkt, auf ihrem Stuhl und sah sich in dem kleinen Zimmer um. Keiner der Stühle, die an allen vier Wänden, nur von beiden Türen und den schmalen hohen Heizkörpern unterbrochen, standen, ähnelte dem andern, als sei jeder eines Tages von einem der Besucher mitgebracht worden oder aus dem Sperrmüll gerettet. Keine Pflanzen. Dafür sehr bunte Kunstdrucke, blaue Pferde, rosa Hügel und grüne Männer und Knaben, ohne richtige Gesichter, mit blicklosen Augen. Das mißfiel ihr. Sie war eine Physiognomistin und hielt sich viel darauf zugute, in einem Gesicht lesen zu können wie in einem Buch. Die fehlende Individualität der Gestalten auf den Bildern machte sie nervös, als sei sie von Maskierten umgeben. Die Sekunde, in der sie das Gesicht des Arztes wahrnahm, hatte ihr genügt. Die lange, überlange Zeit ihres Lebens hatte aus all den tausend Gesichtern einige typische geformt, und das schmale, glattrasierte des Arztes, mit dem Fächer von Krähenfüßen, der fleischigen Nase, die aus zwei tiefen Furchen wuchs, der Abwesenheit jener tiefen Rillen, die bei so vielen jenseits der Vierzig die Mundwinkel in einem Ausdruck von Verachtung oder Abdankung hinabziehen, die weißen, lockigen Haarbüschel schließlich um die Ohren und am Hinterkopf, all das war die Altersform eines Gesichtstypus, den sie seit ihrer Jugend gespeichert hatte: Dies war kein Stolzer und kein Sicherer. Bei ihm würde sie Glück haben mit ihrem Anliegen.
Als er sie hereinbat, deutete sie auf die Drucke und sagte: Von wem ist das?

Von verschiedenen deutschen Expressionisten, Müller, Schmidt-Rottluff, Marc...
Hm, sagte die Frau und wandte den Kopf ab.
Waren Sie schon einmal hier?
Nein, ich wohne in Pankow.
Und warum kommen Sie dann bis hierher?
Ich habe gehört..., begann die Frau, beendete ihren Satz aber nicht.
Der Arzt ließ es vorerst dabei bewenden und fragte nach ihren Personalien. Er öffnete den braunen Umschlag und überflog die Anamnese.
Sie können mich Rose nennen, sagte die Frau. Jeder nennt mich Rose.
Schön Rose, und warum kommen Sie damit zu mir?
Sie setzte sich zurecht, räusperte sich, sah dem Arzt in die Augen und sagte: Ich möchte sterben. Ich möchte, daß Sie mir eine Spritze geben oder einen Trank oder was weiß ich. Ich will, daß Sie mich euthani – euthano –
Euthanasieren, half Braun leise.
Genau. Deswegen bin ich hier.
Der Arzt öffnete die Schreibtischschublade, zog eine Zigarette heraus und zündete sie an.
Sie rauchen? sagte die alte Frau.
Er nickte.
Darf ich auch? Er nickte wieder, sie kramte, nach kurzem Zögern, ob er ihr eine anbieten würde, in ihrer abgewetzten Umhängetasche, er gab ihr immerhin Feuer, und sie rauchten, bliesen die Rauchwolken jeder am Gesicht des andern vorbei und sahen sich schweigend an.
Dann stand Braun auf und öffnete mit einer erklärenden Geste das Fenster zum Hof.
Ein Arzt, der in seiner Praxis vor seinen Patienten raucht. Sie geben ein schönes Beispiel ab.

Alle Ärzte rauchen, sagte der Alte lächelnd. Wenn Kinder hier sind, verkneif' ich's mir. Und dann besteht auch keine Gefahr mehr, daß ich jung sterbe.
Womit wir wieder beim Thema wären, sagte Rose.
Er sah sie an. Sie mochte hübsch gewesen sein, bevor der Alkohol seine Arbeit getan hatte. Grübchen, Doppelkinn, Typ Wiener Mädel aus den Operetten. Bis auf die Augen. Das kühle Grau in seinem Bett aus Runzeln ließ jede Phrase im Mund festfrieren.
Braun drückte seine Zigarette aus und sagte: Ich weiß nicht, WAS Sie gehört haben. Vielleicht, daß ich gratis arbeite, manchmal. Das stimmt. Vielleicht, daß ich nicht viel frage. Egal, ob hier einer mit einem Messerstich oder mit einem Schwangerschaftsbeginn erscheint. Das stimmt auch. Aber ich kenne keinen Arzt, der einen Patienten freiwillig umbringt. Und ich selbst wäre der allerletzte...
Eine Euthanasie zu machen, beendete Rose seinen Satz.
Sie haben es mit diesem Wort, Frau... Rose, meine ich. Ich bemühe mich, Leben zu erhalten, nicht zu beenden.
Ist es eine Geldfrage?
Er schüttelte müde lächelnd den Kopf.
Sehr gut, Geld habe ich nämlich keins.
Das mußt du nicht extra betonen, dachte der Arzt.
Die alte Frau sah ihn an, dann: Wenn Sie Abtreibungen machen, können Sie mich auch euthanasieren. Kommt das nicht aufs gleiche raus?
Wollen Sie eine ethische Diskussion mit mir vom Zaun brechen, Rose? Für mich kommt es nicht aufs gleiche raus. Ich bin kein Christ. Ich habe Fälle gesehn, wo es für beide besser war, für das Mädchen, nicht Mutter zu werden, und für den Embryo, nicht auf die Welt zu kommen.
Wenn Sie mich nicht euthanasieren wollen, kann ich Sie

mit Ihren Abtreibungen hopsgehen lassen, mein Lieber, sagte Rose mit verschlagenem Blick.
Das können Sie in der Tat. Die Polizeiwache ist neben der U-Bahn-Station. Soll ich Sie hinbegleiten?
Ho! Nun nehmen Sie mal nicht jedes Witzchen gleich so tragisch, Doktor. Haben Sie gar keinen Sinn für Humor? Darf ich noch eine?
Er nickte. Das ist übrigens auch eine Methode. Aber wollen Sie mir nicht, um das Pferd mal vom Hals her aufzuzäumen, sagen, WARUM Sie eigentlich sterben wollen?
Sie gefallen mir, Doktor, sagte Rose. Sie machen nicht so ein Brimborium um Worte. Sie salbadern nicht so viel wie Ihre Kollegen. Sterben ist schließlich kein so schwieriges Wort. Das macht die Umgebung, nicht wahr?
Mag sein.
Warum ich sterben will? Na, Sie haben das Todesurteil doch gelesen. Das einzige, was ich tun kann, ist mir das Datum selbst rauszusuchen, was auf meinen Grabstein kommt, solange ich noch dazu fähig bin.
Welches Datum auch immer, es kommt doch jedesmal zu früh...
Meinen Sie, Doktor? Sehn Sie, ich hab' mir erklären lassen, wie dieses Alzheimer funktioniert. Man wird peu à peu dusslig. Zuerst setzt nur mal kurz das Gedächtnis aus, wie ein schmutziger Motor. Das ist mir passiert. Sitze plötzlich im Zoologischen Garten auf 'ner Bank und weiß nicht, wie ich da hingekommen bin. Aber irgendwann wird's arg. Und ich, wissen Sie, ich hab' mein Leben lang niemandem auf der Tasche gelegen, noch auf der Seele. Ich lebe allein, Gott sei Dank übrigens. Ich hab' keine Lust, eines Tages vom Hausmeister aus meinem Dreck gekratzt zu werden und dann noch vier Wochen an Schläuchen zu

hängen und in meinen letzten lichten Momenten den Ekel auf dem Gesicht irgendeines jungen Mädchens zu lesen, das mir den Hintern abputzen muß.
Sie hielt inne und sah ihn kurz an: Doktor, ich bin nicht sentimental, und ich würde lügen, wenn ich behauptete, daß es mir auf diese Erfahrung noch ankommt.
Sie lächelte ihn mit ihrem etwas schiefen, langzerstörten Schmollmund an.
Wissen Sie, ob Sie's glauben oder nicht, Doktor, ich hab' die beste Zeit meines Lebens hinter mir...
Der Arzt schmunzelte und stand auf. Darf ich Ihnen einen Schluck anbieten?
Am frühen Morgen! rief die Frau. Sie sind mir wirklich 'n komischer Doktor!
Ich brauche ein Gläschen für meinen niedrigen Blutdruck, und wo Sie schon mal da sind...
Na, bevor Sie mich erschlagen...
In Wirklichkeit wollte er Zeit gewinnen. Die Alte machte ihn ein wenig konfus. Keine Dame. Das hatte er schon festgestellt. Und keine tragische Gestalt. Scheint was vom Leben zu wissen. Will nicht mehr. Kein Verzweiflungsschritt. Wer bin ich, ihr den Wunsch zu verwehren. Denn objektiv gesehen, hat sie nicht recht? Nein, anders: Objektiv gesehen ist jeder Tag, jede Stunde, jeder Sonnenstrahl und Regentropfen es wert, daß man ihn erlebt. Objektiv gesehen ist es Dummheit, vor dem allerletzten Seufzer die Hoffnung fahrenzulassen, weil man nicht weiß, was einen in der ausweglosesten Situation noch retten kann. Nur wem das klarmachen, der's nicht weiß? Aber ich nicht. Nicht ich. Ich bin nicht Arzt, um... nein, nein, jeder Tag Hundeleben ist besser als der Tod...
Na denn Prösterchen, sagte Rose. Fast ein Damengedeck.

Fehlt nur der Kurze. Aber für eine Arztpraxis, Donnerwetter!
Seltsamer Mann. Raucht, trinkt Pikkolo mit ihr. Vielleicht ist er ja meschugge und nicht sie. Aber würde er so viele Umstände machen, wenn sie Hustensaft verlangt hätte oder etwas für die Krampfadern? Kaum. Rose, du kennst das Gesicht. Hast einen Idealisten vor dir. Er wird dir was über das Leben erzählen und wie schön es sein kann. Als ob ich nicht wüßte, daß es das kann. Kann aber auch beschissen sein. Als ob ER das nicht wüßte. Und wenn's gut ist, ist's gut. Weiß er denn, wie ich lebe? Er wird mir eine Predigt halten, ich hör' sie schon, aber wenn er damit fertig ist, Rose, kriegst du doch deinen Willen. Ein Idealist, der giert nach nichts so, wie daß ihn jemand aus seiner Zwangsjacke befreit, dem er dann zu Willen sein kann. Ein Idealist ist wie eine überfällige Jungfrau. Obwohl mir das immer die Liebsten waren. Weil du selber einer warst, ein Idealist. Rose, das seelenvollste Stück Hintern von der Potse. Wer hatte das gesagt? Lang her. Anständige Arbeit für anständige Bezahlung, und manchmal, aber selten, auch ohne anständige Bezahlung. Berufsethos, sagte sie laut.
Braun, der nicht verstand, worauf sie anspielte, sah von seinen Papieren hoch und antwortete: Diese Krankheit entwickelt sich langsam. Es ist gut möglich, daß Sie noch Jahre vor sich haben, in denen Sie völlig normal leben können. Wenn wir uns also darüber einig sind, daß Sie nicht leiden wollen, ist es immerhin noch zu früh, an irgendwelche Konsequenzen zu denken.
Rose stand auf und stemmte die Hände in die Hüften: Zu früh? Normal leben? Ja was wissen Sie denn von meinem Leben? Ich hause in einer Bude, die ist schwarz von der Kohle, und das Wasser kommt durch die Decke anstatt

aus dem Hahn! Ab dem 20. jeden Monats mache ich die Mülltonnen zusammen mit den Ötschis. Das sind übrigens die einzigen Leute, die noch mit mir reden, und die Hälfte von ihrem Gequatsche versteh' ich nicht. Ich habe fünf Jahre lang im Knast gesessen, und ich habe seit 11 Jahren keinen Mann mehr gehabt, weder zum Spaß noch zum Geldverdienen. Ich habe nicht mal einen Fernseher. Meine Zeit hat vor 30 Jahren aufgehört. Und da kommt der und will mir was von normalem Leben erzählen!
Braun sah sie schweigend an.
Und das ist nicht mal alles! Das einzige, was mir bleibt, mein Kopf, mein Grips, geht jetzt stückweise die Spree runter. Ich will nicht vor einer Mülltonne stehnbleiben eines Tages wie eine abgelaufene Puppe!
Wenn wir wüßten, was wir dafür eintauschen, flüsterte der Arzt. Das unbekannte Land, von dessen Grenzen kein Wanderer je zurückkehrt...
Wa–? rief Rose. Was munkeln Sie da?
Ich sage nur, daß ein Hundeleben vielleicht immer noch besser ist als gar keins. Und daß es manchmal ein Irrtum sein kann, vor dem letzten Augenblick aufzugeben, weil –
Ja bin ich denn an einen verfluchten Pfaffen geraten! schrie Rose. Demnächst wollen Sie mir auch noch die Beichte abnehmen! Ich komme hierher, weil ich gehört habe, daß Sie kein Aufhebens machen und nicht nur Millionäre behandeln, und verlange das einfachste von der Welt: Eine Spritze, die ich mir auch noch selber setzen werde, damit Sie keine Scherereien bekommen. Und der Herr Prälat raucht mit mir und serviert mir einen Pikkolo, als wär'n wir im Séparée, und dann zieht er die Bibel aus dem Ärmel! Sie, was glauben Sie, wie viele Pfaffen ich gekannt habe und was ich von denen hab' hör'n müssen und

was ich denen hab' erzählen müssen, bevor sie endlich einen hochbekamen. Aber schließlich haben sie alle einen hochbekommen, und hinterher haben sie alle anständig gebeichtet, und beim nächsten Mal hat's dann schon besser geflutscht. Aber Sie, sind ja einfach feige! Sie quatschen mir was vor von Lebenslust, dabei haben Sie einfach die Hosen voll. Mit Ihren nackten Knaben da draußen an der Wand, die einen nicht richtig angucken, Sie... Sie sind ja nichts weiter als ein... ein liebes Brüderchen sind Sie! Genau, ein liebes Brüderchen!
Jetzt war es der Arzt, der aufsprang, und Rose hielt sich instinktiv die Hand vors Gesicht.
Was haben Sie da gesagt? rief Braun.
Nichts, beruhigen Sie sich erst mal wieder.
Wiederholen Sie, was Sie da eben gesagt haben!
Ich hab' 'ne ganze Menge gesagt...
Das Wort!
Was? Liebes Brüderchen? War nicht so gemeint. Wollte Ihnen ja nicht auf den Schlips treten.
Der Arzt setzte sich wieder. Woher haben Sie das Wort, Rose? Woher kennen Sie das Wort?
Das Wort? Herrjeh, das ist 'ne andere Form von warmer Bruder, oder –
Das weiß ich auch, Braun lachte heiser, aber daß ich diesen Ausdruck gehört habe, ist lange her... Mein Gott. Der Schweiß steht ihm auf der Stirn. Was hast du jetzt angerichtet? Was die Leute aber auch empfindlich sein können. Und alles wegen diesen blöden Bildern...
Das Wort kann sie nicht überall aufgeschnappt haben, die Rose. Alte Messer schneiden tief. Du lieber Himmel, ich zittere, und der Schweiß bricht mir aus. Nach fünfzig Jahren. Jedenfalls habe ICH kein Alzheimer...

Er zog ein Taschentuch aus der Hose und trocknete sich die Stirn ab.
Entschuldigung Rose, wenn ich Sie erschreckt habe. Aber Sie müssen mir wirklich sagen, woher Sie den Ausdruck kennen.
Hör'n Sie, in einem Leben schnappt man alle möglichen Ausdrücke auf, sagte Rose mit verschlossenem Gesicht. Woher ich den nun habe... Ich werd' Ihnen doch nicht meine Lebensgeschichte erzählen.
Na schön, sagte Braun. Dann erzähl' ich Ihnen meine. Sie dürfen dabei rauchen, soviel Sie wollen. Dieses Wort ist die Erfindung eines... Mannes, ich hab' vergessen, wie er hieß, ein ganz normaler Name, Schmidt, Meier, Schulze, so etwas. Ein Arzt... Ein ARZT. Stabsarzt. 1944. Ich war gerade 20.
Da war ich 21. Lange her. Haben Sie noch 'nen Pikkolo? Ich mein', für wenn's länger dauert, Ihre Geschichte.
Er schien sie nicht zu hören.
Wer mich denunziert hat, hab' ich nie erfahren... War's an der Uni, war's in der Kaserne. Wir sind nämlich gezogen worden in dem Jahr. Und ich dachte, kommst du halt in ein Frontlazarett. Statt dessen holen sie mich plötzlich ab, in Handschellen, und bringen mich in das Krankenhaus... in eine Zelle im Keller, mit zehn andern Jungs. Und ich frage, warum sind wir hier? Und einer lacht und sagt, das solltest du wohl selbst am besten wissen. Und da seh' ich den rosa Winkel...
Jesus, deswegen regen Sie sich so auf. Weil Sie tatsächlich...
Halten Sie den Mund, Rose. Mit 20 macht man eine Dummheit, ohne daß... ich war verheiratet und habe einen Sohn!

Also ein Irrtum, sagte Rose.
Jedenfalls, wie auch immer... Und dann sehe ich ihn zum ersten Mal in dem großen Saal. Ziemlich klein. Die Haare an den Schädel geklebt, Hände im Rücken verschränkt, mit dem weißen Kittel über der Uniform. An der Tür stand: »Institut für deutsche Seelenheilkunde«. Da war er inmitten seines Hofstaats, sieben oder acht Leute, wie zur Visite und eine Matratze auf dem Boden... Und ich wurde reingeführt und verstand nichts, glaubte immer noch...
Rose atmete den Zigarettenrauch tief aus: Schniekes blaues Tuch, Luftwaffenuniform, aber ein Zwerg. Und es war eine Roßhaarmatratze.
Braun hörte sie nicht. Ich glaubte immer noch... was weiß ich, ein Versehen, eine Verwechslung, und dann hat er sich vor mich gestellt und geredet und mich dabei gemustert. »Junger Mann, Sie sind Medizinstudent, wie ich sehe. Sie wissen, daß wir die unehrlichen, die unzuverlässigen, die verlogenen Typen ausmerzen müssen. Zigeunernachkommen und Juden natürlich: Das unschädlich zu machen ist unsere Aufgabe. Aber Sie, rasserein, was für eine Schande«, sagt er und ohrfeigt mich vor versammelter Mannschaft. »Ein deutscher Mann und ein Perverser zugleich, wie kann das sein?« Und er hat den Kopf geschüttelt... Aber was haben Sie da eben gesagt, Rose?
Ich sagte zum Beispiel, außer dem Sanitätsoffizier Dr. Schulz waren da im allgemeinen noch die Leutnants Strabitz und Strellow, ein Blonder von der Gestapo, der mir seinen Namen nie gesagt hat, ein Psychiater mit Namen Gundelach, ein Assistenzarzt, der Rudi hieß, eine Sekretärin, Traudel, und zwei Schwestern, Frau Gödel, und den Namen der andern hab' ich vergessen.

Rose, woher wissen Sie? Braun war aufgestanden und hatte sich eine Zigarette angezündet. Er ging wie ein Gefangener in seiner Zelle auf und ab und knetete sich die Hände. Rose, wie können Sie davon wissen?
Er fiel wieder auf seinen Stuhl zurück. Waren Sie etwa eine von den...?
Ja, wie das Leben so spielt, Doktor. Ich war eine von den Damen, die angeheuert wurden, um zu prüfen, welche von euch lieben Brüderchen noch wieder auf den rechten Weg zu bringen waren...
Mein Gott, stöhnte Braun. Und Sie... und Sie... Er räusperte sich. Sie haben all diese Namen behalten?
Wissen Sie, bis auf die Damen und bis auf Schulz, mußten wir, und DAS wurde nicht bezahlt, nebenbei gesagt, auch den Herren zu Dienste sein, und ich hab' mir die Namen gemerkt und nach Kriegsende gegen sie ausgesagt... Aber, sehn Sie, die Aussage einer Prostituierten gegen die von Wehrmachtsoffizieren und Ärzten... na lassen wir das.
Meine liebe Rose, für jemanden, der Alzheimer haben will, besitzen Sie ein erstaunliches Gedächtnis!
Man vergißt vieles, und anderes vergißt man nicht, auch wenn man's gerne wollte. Ich hab' dort neun Monate gearbeitet, von Mitte 43 bis Mai 44. Wir waren sechs Kolleginnen.
Ich war dort am 11. Februar 44. Vielleicht, Rose, waren Sie an diesem Tag...
Kann schon sein, Doktor. Und wenn ich's nicht war, dann war's eine von den Kolleginnen. Wir haben alle unser Bestes getan...
Der Arzt hielt seinen Kopf fest, als würde er sonst auseinanderbrechen, wie eine gespaltene Kokosnuß. Ich er-

innere mich noch an die Stimmen... »Braun, ich habe Sie noch nicht aufgegeben. Ich habe ein medizinisches System entwickelt, mit dessen Hilfe wir herausfinden können, ob Ihnen zu helfen ist oder nicht. Ob Sie schwer erbkrank sind oder ein liebes Brüderchen...«
Liebes Brüderchen, echote Rose. Was hatten Sie Glück, Doktor, daß Sie blond waren. Die mit der braunen Haut brauchten wir gar nicht erst zu testen...
Der Arzt zog an seiner Zigarette und fuhr fort, als habe er Rose gar nicht sprechen hören: Und dann sagt er mir: »Vielleicht sind Sie ja nur auf Abwege geführt worden, von der Physis her sind Sie ein deutscher Mann! Ich nehme an, daß Sie von jüdischen Elementen beeinflußt waren...« Ja, das muß es wohl sein, sage ich ihm. Dabei war es ein Napola-Schüler, und es war nur ein bißchen Gefummel unter der Dusche... aber ich sage Ja, ein Jude, ich weiß nicht, wie er mich hat pervertieren können, das hab' ich gesagt...
Na, deswegen lassen Sie sich mal keine grauen Haare wachsen, Doktor, was hätten Sie denn sonst sagen sollen. Ich hab' ein paar Tapfere gesehn, die Nein geantwortet haben auf solche Fragen, die sind gar nicht erst zur Prüfung zugelassen worden, die sind gleich weggekommen.
Zur Prüfung! Braun spuckte das Wort aus. Ja, so haben sie's genannt. Und, wissen Sie, Rose, nicht nur, daß ich da vor zehn Zeugen mit einer unbekannten Frau schlafen sollte, um mein Leben zu retten, ich hatte überhaupt noch nie... ich meine, ich war noch Jungfrau...
Na, bis auf Ihren Napola-Kadetten, sagte die Alte und schmunzelte. Gott bewahre, Sie war'n nicht der einzige, was glauben Sie, ich muß die Prüfung mit 300 Jungs absolviert haben, und alle standen sie vor mir mit hängenden

Armen und stierem Blick und die Hose so leer wie bei 'ner Schaufensterpuppe, und dabei das Gemurmel und Gegrinse: Denn unter uns, Doktor, Sie war'n vielleicht noch Jungfrau, aber da gab es welche, das waren, verzeihn Sie das Wort, hartgesottene Tunten, und für die war das Ganze noch weit schlimmer...

Man hätte ihm ins Gesicht spucken müssen. Ich hätte mich weigern sollen. Mein Gott, daß man so weit gehen kann, so tief sinken kann...

Tja, sagte Rose, aber dann würden wir heute hier nicht so gemütlich beisammen sitzen, und wie sagten Sie so schön, Doktor: Ein Hundeleben ist besser als gar keines. War's nicht sowas? Wir wissen nicht, was wir eintauschen, hm?

Gewiß, gewiß, aber ich weiß noch, wenn ich damals eine Möglichkeit gehabt hätte, die kleinen Zyankalipillen, die die Herren bei sich trugen...

Hör sich einer den Doktor an, der von Euthanasie nichts wissen will! höhnte Rose. Sie fangen langsam an, mich als Frau zu beleidigen. Natürlich war es peinlich und alles, aber meinen Sie nicht, daß es angenehmer war als das Gas? Ich habe in meinem Leben nicht mit so viel Herz gearbeitet und so viel Technik...

Braun mußte lachen: Wieso Technik?

Ja was glauben Sie denn, Doktor? Der Schulz hat gesagt: Wenn sie es schaffen, in dieser Situation mit einer deutschen Frau Verkehr zu haben, dann sind es doch deutsche Männer, dann sind es liebe Brüderchen, die die Front kurieren wird. Und hinterher, wenn ihr wieder draußen wart und euch anzogt, da haben sie uns den Finger reingesteckt, um nachzuprüfen, um, na wie soll ich sagen, ob das Ganze zum korrekten Abschluß gekommen war. Simulation hätte euch nichts geholfen. Und da haben wir natür-

lich alle erdenklichen Techniken gebraucht. Was glauben Sie denn? Wir konnten eurer Verzagtheit oder eurem Abscheu schließlich nicht mit den klassischen Mitteln beikommen. Alles mußte deutsch, sauber und in Missionarsstellung vor sich gehen. Und Rose, wenn ich das nach all der Zeit mal in aller Bescheidenheit sagen darf, hat eine Beckentechnik gehabt, die noch das liebste Brüderchen schließlich überzeugt hat, daß Frauen gar nicht so unzumutbar sind, wie es fürchtete.
Ja, aber die Beckentechnik in Ehren, lächelte der Arzt matt, das allein war's nicht. Bei mir war's die Stimme. Ich erinnere mich, wie sie mich auszog und mir sagte, ich solle die Augen zumachen, vor allem die Augen zu, und dann hat sie nicht aufgehört, mir ins Ohr zu flüstern, ich weiß nicht mehr was, aber ich weiß noch die Stimme und der Atem, der mich im Ohr gekitzelt hat...
Und dann, sagte Rose, haben sie die Zeit gestoppt.
Ja, ich erinnere mich noch genau: 7 Minuten 38 Sekunden, sagte Braun. Die längsten siebeneinhalb Minuten meines Lebens.
Guter Schnitt, Doktor. Mein längster war 24 Minuten. Ein wirklich Warmer, den es ernsthaft ekelte, mit einer Frau... Und ich mußte ihm sagen, er solle die Augen schließen und sich denken, ich sei ein Kerl und so weiter. Ich weiß ja nun zum Glück, wie Männer reden, und ich hab' ihn durchgebracht. Das war der Vorteil mit dem Schulz. Dem ging's nur um seine Theorie. Und wenn sie sich bestätigte, da war er hochzufrieden, wenn's klappte, war's gut, an die Front, selbst mit Kajal und Augenbrauenstift...
Was waren das für Menschen? sagte Braun.
Es war'n Menschen. Ich hab' einen nach dem Krieg noch

mal wiedergesehen, als Freier. Er war Polizist geworden. Zuerst wollte ich nicht, und dann sagte ich mir, was soll's...
Was soll's, echote Braun. Ein liebes Brüderchen... Ich wurde entlassen, und Schulz schüttelt mir die Hand. »Machen Sie Deutschland und Ihrer Rasse Ehre an der Front, sagt er mir, um diesen Fleck auf Ihrer Weste reinzuwaschen. Und wenn wir den Krieg gewonnen haben, gründen Sie eine Familie und schenken dem Führer viele Kinder...«
Und was ist danach passiert? fragte Rose.
Naja, die Hoffnung von Schulz hat sich nur zu Teilen erfüllt. Den Krieg haben wir verloren, ich hatte Glück, ich bin in Polen in Gefangenschaft geraten und an die Engländer ausgetauscht worden und war im Winter wieder zurück. Aber eine Familie hab' ich gegründet, wenn's auch nur zu einem einzigen Kind gelangt hat... Und Sie, Rose, wie ist es mit Ihnen weitergegangen?
Oh, zunächst wie immer. Unser Metier kennt ja keine Krise, nur eine Altersgrenze. Als es nicht mehr die Soldaten und die Etappenhengste waren, waren's die Russen, dann die Amis, das war die goldene Zeit, dann wieder die Landsleute, und das ging bis 1961, ich bin rüber an den Kudamm, aber ich hab' ja in Mitte gewohnt, und ich dumme Kuh hab' nichts kommen sehen, und eines Tages stand dann die Mauer da, und ich hockte auf der falschen Seite, wo ja nun offiziell alles verboten war. Inoffiziell sah's freilich anders aus, aber es war nicht mehr ganz so einfach und nicht mehr ganz so einträglich, und dann, bumm, denunziert mich einer, und ich gehe für fünf Jahre hinter Gitter. Und als ich da rauskomme, na, was soll ich Ihnen sagen, Doktor, da war ich 50 und die Schönheit hin und keine

Wohnung mehr und keine Bürgerrechte und keine Devisen, und ab da ist es mit Rose bergab gegangen, und, he! Was ist denn mit Ihnen los, Doktor, heulen Sie etwa?
Ernst Braun saß gerade auf seinem Stuhl, Tränen rollten seine Wangen herunter, ganz still, es schüttelte ihn nicht, er hob nur abwehrend die Hand, als Rose wieder zu sprechen anhob.
Naja, heulen Sie sich ruhig mal aus, nach so langer Zeit, murmelte sie und steckte sich eine Zigarette an.
Nach einer Weile lächelte der Arzt durch die Tränen, zog geräuschvoll die Nase hoch und bat um ein Tempo.
Haben Sie mir das Leben gerettet, Rose?
Als wenn's darauf ankäme, Doktor. Ich denke mal, es war eine Kollegin, denn wenn ich es gewesen wäre und Sie hätten mich nicht wiedererkannt, könnte ich hübsch beleidigt sein, nicht wahr?
Darf ich Ihnen einen Kuß geben, Rose?
Hö! Keine Fisimatenten, Doktor! Und keine Sentimentalitäten. Ich hab' nicht vergessen, warum ich hierhergekommen bin.
Der Arzt stand auf. Kommen Sie, Rose, ich brauche frische Luft. Ich hänge ein Schild vor die Tür, es kommt heute sowieso keiner mehr, meine Türkenkinder sind erst morgen dran. Wir fahren in den Grunewald und reden ein bißchen.
Die Alte zögerte.
Oder haben Sie was Besseres vor?
Das allerdings nicht, gab Rose zu.
Draußen stiegen sie in einen silbergrauen Mercedes 220 von 1962, den Braun so selten benutzte und so regelmäßig pflegen ließ, daß er mit seinen 280.000 km auf dem Zähler aussah wie neu, und rollten los.

Sie fahren wie ein Opa, sagte Rose.
Ich BIN ein Opa.
Lange her, daß ich in einem Benz gesessen habe...
Im Grunewald setzten sie sich in ein Ausflugscafé und tranken Bier. Der Arzt schlug Rose vor, bei ihm einzuziehen, als Sprechstundenhilfe zu arbeiten oder auch nicht, und versprach ihr, eine Spritze zu ziehen und sie in ihrem Nachttisch zu deponieren, wo sie sie finden würde, wenn sie wirklich Lust hatte, zu sterben. Aber nur unter der Bedingung, daß sie zu ihm zog.
Rose sah ihn lange Zeit an.
Ich überleg' mir's, Doktor.
Es ist ein faires Angebot, scheint mir, sagte der Arzt.
Und wenn ich's denn tue, bei Ihnen, kriegen Sie doch Schereien, wandte sie ein.
Ich hab' schon lange nicht mehr vor einem Uniformierten gestanden, sagte der Arzt. Ich wäre ruhiger als beim letzten Mal.
Ich überleg' mir's, Doktor, sagte Rose noch einmal. Bringen Sie mich bis zu mir nach Hause?
Als er vor dem baufälligen schwarzen Mietshaus geparkt hatte, stieg er aus, umrundete den Wagen und hielt ihr den Schlag auf.
Bis bald, Rose, sagte er.
Auf Wiedersehn, Doktor, sagte Rose und hob die Hand zum Gruß, drehte sich dann um und verschwand hinter der Tür.

Sechs Tage mit Tiina

Wir haßten einander während der ganzen Zeit nicht. Auch nicht hinterher. Das war ihr Verdienst. Als wir im Sonnenuntergang unter rostrotem Himmel aus Travemünde hinausfuhren, der Hafen links hinter uns, die januargraue Ostsee kabbelig, waren wir beide still.
Wir führen keine körperliche Freundschaft, wir umarmen uns selten, küssen einander nie, einzige Berührung ist der altmodische Handschlag. Der ganzen Freundschaft haftet etwas Altmodisches an in ihren Umgangsformen, es ist eine Fabulierfreundschaft, eine der Diskussionen mit viel Politik, Geschichte und Literatur, eine Saufkumpanei. Wir trinken Bier miteinander, ich glaube, wir haben noch niemals Wein zusammen getrunken. Es ist eine Heidelberger Studentenfreundschaft aus dem frühen 19. Jahrhundert, aber mehr Vormärz als Hermannsschlacht, ohne Verbindungsgeruch. Eine Männerfreundschaft. Eine asexuelle. Daß wir trotzdem nicht begannen, einander zu hassen, als wir eine Woche mit derselben Frau verbrachten, war Tiinas Verdienst.
Harry schickte sie uns. Harry, sagte Robert immer, verliebt sich nur in intelligente Frauen. Außerdem mußte sie lang und dünn sein, denn die Geliebten Harrys waren immer lang und dünn. Harry studierte in Finnland und, schlank, zart und dunkel, war er, seinen Berichten nach, das ideale Kontrastprogramm für alle finnischen Frauen. Tiina sollte sich eine Woche lang in seiner Hamburger Wohnung ausruhen, wovon, wußten wir noch nicht. Zur

Unterhaltung, Hilfe und Beratung waren wir, seine Freunde, vorgesehen. Englisch würde sie sprechen und Deutsch verstehen, schrieb Harry, was uns die Möglichkeit zu vertraulichen Kommentaren in ihrer Gegenwart nahm.

Die niedrige neonbeleuchtete Halle des ZOB, die Plakate der Touristikunternehmen, die Seereiseveranstaltungen der Bundesbahn, zerfetzte zwiebeltürmige Alpenpanoramen, der Penner, der an der Wand hockt, sein Gesicht, weißgrün gefärbt vom Licht, wir suchen einen Ankunftsplan für den Fährschiffbus aus Travemünde, vergeblich; hinaus aus dem schalen Uringeruch, an den Männern vorbei, die hier frierend, redend zusammenstehen in beleuchteten Ecken, wie überall, wo es fortgeht.

Draußen an einer der Haltestellen im abendlichen Rampenlicht sah ich Robert von der Seite an: Wie würde er auf die Frau wirken? Er war kleiner als ich, mit ausgeprägteren Zügen, das teppichdichte Haar, die Neandertalerstirn, die Hakennase, das leicht vorgedrückte stämmige Kinn mit den Stoppeln, seine Augen, die, das wußte ich, aufblitzen konnten, wenn er in Fahrt kam. Wir konkurrierten miteinander, so wie Freunde konkurrieren müssen: Wer den anderen argumentelos machen kann, wer die pralleren Geschichten erfindet; einmal in einer Kneipe hatte er alle Register gezogen, vier Mädchen, die mit ihren Freunden da waren, gebannt, auch die Männer; erzählt, gelacht, gestikuliert, aus seinen Dackelaugen Seitenblicke geworfen, er war der Mittelpunkt und völlig uneitel in seinem wollenen Pullover unter dem Jackett, untersetzt, kein Traummann, gewiß nicht, und ich wurde sehr neidisch; einer Frau zu gefallen, ohne den Männern auf die Nerven zu gehen, das fällt mir schwer, und ich, der ich mich immer für ein wenig attraktiver als ihn hielt und halte (das muß unter Freunden vielleicht auch so sein), wurde mitgerissen.

Und jetzt, als wir auf dem Omnibusbahnhof auf die Ankunft dieses Mädchens warteten, musterte ich ihn, um zu sehen, wer ihr besser gefallen müsse, vorausgesetzt, sie wäre sympathisch und es würde von Bedeutung sein.

Sie bleibt eine knappe Woche, sagte Robert. Wir werden ihr die Stadt ein bißchen zeigen und die Gegend und wo man hin kann, und ansonsten soll sie tun, worauf sie Lust hat, Harry schreibt ja, sie wolle sich ausruhen.

Ich beobachtete ihn immer noch von der Seite. Er hatte den Unterkiefer vorgeschoben, die Brauen zusammengezogen und hielt nach dem Bus Ausschau.

Wir erkannten Tiina sofort, als sie ausstieg, sie schaute sich zweimal um und wollte gerade einem jungen Mann folgen, um ihn anzusprechen, als wir sie erreichten. You are Tiina? Yes and you are Robert, sie sagte »Ruupert«, Robert lächelte sie an und verbesserte sofort. Robert, der Humanist, der seine einzige lebende Fremdsprache erst vor kurzem mit Berlitz in London gelernt hatte, die Konversation würde wie aus »English for You« sein. And you are Michael. Ich nickte ihr zu. Sie grinste uns an, Harry würde ihr schon einiges erzählt haben. Sie trug ihr rotblondes Haar in einem Pferdeschwanz, hatte, von der Reise müde, hellblaue Augen und einen großen Mund mit kräftig gemaserten rosafarbenen Lippen. Sie war eine Idee größer als Robert und offensichtlich – der graue Mantel ließ noch kein endgültiges Urteil zu – sehr schlank.

Sie reichte mir ihren Koffer und Robert ihren rechten Arm, und so schlenderten wir zum Parkplatz. Tiina sah uns an und sagte: I'm very very hungry!

In der Kneipe saß sie zwischen uns und hatte Kaninchen bestellt. Robert trank sein Bier in tiefen Schlucken, weißer Schaum hing an den borstigen Enden seines Schnurrbarts, er wischte sich mit dem Handrücken über die Lippen; ich trank Rotwein, sah die andern durchs Glas an, hielt den Wein zwischen Lippen und Zähnen, drückte ihn dann mit der Zunge an den Gaumen und ließ ihn, fast ohne zu schlucken, die Kehle hinabrinnen.

Tiina hielt die Kaninchenschlegel mit ihren langen schlanken glänzenden Fingern am Knochen, öffnete den Mund weit, und ihre Schneidezähne gruben sich durch die braune, krosse Haut, die aufriß, in das rosafarbene Fleisch, bissen ab, ihre Lippen schlossen sich elastisch, ihre Augen fixierten den Braten, dann flogen rasche Blicke zu uns, dann gabelte sie vier von den langen Bohnen auf und führte sie zu dem wie ein O geöffneten Mund, unterbrach das Kauen und nahm einen tiefen Schluck Weißwein, ihre Lippen paßten sich dem Bogen des Glases an – sie mußten sehr zart sein –, und ihr Kehlkopf schwang unter der weißen Haut ihres Halses nach oben. Dann strich sie mit glänzenden Fingern eine Strähne zurück, die in die Stirn gefallen war, schluckte hastig alles hinunter, was gerade im Mund war, lachte erleichtert und sagte etwas zu uns, und Robert durch das dicke Glas seines Seidels und ich durch den schweren lackigen Rotwein sahen sie mit dunkel gewordenen Augen an.

Robert verabschiedete sich um Mitternacht, um nach Hause zu seiner Freundin zu fahren. Er legte die Stirn in Dackelfalten und schüttelte Tiina die Hand. I'll phone you tomorrow. Tiina war niemand, der gern und oft die Hand gab, ihre lag in Roberts Pranke wie in einer Mausefalle.

Ich bringe dich noch bis zur Tür, sagte ich ihr, ich wohnte

nur fünf Minuten von Harrys Wohnung entfernt. Unter dem Vorwand, im nächtlichen Verkehr der fremden Stadt auf sie achtgeben zu müssen, nahm ich sie an der Hand, obwohl wir die fünfzig Meter, die wir gehen mußten, die Straßenseite nicht wechselten. Ihre Hand war warm, weich und feucht.
Sie war verheiratet, aber ihr Mann soff und war krankhaft eifersüchtig und schlug sie, alles in allem ein typischer Finne, klagte sie. Sie besuchte die Kunsthochschule. Sie wollte, sagte sie, Künstlerin werden. Bei dem Wort »artist« blähten sich ihre Nüstern leicht.
An der Tür zog ich sie zu mir und küßte sie. Tiina legte ihre linke Hand auf meinen Nacken, und ihre rechte wanderte hinab zu meinem Hintern. Sie fuhr zuerst über die Backen und stieß dann mit steifem Finger dazwischen. Meine Beine gaben nach. Auf ihrer Oberlippe schmeckte ich Schweiß. Dann fiel der Mantel von ihren Schultern. Sie war tatsächlich sehr dünn, mit kleinen Brüsten. Dann ging mit einem Klack das Licht im Treppenhaus an. Tiina sah zu Boden und ließ mich dann los, um sich nach dem Mantel zu bücken. I'm very tired, sagte sie, als sie wieder emporblickte. Ich glaubte zu verstehen. Das macht nichts, sagte ich. Dann verabschiedeten wir uns und beschlossen, am nächsten Morgen gemeinsam zu frühstücken. Draußen in der Nacht begann ich zu pfeifen, und die Melodie verdichtete sich zu kleinen Dampfwölkchen. Sie hatte mir an den Arsch gefaßt und war Künstlerin. Was wollte man mehr.

Wir fuhren in ein Café und frühstückten gemeinsam am nächsten Morgen. Ich hatte sie abgeholt, sie war mit der Technik in der Wohnung nicht zurechtgekommen. Sie

hatte sich Tee kochen wollen, aber nicht gewußt, wie der Gasherd funktionierte, auch dem Ofen war sie nicht beigekommen und hatte im Pullover geschlafen. Auf Harrys Schreibtisch standen eine Whiskyflasche, die zu einem Drittel geleert war, und ein Zahnputzbecher. Sie bot mir an. Ich schüttelte mich. Sie trank ein Glas, bevor wir zum Frühstück fuhren, sie rauchte hektisch und viel, vergaß Zigaretten, die noch glommen und kaum halb geraucht waren, in verschiedenen Aschenbechern und stand mit dem Whiskyglas im angewinkelten Arm hilflos im Zimmer herum, wie Frauen in den amerikanischen Filmen der frühen Fünfziger. Solche Dinge kann ich einfach nicht, sagte sie. Wenn sie den Rauch mit spitzen Lippen ausstieß, schielte sie ihm manchmal über die Nase hinweg nach. Sie hatte Sommersprossen.
Ich fühlte mich bemüßigt, etwas Gutes über Robert zu sagen: You know he's a great poet, man würde es nicht glauben, wenn man ihn ansieht. Er schreibt auch? fragte Tiina. Yes and very well! Tiina sah mich an: Ihr seid gute Freunde. Ich lächelte und nickte. It shows, sagte sie. It shows.

In der Nacht von Montag auf Dienstag schneite es, und am Dienstag morgen rief Robert an. Wollen wir was unternehmen mit Tiina heute?
Gute Idee, sagte ich.
Schlittenfahren in den Harburger Bergen, sagte Robert.
Holst du mich ab? fragte ich.
Komm doch zu Tiina rüber, sagte Robert. Aber laß dir Zeit. Wir frühstücken gerade.
———
Micha? Bist du noch da? fragte er genüßlich in die Stille hinein.

Ja, sagte ich.
Alles klar? fragte er, und ich spürte, wie er grinste, dann hörte ich, wie er in eine Semmel biß und glucksend Kaffee nachspülte.
Alles klar, sagte ich. Bis gleich.
Wir gingen nebeneinander den Weg hinauf, Tiina in der Mitte, Robert zog den Schlitten. Er hatte zwei mitnehmen wollen, Tiina meinte, einer genüge auch. Unsere Stiefel knarrten im trockenen Schnee, und über uns hingen die gefrorenen, glitzernden, schwarzen Äste der Birken und die Schneearme der Fichten gegenüber, und die Kinder sausten abwärts an uns vorbei, die Größeren bäuchlings und schreiend und die kleinen zu dritt und viert mit stehenden Mützen wie Gartenzwerge.
Unsere Rollen für diesen Tag hatten sich schnell herausgebildet. Robert spielte den leidenschaftlichen Liebhaber. Leidenschaft war ohnehin sein Lieblingswort. Wenn Robert davon sprach und mit den Augen rollte, war er nahe daran, lächerlich zu wirken. Ich hielt seine Mädchengeschichten meistens für Aufschneiderei, aber wenigstens waren sie spannend und witzig erzählt, und so lachte ich darüber, anstatt mich zu ärgern. Immerhin – etwas mußte an der Sache dran sein, Robert legte ständig seinen Arm um Tiina und küßte sie so heftig, daß sein Schnauzer plötzlich ihrem Gesicht zu entsprießen schien, ihre Wangen bekamen rote Flecke, und Roberts Kaumuskeln und Kieferknochen mahlten und zuckten wirklich leidenschaftlich...
Meine Rolle war somit auch klar. Ich spielte den lonesome Rider, theatralisch genug, um nicht ganz ernst genommen zu werden, hielt mich abseits, fuhr alleine die verwegensten Passagen und begnügte mich mit Geheimzeichen,

Augenzwinkern und geworfenen Küssen Tiinas, die sich prächtig in das Stück Ehemann und Nebenbuhler einfügte.
Ich muß zugeben: Ich zählte mit – ich bin jemand, der nun einmal so veranlagt ist –, Robert küßte sie elfmal auf die oben beschriebene Art und Weise, ich nur dreimal, nun gut, Tiina war wunderbar; ich stürzte, blieb auf dem Rücken liegen und blinzelte durch halbgeschlossene Lider aus meinem Schneebett in die Sonne. Sie löste ihren Arm aus Roberts, lief zu mir, küßte mich auf die Stirn, rieb mich mit Schnee ab.
Sie spielte das Spiel mit, das wir spielen mußten: Natürlich küßte sie Robert öfter, weil sie die Nacht mit ihm verbracht hatte, natürlich war ich der Lone Ranger, weil ich Mühe hatte, das zu verkraften, natürlich rollte Robert mit den Augen, weil der Hahn in ihm krähte, aber indem wir alle spielten, Robert auch den bärenhaften Ehemann, taten wir so, als gäbe es für unsere Rollen keinen Grund als das Spiel, und jeder akzeptierte die des andern; so kamen wir miteinander aus.
Dann ließ Tiina uns zu zweit fahren, rauchte, wartete oben.
Und wie geht's Petra? fragte ich.
Robert legte den Kopf schief: Muß das sein?
Wie ist das denn gestern passiert? fragte ich.
Robert fixierte mich: Es ist so über uns gekommen. Die Frau besitzt ja eine ungeheure Leidenschaft. Wir haben uns gesucht und gefunden, es war ein Rausch...
Robert schwärmte weiter, während wir den Berg hinaufstiegen, in seiner besten Manier zwischen pathetisch und komisch, er kam vom Hundertsten ins Tausendste.
...der Al-Hattat also, das war ein ungeheuer eleganter

Mann. Jedesmal, wenn eine Frau die Zigarette zog, war er schon da mit seinem Feuerzeug. Im Wilden Westen wäre der einer der schnellsten Schützen gewesen, er hatte einfach die nötige Großzügigkeit, er hat meiner Mutter die Gebärmutter rausoperiert und den Blinddarm gleich obendrein als Zugabe, jedenfalls die Kleine, die der geöffnet hat, das war eine Schulfreundin von mir, aus der Hannöverschen Adelsmafia, die ich immer vergeblich anhimmelte, kleine feste Möpse und einen runden, völlig runden Hintern, ganz ohne Übergang in die Beine, und wen heiratet die schließlich? So 'nen CDU-Kerl, der ihr Bücher schenkt! Ich komme aus einer österreichisch-ungarischen Familie, und da schenkt ein Mann einer Frau Blumen oder sein Herz oder sich selbst oder ein Pferd oder ein Schloß, je nach Geldbeutel. Aber gewiß keine Bücher, das ist profan! Und warum hat er ihr so viele Bücher geschenkt? Weil sie ihn nicht ranließ, und deswegen sollte sie vor lauter Lesen auch nicht dazu kommen, einen andern ranzulassen, naja, schließlich hatte er Erfolg damit... was wollte ich jetzt eigentlich sagen?
Woran Tiina dich erinnert.
Ach ja, also folgendes...
Robert hatte die Heizung in Harrys Wohnung in Gang gebracht. Wir saßen in der Küche, Tiina und ich auf der Chaiselongue, Robert auf dem Stuhl, mit roten Wangen und heißen Köpfen und ließen die Whiskyflasche kreisen. Wir schwiegen alle befriedigt und lächelten vor uns hin, und Tiina sah abwechselnd uns beide an. Draußen war es schon lange dunkel, im Licht der Straßenlampe fielen die Schneeflocken. Robert, der mit dem Auto da war, trank kräftig vom Whisky, er trinkt sonst nie mehr als ein großes und ein kleines Bier, wenn er noch fahren muß.

Ich schraubte mich an der Chaiselongue fest und begann zu erzählen. Es konnte ein langer Abend werden, und für mich sprach, daß ich mehr vertrage als Robert und daß in ihm vielleicht auch ein Gefühl für Fairplay siegen würde.
Tiina hatte sich in die Ecke zurückgelehnt, die Knie angezogen und fühlte sich wohl. Sie sah uns an, lachte, wenn wir lustig waren, und verteilte ihre Aufmerksamkeit gerecht wie Justitia persönlich. Jetzt, mit dem Blick auf ihre großen hellblauen Augen, auf ihre Lippen, die einen Spalt offenstanden, den Schneefall, den wärmenden Whisky im Bauch, tat es mir leid, daß es nicht möglich sein würde, daß wir uns zu dritt ins Bett legten und den Abend auf diese Weise fortführten. Ich glaube, daß Tiina es genossen hätte, aber ihr Gefühl war viel zu fein, um nicht zu bemerken, daß Robert und ich nicht nackt ins selbe Bett steigen würden. So harrte sie in priesterlicher Zurückhaltung der Dinge, die da kommen würden.
Robert, der viel zu höflich ist, als daß er mich mit Blicken aufgefordert hätte zu gehen, saß ganz ruhig und markierte den Hausvater. Ich dachte aber nicht daran aufzugeben, und so erzählte ich denn, der Whisky arbeitete als barocker Innenausstatter meiner Geschichten. Ich sprach von Reisen, von Erlebnissen in Landschaften, Abendhimmeln an der See, von ulkigen oder merkwürdigen Begegnungen, von Mißgeschicken, so wie man nur unter Freunden über eigene Mißgeschicke reden kann (im Wissen, daß der dumme August letztlich der sympathischste aller Helden ist), ich lobte Robert, und wenn eine Episode unter Gelächter zu Ende ging, hatte ich sofort eine neue bereit. Nach drei Stunden hatte ich Robert zermürbt. Er erhob sich ächzend aus seinem Stuhl, klopfte mir zur guten Nacht etwas zu kräftig auf die Schulter und verab-

schiedete sich draußen auf dem Flur zehn Minuten lang von Tiina.
Dann waren wir allein, und alle Leichtigkeit und Leichtfertigkeit waren gewichen, auch alle Spannung. Tiina saß mir gegenüber und blickte ernst auf die Wand, während wir an den Resten des Whiskys nippten.
Es ist sehr schön hier, sagte sie schließlich.
Ich lächelte.
... bei euch ... Nur daß ich wieder zurück muß, sagte sie.
Ist deine Ehe nicht so berühmt? fragte ich.
Sie lachte kurz auf. Nicht ganz so berühmt, nein. Weißt du, er ist ein typischer Finne, er hat seinen Beruf und mich, und ich hab' ein Kind. (Dabei fiel mir schamvoll ein, daß Robert gesagt hatte: Das Kind merkst du nicht. So! Und er streckte den kleinen Finger in die Höhe.) Und damit ist alles geregelt für ihn.
Er schlägt mich, wenn ich abends alleine fortgehe.
Er will nicht, daß ich studiere.
In der Uni hab' ich auch Harry kennengelernt. Er lächelte mir zu, als ich morgens hineinging, und als ich nachmittags rauskam, stand er am selben Fleck, lächelte wieder und lud mich dann zum Kaffee ein.
Schreiben ist mir aber noch wichtiger als malen. Weißt du, ich versuche alles aufzuschreiben, was ich sehe, erlebe und fühle.
Gestern morgen stand ich am Fenster und schrieb alles auf, was ich sah und alles das, woran ich mich währenddessen erinnerte.
Hier ist es warm im Gegensatz zu Helsinki und hell. Aber zu Hause ist der Himmel blauer.
Ich hab' die letzten zwei Monate bei einer Freundin gewohnt und ihn kaum mehr gesehen.

Wir verstehen uns gut, ich hab' sie sehr lieb.
Das Kind ist im Kindergarten. Und abends muß er jetzt eben drauf aufpassen.
Roberts Freundin ist zierlich und dunkel, nicht wahr; ihr habt's gut hier. Ich hab' auch viel über euch geschrieben...
Was man aber nicht sehn darf, sagte ich.
Sie grinste.
Wollen wir noch Whisky holen? fragte ich. Sie nickte.
Die Luft draußen war eisig, und wir gingen aneinandergepreßt die paar Schritte zur Kneipe. Es hatte aufgehört zu schneien, und die Sterne leuchteten silbern in der anthrazitenen Schwärze.
Zu Hause gingen wir mit dem Whisky direkt ins Schlafzimmer. Trotz allem etwas verlegen, nestelte ich an der Flasche. Tiina zog sich gelassen aus und legte mir von hinten die Arme um den Hals; sie waren eiskalt.
Komm, sonst bist du zu betrunken, um Liebe zu machen; sie sagte: too drunk to make love, das »o« von love kam von weit hinten aus ihrer Kehle, und die Worte erregten mich noch mehr als ihr Körper gegen meinen. Sie zog mich aufs Bett, wir umarmten einander, von der Nase bis zu den Zehen schmiegte sie sich an mich, ihre Hüftknochen drückten mir ins Fleisch, ihr Schoß war heiß, da wußte ich, daß alles gut würde, und ich paßte meinen Atemzug ihrem ruhigen an. Wir streichelten Hände mit Händen, Füße mit Füßen, schlossen die Augen, packten heftiger zu, und dann hauchte sie mehr, als sie sprach: Kyllä, und dann zweimal: Kyllä, kyllä, mein Mund glitt an ihr hinab, und sie spannte sich ihm entgegen und rief: Kyllä, tule, tule, dann schrie sie: Tule! lange dunkle Laute, und dann: Nopeammin!! Und da mußte ich loslachen, das steckte sie an, und unser Lachanfall unterbrach uns für

eine Weile, aber dann riefen ihr bebender Bauch und ihre in den Lachanfällen zuckenden Hüften mich wieder hinab. Schließlich hörte ich tiefe Seufzer und wußte nicht mehr, waren es ihre oder meine, ihre Nägel auf meinen Schultern wie Gischtspritzer, und dann wußte ich ganz kurz nicht mehr, war ich sie oder ich, und dann gab es keinen Unterschied mehr.
Dann lagen wir warm und eng und umarmt beieinander, sahen uns an, tranken Whisky aus einem Glas, rauchten eine Zigarette und schliefen ein.

Am nächsten Morgen nach dem Frühstück verabschiedete ich mich und fragte nach dem Abend. Der sei Robert versprochen, sagte sie. Wir küßten uns noch einmal, und ich ging pfeifend durch die kalte Straße zu meiner Wohnung, zwischen den einkaufenden Hausfrauen hindurch.

Am Donnerstag abend trafen wir uns zum Essen und fuhren danach zum Cotton Club, wo eine Jazzband spielte. Wir saßen nebeneinander vor einer Balustrade, hinter der die Bühne lag. Jeder hatte ein großes Bier vor sich stehen, und wenn Tiina trank und sich danach den weißen Schaum von den Lippen leckte, die an diesem Abend rot bemalt waren, starrten Robert und ich sie von beiden Seiten an. Die Kapelle spielte mehr laut als gut, und es wurde zum ersten Mal ungemütlich. Wir waren beide kurz davor, Tiina in der Mitte auseinanderzureißen. Robert legte seinen Arm besitzergreifend um ihre Schultern, zog sie zu sich, weg von mir und küßte sie langanhaltend; ich sah seine geschlossenen Augen dabei. Oder ich zeigte ihr etwas, so daß sie sich zu mir herüberbeugte, griff nach ihrem Kopf, mehr ein Zahnarzt als ein Liebhaber, und suchte ihre Lippen.

Alle starrten wir angespannt auf die Bühne, und jeder von uns beiden wünschte den andern zum Teufel. Hastig und in großen Schlucken tranken wir unser Bier.
In der Pause, als es endlich ruhiger war, griff sich Tiina an den Kopf und sagte, sie habe Schmerzen. Ob wir sie nach Hause bringen könnten. Ihr seid doch nicht böse auf mich? Wir schüttelten den Kopf und atmeten innerlich alle auf.
Nachdem wir Tiina abgeliefert hatten, standen Robert und ich schweigend auf der Straße vor der Tür des Autos.
Komm, sagte Robert in die Stille, laß uns noch ein Bier trinken gehen. Weißt du, ich habe mich Hals über Kopf in sie verliebt. Als wir... im Bett... wir haben all unsere Leidenschaft ausgelebt... es ist ungeheuer, die Anziehung zwischen uns... und es ist schwer, verstehst du...
Natürlich, ich hab' sie ja auch verflucht gern, sagte ich, ein wenig eifersüchtig, daß es Robert offenbar schlimmer erwischt hatte als mich.
Aber sieh es um Himmels willen als das, was es ist.
Gewiß tu' ich das, aber das macht es ja noch viel härter. Hast du denn auch...?
Ja, natürlich, sagte ich.
Robert senkte den Kopf: Sie ist eine wunderbare Frau...
Ja, und das klügste, was sie getan hat, war, uns heute abend zu fliehen. Das war idiotisch, wie du dich verhalten hast, und ich war kaum besser.
Allerdings nicht, im Gegenteil!
Ich grinste ihn an: Robert, Robert, eine Woche nur, sei lieber glücklich, mein Alter.
Morgen ist der letzte Tag. Was hältst du davon, wenn wir uns Lübeck ansehen, sagte Robert.
Gute Idee.

Hast du überhaupt mitbekommen, was sie für wunderbare kleine Möpse hat, du..., sagte Robert. Ein bißchen weich, aber rund wie Äpfel...
Wir fuhren übers Land an Mölln und Ratzeburg vorbei, über die sanften Hügel der Stormarnschen Schweiz, an schneebedeckten Wiesen vorüber und Äckern, deren gefrorene Stoppeln aus der weißen Decke sprossen wie aus einer Glatze. Es war klirrend kalt, der Asphalt grau, die Äste der Bäume vereist. Am flachen Himmel stand matt die Wintersonne und beleuchtete das Land fahl wie ein Krankenzimmer. Robert und ich sangen laut und falsch durch unser gesamtes Repertoire von »Horsti Schmandhoff« bis zu dem mit klagender Erst- und Zweitstimme dargebrachten »She's leaving on a jetplane«, das Tiina gegen alle Logik besonders zum Lachen reizte. Dann grölte Robert als Zugabe ein Lied, von dem ich nie recht wußte, ob er es nicht selbst gedichtet hatte: »Ich hab' meine Omi gefressen, meine Omi, die war dick und fett«, und als er beim Refrain schmatzend die Zähne bleckte, bekam Tiina derartige Lachkrämpfe, daß wir gezwungen waren, auf freier Strecke anzuhalten, und sie sprang hustend und mit tränenden Augen aus dem Wagen und holte sich beim tiefen Atmen einen Schluckauf.
Dann Lübeck, die Backsteintürme, das grüne Kupfer der Turmspitzen im rosagelben Winterhimmel. Hand in Hand, Tiina in der Mitte, stiegen wir die gepflasterten Straßen bergan, ein Fremdkörper in der pelzbemäntelten buddenbrookschen Bürgerlichkeit der nachmittäglichen Flaneure. Glücklich, nicht allein zu sein, zufrieden, die warme Hand Tiinas zu halten, stapften wir über die Plätze, atmeten weiße Wölkchen aus und zwinkerten den Passanten zu, die böse wegschauten.

Am Marktplatz betraten wir ein Café und ließen uns von der schwarzgekleideten Serviererin mit dem weißen Spitzenschürzchen Mokka und Sahnetorte bringen wie die alten Damen mit den Pelzkappen auf den wackelnden Köpfen.

Mit Tiinas langen Fingern, die unter dem Tischtuch unsere Schenkel entlangglitten, suchend, forschend, findend, (und wir starrten rotköpfig wie Erstickende gegen die Saaldecke) fühlten wir uns, wie sich Thomas und Heinrich Mann hier wohl nie gefühlt haben.

Später im Gängeviertel, durch die niedrigen Stiegen an den Hinterhäusern vorbei, zogen wir Tiina in dunkle Nischen und küßten sie, aber ohne den hektischen Besitzanspruch des Vortages.

Dann wurde es Zeit, nach Travemünde zu fahren. Die Finnjet lag schon bereit, ein mächtiges Schiff; wir fuhren lange an ihm vorüber, uns blieb noch eine Stunde.

Wir stapften jenseits der Promenade den Strand entlang, schweigsam, der Wind schnitt uns ins Gesicht, Welle auf Welle rollte von der schwarzen Ostsee heran, öffnete ihren dunkelgrünen Rachen und brach sich weiß schäumend. Der Sand war dunkel vor Nässe und über und über mit schwarzblauen Muschelsplittern bedeckt, die sich an manchen Stellen mit Algen und Steinen zu Hügeln türmten, auf denen Möwen gegen den Wind anrudernd landeten und ihre Köpfe gegen die Kälte ins Gefieder einzogen.

Roberts Schnurrbartspitzen gefroren, und Tiina zog uns in plötzlicher Verzweiflung an sich, daß wir fast mit den Köpfen zusammenstießen.

Dann waren wir in der langen schmutzigen Wartehalle, hielten ihren Koffer, während sie am Schalter stand. An

den Tischen des Imbisses saßen blasse Skandinavier beim Bier, Deutsche hatten sich bereits drängelnd vor der geschlossenen Eingangstür aufgereiht, und Mädchen hockten auf ihren Rucksäcken und stocherten mit einem Plastikgäbelchen in ihren Pommes frites.
Ein Uniformierter öffnete die Tür, die Schlange schwoll an. Du zuerst, sagte ich zu Robert und ging zum Schaufenster eines Blumengeschäfts. Als ich mich umsah, hingen die beiden aneinander wie Baum und Efeu, mir wurde schwach in der Kehle. Dann machte Robert hastig auf dem Absatz kehrt und ging hölzern dem Ausgang entgegen, ohne sich noch einmal umzusehen. Ich lief zu Tiina. Sie fiel mir um den Hals, hängte sich an mich, und als ich sie ansah, mit feuchten Augen, begann sie loszuschluchzen. Ich hielt sie fest, bis das Zucken aufhörte. Dann küßten wir uns. I love you, sagte sie. I love you. I love you both. Dann biß sie sich auf die Unterlippe, um nicht noch einmal weinen zu müssen.
Schließlich ließ ich sie los, und sie reihte sich mit dem schweren Koffer, der ihre Schulter hinabzog, in die Schlange ein. Ich ging dem Ausgang entgegen und sah zu Boden.
An der Tür erwartete mich Robert, der mehrmals laut in ein riesiges Taschentuch schnaubte. Tja, sagte er, lächelte mir zu und legte die Hand um meine Schulter. Tja…
So gingen wir bis zum Auto.

Laertes und Eumaios

Für Wolfgang Rennert

Der alte Mann an der Aufnahme war bereits der zweite Simulant an diesem Abend. Der erste hatte die Aufnahmeschwester amüsiert: Er war ein Mann in mittleren Jahren, der recht abgerissen aussah und etwas nach Schnaps roch. Er behauptete, gerade einen Infarkt erlitten zu haben.
So, einen Infarkt, sagte die Schwester.
Einen kleinen, sagte der Mann. Aber ich kenne die Symptome, es ist ja nicht mein erster. Ich will ins Krankenhaus, weil die Dinger ja manchmal direkt hintereinander kommen.
Wie fühlen Sie sich denn? fragte die Schwester.
Nicht besonders. Wie man sich nach einem Infarkt fühlt. Angst. Angst hab' ich, daß es mir die Kehle gleich wieder zuschnürt, daß die Schmerzen in der Schulter wieder anfangen und den Arm herabwandern, Sie wissen ja, bis er ganz taub ist. So!
Er schüttelte seinen linken Arm mit der rechten Hand.
Ja, ich weiß. Ich glaube aber trotzdem nicht, daß Sie einen Infarkt hatten.
Was, Sie glauben nicht? Ja und die Werte? Ich hab' doch noch mal meine Laborwerte nachgeprüft zu Hause.
So, so, Sie haben ein Labor zu Hause?
Der Mann lachte verlegen: Nein, Sie mißverstehen mich. Aber die Werte, Sie kennen doch diese Werte?

Die Schwester nickte.
Und diese Werte, die sind genauso gewesen wie bei meinem ersten. Hören Sie mal, mit so was ist nicht zu spaßen. Wollen Sie sie hör'n, die Werte: Passen sie auf: Er begann mit zusammengekniffenen Augen, den Kopf in den Nacken gelegt, Zahlen zu zitieren.
Die Schwester nickte beifällig. Er hatte sich immerhin mit dem Thema beschäftigt. Dann unterbrach sie ihn:
Wo leben Sie jetzt?
Ich hab' 'ne Wohnung, ich hab' 'ne Wohnung, hör'n Sie, aber da kommt mir zur Zeit derart die Decke runter, deswegen leb' ich in einer Pension, gute kleine Pension...
Die Schwester schickte ihn zur Blutentnahme. Als er wieder zurückkam, sah er sie hoffnungsvoll an.
3,5 Promille, sagte die Schwester. Ist das Ihr Infarkt? Hören Sie, ich kann ja verstehen, daß Sie zur Zeit keine Unterkunft haben, aber ehrlich: Infarkt läuft nicht.
Der Mann wand sich verlegen und hustete dann.
Naja Infarkt, aber ich hab 'ne Lungenentzündung. Er hustete mit aller Kraft, lief rot an und hieb sich auf die Brust. Immer draußen, krächzte er, bei dem Wetter... hol' mir den Tod. Er hustete noch eine Weile, die Schwester sah sich alles an und schickte ihn dann fort.
Der Alte war hartnäckiger.
Was fehlt Ihnen?
Ich bin krank. Mir geht es schlecht. Ich muß auf Station 7.
Ja, aber was fehlt Ihnen?
Ich bin krank. Ich muß auf Station 7.
Ich verstehe. Wo tut es Ihnen weh?
Hier. Der alte Mann deutete sich auf die Brust.
Haben Sie einen Krankenbericht von Ihrem Arzt mit?
Arzt? Welchem Arzt? Ich war nie krank. Jetzt bin ich

krank. Heute abend. Ich bin schwerkrank, und ich verlange, auf Station 7 gelegt zu werden. Hier, ich hab' alles bei mir.
Er hatte eine Tasche mitgebracht, deren Inhalt er auf dem Tresen ausbreitete. Zahnbürste, Bademantel, Gebißbehälter.
Aber warum wollen Sie denn um Himmels willen ins Krankenhaus, wenn Ihnen nichts fehlt?
Mir nichts fehlen? Mir fehlt alles. Hör'n Sie zu, Fräulein, Sie legen mich auf Station 7, und morgen untersuchen Sie mich, und dann werden Sie schon sehen, was mir alles fehlt.
Die Schwester wurde ungeduldig.
Passen Sie auf, guter Mann. Wir sind kein Hotel, kein Nachtasyl und kein Obdachlosenheim. Dies ist ein Krankenhaus, und die Plätze, die wir zu vergeben haben, sind für Leute, die sie nötig brauchen.
Der kleine alte Mann griff mit herabgezogenen Mundwinkeln in seine Jacke und holte seine Brieftasche hervor.
Hier mein Rentenbescheid, hier mein Mietvertrag, hier mein Personalausweis, hier mein Kontoauszug. Ich bin kein Bettler!
Gehn Sie heim, schlafen Sie Ihren Rausch aus, verdammt!
Ich trinke nicht! rief der Alte erregt.
Die Schwester raufte sich die Haare.
Gehn Sie, bitte, sonst hol' ich jemand, der Sie hinausbegleitet.
Die Hände des Alten umklammerten die Kante des Tresens. Sie wurden noch weißer.
Ich bin krank, sagte er. Ich will auf Station 7. Ich gehe hier nicht weg.
Die Schwester vertiefte sich in ihre Papiere. Als sie aufsah, stand der Mann immer noch vor ihr und sah sie an.

Warum Station 7? fragte sie. Warum gerade Station 7?
Das ist innere Medizin, nicht wahr? fragte der Alte.
Ja, aber das sind Station 5 und 6 auch.
Der Alte sah sie einen Moment zweifelnd an und dachte nach.
Machen Sie mich nicht irr, sagte er dann. Ich hab's hier, und er legte die Hand auf die Brust. Also muß ich auf eine innere Station.
Schön, aber warum 7?
Darum! schrie der Alte.
Die Schwester sah einen der Ärzte, der Nachtdienst machte, aus dem Korridor kommen und zum Getränkeautomaten gehen. Sie winkte ihn heran.
Es war ein junger Arzt, und er kam lächelnd zum Tresen. Die Schwester deutete mit dem Kopf auf den Alten.
Guten Abend, sagte der Arzt.
Guten Abend, Herr Doktor, sagte der Alte. Ich bin krank. Mir geht es schlecht. Ich muß auf Station 7.
Das sagt er mir seit einer halben Stunde, sagte die Schwester, ohne aufzusehen.
Haben Sie Ihre Personalien schon aufgegeben? fragte der Arzt.
Aber es fehlt ihm ja nichts! Was soll ich da mit seinen Personalien?
Nehmen Sie sie auf.
Ist wohl eine langweilige Nacht.
Nehmen Sie sie auf.
Der Arzt nahm den alten Mann mit in einen kleinen Raum, und während der Alte sich folgsam wie ein Kind den Oberkörper abhören und abtasten ließ, stellte der Arzt ihm Fragen.
Wie alt sind Sie?

Zwoundsiebzig.
Verheiratet?
Junggeselle.
Leben allein?
Nein, das heißt, jetzt ja, aber das geht nicht, das ist es ja gerade.
Der Arzt nahm sein Stethoskop ab und lehnte sich zurück.
Ich verstehe nicht ganz.
Hör'n Sie. Haben Sie was gefunden? Lassen Sie mich jetzt auf Station 7?
Nein, alles hört sich normal an.
Natürlich, wenn Sie so schlampen. Untersuchen Sie mich morgen richtig, und weisen Sie mich ein.
Tut mir leid, Sie sind gesund.
Ich bin krank, sagte der Alte. Glauben Sie mir.
Was war das vorhin mit dem Alleine-Leben? fragte der Arzt.
Nichts.
Sie leben also alleine?
Nein.
Sie haben also jemand, der sich um Sie kümmern kann?
Nein! Nein, ich brauch' auch keinen, der sich um mich kümmert. Ich muß mich um jemanden kümmern!
Tut mir leid, ich verstehe nicht.
Macht nichts. Weisen Sie mich ein.
Der Arzt schüttelte den Kopf.
Der Alte gab auf. Er sank ein wenig auf seinem Stuhl zusammen und sagte dann:
Also schön. Ich wohne nicht alleine, weil ich mit einem Freund zusammenwohne. Ich kaufe ein. Er kocht. Vorgestern ist er hier eingeliefert worden. Er ist krank. Er ist

alleine. Er hat niemanden außer mir. Er liegt auf der Station 7.
Der Arzt nickte.
Er hat niemanden außer mir, und ich hab' niemanden außer ihm, verstehen Sie? Er kocht, und ich mache die Einkäufe. Für wen mache ich jetzt die Einkäufe? Wer macht mir jetzt abends was zu essen, hm? Sie verstehen das nicht. Seit 25 Jahren wohnen wir zusammen. Ich mag nicht kochen, ich hab' früher auswärts gegessen, und Adolf kocht gern. Ich hab' nichts zu essen abends.
Ich saß da heute abend, gestern abend in dieser Wohnung, in der leeren Wohnung. Schweigen, da war kein Geräusch, kein Geruch mehr, ich riech' nichts mehr, abends zu Hause, ich höre keine Stimme mehr. Und er, er sieht nichts, ist halb blind, ich hab' ihm vorgelesen abends, liest ihm hier einer vor, hä? Wer liest dem Adolf hier abends vor?
Es gibt einen Fernseher im Aufenthaltsraum, sagte der Arzt.
Fernseher, bah. Wir haben keinen Fernseher zu Hause. Keiner liest ihm vor. Er ist doch völlig hilflos, wenn ich nicht da bin. Er weiß ja nicht mal, wie man so einen Fernseher einschaltet. Kochen kann er, das kann er. Sonst kann er nichts mehr. Kann er hier kochen, hä? Nicht einmal mehr kochen kann er hier. Und er ist krank, und was soll er denn tun, allein, ohne mich.
Und er liegt also auf Station 7? fragte der Arzt.
Ja, auf Station 7. Was soll er denn da tun, frage ich Sie, krank und hilflos, wie er ist? Ich dachte mir, was soll ich jetzt denn in der Wohnung, wo er hier ist, er braucht mich doch, in der Wohnung, so entsetzlich still jetzt, so leer, und das aufgeschlagene Buch noch, weil ich ihm vorlesen wollte, als er mir sagte, daß er, und da war der Kranken-

wagen schon, und er hinein, und ich frage: Ja, was ist denn, was ist denn, und er: Schon gut, schon gut, beunruhige dich nicht, er meint immer, ich beunruhige mich über alles, und dann komm' ich zurück, Station 7 war ich mit ihm, damit er nichts vergißt, und da liegt noch das aufgeschlagene Buch, wissen Sie, wir haben doch alles so gut eingeteilt, ich kaufe ein, er kocht – –
Ich verstehe, ich verstehe, sagte der Arzt. Warten Sie hier einen Moment, ich sehe nach, ob auf Station 7 für heute nacht ein Bett frei ist. Wir werden schon was hinkriegen, beruhigen Sie sich erst mal.
Der Alte nickte.
Ich komme gleich wieder.
Der Arzt ging ins Büro und rief auf Station 7 an.
Sagen Sie, ist bei Ihnen ein Bett frei?
Warten Sie mal. Ja. Ja, ein Exitus heute nacht. Ein Opa mit Nierenversagen. Um sechs auf die Intensiv, vor zwei Stunden war's vorbei. Das Bett müßte nur neu hergerichtet werden. Haben Sie was Dringendes?
Wie heißt der Exitus?
Warten Sie mal, Doktor. Hier. Gerhardt. Adolf Gerhardt.
Bereiten Sie das Bett, aber bringen Sie's auf ein anderes Zimmer. Ist das klar?
Ist klar, Herr Doktor.
Der Arzt legte auf. Er stand in dem Büro und sah aus dem Fenster in den erleuchteten Hof. Ein Krankenwagen kam die Auffahrt zur Notaufnahme entlang. Der Arzt fuhr sich durchs Haar. Dann sagte er leise: Verflucht, verflucht, verflucht, verflucht. Dann ging er zurück in den Raum, wo der Alte auf der Kante der Liege hockte.
Kommen Sie mit.
Sie lassen mich hierbleiben?

Heute nacht, nur heute nacht, sagte der Arzt, ohne den Mann anzusehen.
Danke, ich danke Ihnen, ich –
Ist gut, ist gut. Wir werden Sie morgen untersuchen, aber wenn Ihnen nichts fehlt, müssen Sie wieder nach Hause, ist das klar?
Der Arzt sah den Alten nicht an. Er starrte in eine Ecke des Zimmers.
Herr Doktor?
Ja.
Kann ich ihn heute abend noch mal sehen? Nur um ihm zu zeigen, daß ich hier bin.
Ausgeschlossen, der Arzt starrte gegen die Wand. Ich habe mich erkundigt. Er hat was zum Schlafen bekommen und darf nicht gestört werden.
Nicht mal ein Blick?
Hör'n Sie, verflucht noch mal, nein! schrie der Arzt.
Ist gut, Verzeihung. Vielen Dank noch mal. Also morgen früh.
Ja, morgen früh. Kommen Sie, ich gehe mit Ihnen.
Sie gingen zusammen zum Fahrstuhl.
Was ist das für ein Buch, aus dem Sie ihm vorlesen?
Giono, ein Franzose. Kennen Sie?
Der Arzt schüttelte den Kopf. Im Zimmer wartete er, bis der Alte im Bett war, und löschte dann das Licht.
Bis morgen, sagte der Alte.
Bis morgen.
Der Arzt ging hinunter, um beim Empfang eine Zigarette zu rauchen und mit jemandem zu reden. Am Tresen war wieder ein Menschenauflauf. Eine Frau mit grauen Locken, die sie offen trug und die bis über die Schultern reichten, stand in einem blauen Frotteebademantel dort,

umrahmt von zwei Fahrern, die mit der Aufnahmeschwester redeten.
Wir haben sie am Flughafen aufgegabelt. Sie hat andauernd Anfälle. Sagt, sie kommt aus Dänemark.
Der Arzt trat hinzu.
Die Frau wedelte mit einem Zettel vor seiner Nase herum. Ich komme aus einem Heim in Dänemark. Ich will zu meiner Schwester. Hier steht ihr Name.
Auf dem Zettelchen stand in krakeliger Schrift der Name Grete.
Ich hätte von Pflegern abgeholt werden sollen, aber keiner war da, keiner war da.
Sie schnappte nach Luft, Krämpfe durchliefen ihre Arme und verzerrten ihre Gesichtsmuskeln, Schaum trat ihr vor den Mund.
Ist ja gut, ist ja gut, sagte der Arzt. Sofort war die Frau wieder ansprechbar.
Wie heißt Ihre Schwester denn?
Grete.
Grete und weiter?
Grete.
Ja, aber der Nachname.
Die Frau starrte den Arzt an, und die Krämpfe begannen wieder.
Ist gut, ist ja schon gut, sagte der Arzt, und sofort nahm sie wieder Vernunft an.
Die beiden Fahrer grinsten hinter ihrem Rücken.
Also aus Dänemark kommen Sie?
Die Frau nickte.
Sie sind aber Deutsche?
Ja, und ich wohne dort in einem schönen Heim, und ich wollte mein Schwester besuchen, hier ihr Name, und die

Pfleger hätten mich abholen sollen auf dem Flughafen, aber keiner war da, keiner... war... da...
Schon gut, schon gut, beruhigen Sie sich nur.
Führen Sie die Dame dort zu den Sitzbänken.
Die Fahrer taten, wie ihnen geheißen wurde.
Rufen Sie alle Heime in der Stadt an, sagte der Arzt zur Aufnahmeschwester. Sie wissen schon. Er drehte den Zeigefinger vor der Stirn. Dann ging er in seine Nachtkammer. Er fand keinen Schlaf, nahm eine Zigarette und griff nach dem Buch, das auf dem Nachttisch lag. Es war ein Fachbuch, das ihn auf die Promotion vorbereiten sollte.
Nach einer Weile klingelte das Telefon.
Hier Aufnahme. Ich hab' rausgefunden, wo die alte Hexe hingehört. Dachte, daß Sie's interessiert.
Und?
St. Servatius-Heim. Die sagten mir: Ach, bei Ihnen ist sie. War sie wieder auf dem Flughafen? Grete ist ihr eigener Name. Frag' mich, warum sie solchen Leuten freien Ausgang geben.
Gute Nacht, sagte der Arzt.
Gute Nacht.
Gegen sechs Uhr morgens, kurz vor der Übergabe, ging er hinunter zur Station 7. Am Ende des Korridors auf der Sitzgruppe vor dem Fenster saß der Alte im Bademantel und durchblätterte eine Zeitschrift. Er stand auf, als er den Arzt kommen sah.
Guten Morgen, Herr Doktor.
Guten Morgen.
Gehen wir zu Adolf? Er wird jetzt ja wohl ansprechbar sein.
Der Arzt sah sich um. Kein Telefon klingelte, kein rotes Licht rief ihn fort.
Gehen wir also, sagte er. Gehen wir zu Adolf.

Birth of the Cool

Über Jahre hinweg hatte ich Rudolf nur aus dem Briefwechsel gekannt, den meine Mutter mit ihm führte. Ich erinnere mich, daß er schon frisch verheiratet war, und die Briefe meiner Mutter begleiteten zunächst nur die weihnachtlichen Freßpakete oder sandten Geburtstagswünsche. Rudolfs Dankesbriefe, in blauer Tinte auf holzigem Papier, in einer feinen gleichmäßigen Schrift, schilderten das Leben der sich bald vergrößernden Familie und endeten stets mit freundlichen Grußworten, besonders an mich. Ich beauftragte meine Mutter jedes Mal, die Grüße zu erwidern, aber ich konnte mich nie dazu durchringen, selbst zu schreiben. Es brauchte Jahre, bis ich die Verwandtschaftsbeziehung, die uns verband, im Gedächtnis behielt: sein Urgroßvater und mein Urgroßvater waren Halbbrüder aus der ersten und der zweiten Ehe ihres Vaters, so daß wir denselben Namen trugen. Doch diese recht dünne Blutlinie und die Tatsache, daß er, rund sieben Jahre älter als ich, in einer anderen Welt lebte, ließen von der Aufnahme einer Brieffreundschaft nicht viel erwarten. Meine Mutter berichtete, daß Rudolf Jazzmusiker sei. Der Gedanke an sächsische Jazzer reizte eher zum Lachen. Immerhin, ein Musiker, noch dazu im anderen Deutschland, hob sich aus dem Familieneinerlei ab, und ich war gewissermaßen stolz auf ihn, wenn auch die Photos, die er uns sandte, allen Bohemephantasien Hohn sprachen. Aber ich überließ die Korrespondenz doch meiner Mutter, dachte auch nie daran, eine Reise nach Sachsen ins Auge zu fassen.

Es war im Juni 1988, als eines Abends das Telefon klingelte und ich zum ersten Mal Rudolfs Stimme hörte mit ihrem weichen Akzent: Guden Abend, hier ist der Rudolf. Ich bin hier in Paris! Ich rufe vom Hotel aus an! Ich stehe mitten im Quartier Ladin!
Er hatte eine Reiseerlaubnis bekommen, um seine kranke Großmutter in Stuttgart zu besuchen, und plötzlich die Idee gehabt, noch weiter zu reisen. Die Behörden stellten ihm einen bundesdeutschen Reisepaß aus, mit dem er ungehindert und ungestempelt die französische Grenze passieren konnte. Auf dem Rückweg würde er ihn wieder zurückgeben und nach Hause fahren, als sei nichts geschehen. Er lachte wie beschwipst über seinen Einfall, und natürlich sagte ich ihm, er solle sofort vorbeikommen, wir würden ihn zum Abendessen einladen.
Er ging durch die lauten lichtertrunkenen Straßen mit dem Blick des überwältigten Touristen, den Kopf ein wenig angehoben, die Augen in die Höhe der dritten Etage gerichtet, um nicht von der Flut der Details ertränkt zu werden. Er hatte mir lange und fest die Hand geschüttelt, als er bei uns eintraf, und mir dabei in die Augen gesehen – man ist derlei nicht gewöhnt, und ich hatte, ich weiß nicht, warum, ein schlechtes Gewissen oder empfand eine Art von Scham: Wie ungeschickt und verschüchtert er zurückwich, als meine Frau zwar seine Hand ergriff, sie dann aber zu sich herabzog, um auf Zehenspitzen den Begrüßungskuß: rechte Wange, linke Wange, mit ihm zu tauschen.
Auf dem Weg zum Restaurant, in der Abenddämmerung, vermochten wir noch nicht, an einem Thema festzuhalten, und sprachen hauptsächlich von Paris, von dem Rudolf natürlich überwältigt war. Ich redete abfällig von

deutschen Städten, vermied aber jedes mir nicht zustehende Urteil über die unbekannte DDR.
Wir aßen in einer großen lauten Brasserie zu Abend, der joviale Professionalismus der Kellner faszinierte ihn, der Blick auf die schillernden, auf Eis getürmten Meeresfrüchte unterbrach seine Rede. Die raschfließende Zeit umspülte ihn wie ein Bergbach einen Stein, sein Lebenstonus hatte einen langsameren Rhythmus. Er sprach langsamer als wir, drehte langsamer den Kopf, seine Handbewegungen waren ruhiger, seine Augen erstarrten, um das Panorama in seiner Totalität aufzunehmen, es war mir sogar, als kaue er langsamer als wir, und all das machte, daß er eine Gelassenheit ausstrahlte, die beneidenswert war, auch wenn sie uns nervös machte.
Er erzählte uns von seiner Arbeit, er war Schlagzeuger. Er konnte ordentlich leben als Musiker, vor allem, weil alle Berufsmusiker gehalten waren, auch Musikunterricht zu geben, von dem wir voller Bewunderung und Einverständnis hörten, daß er für die Kinder der DDR obligatorisch sei.
Als wir aus dem Restaurant traten, war noch ein Schimmer Helligkeit am Himmel, und wir beschlossen spazierenzugehen. In einem amerikanischen Antiquariat tasteten seine Finger über die weite Fläche der ausgelegten Bücher, und er hielt den Atem an. Danach hatten wir Durst und betraten ein Café.
Das ist also ein Flipper, sagte Rudolf.
Ich starrte ihn an und sagte lachend: Erzähl mir nicht, daß du noch nie geflippert hast!
Ich hab' davon gehört, aber gespielt hab' ich in der Tat noch nie.
Na, dann wirst du's jetzt lernen.

Ich spielte und fluchte und gab dem Kasten kleine Stöße, um die Kugel zu beeinflussen, und einen großen, als sie schließlich geradewegs ins Aus schoß. Immerhin hatte ich eine respektable Punktzahl erzielt. Rudolf stellte sich vor den Apparat, schoß die Kugel nach oben und legte die Finger auf die seitlichen Knöpfe. Er stand steif da, nur sein Kopf zuckte ein wenig, als die Augen versuchten, der hin- und herflitzenden Kugel zu folgen. Nach drei Sekunden klackte es, das Spiel war zu Ende, Rudolf hatte nicht einmal die Hände gerührt. Er sah mich verdutzt an. Es war zu schnell gegangen, einfach zu schnell. Und nun? fragte er.
Ich brach in Lachen aus, aber er nahm es mir nicht übel und versprach, es bei der nächsten Kugel besser zu machen. Aber auch die zweite und ebenso die dritte Kugel schossen hin und her und sprangen von den ruhenden Flippern ins Aus, bevor Rudolfs Nervenzentren seinen Fingern den Befehl geben konnten, in Aktion zu treten.
Wir tranken unsere Gläser leer und traten hinaus auf die nächtliche Straße, und erst jetzt färbte sich Rudolfs Gesicht rot, er bewegte sich hastiger und erklärte halb ernst, halb lachend mit erregter Stimme: Das erste Mal, daß ich geflippert habe! Das ist schon eine tolle Sache. Eine tolle Sache! Aber man müßte es natürlich öfter machen können. Das geht schnell, nicht wahr?
Ich nickte.
Wir sollten das importieren.
Es war meine Frau, die vorschlug, noch ins New Morning zu gehen. Ich beeilte mich, Rudolf zu erklären, daß es sich um den bekanntesten Pariser Jazzkeller handle, und er nickte: Ich hab' davon gehört.
Wer spielt heute abend? fragte ich, und meine Frau antwortete: Jay Murray.

Wir besaßen eine Platte von ihm, auf deren Cover stand, Murray gelte bei Insidern als legitimer Nachfolger Coltranes, und ich erklärte Rudolf, daß die Stücke Murrays zunächst schwer zu hören seien, sich aber als meisterhaft entpuppten, wenn man sich nur in ihre Logik zu versetzen verstünde.
Ja, sagte er, das finde ich auch. Wobei es mehr seine Phrasierung ist als seine eigentliche Technik, die an Coltrane erinnert, und dann auch mehr auf dem Sopransaxophon als auf dem Tenor.
Du kennst den Namen?
Ja. Ich habe ihn ein paarmal in Warschau gehört, sagte Rudolf. Da kommen immer eine ganze Menge Leute zusammen. Viermal hab' ich Miles Davis gesehen, aber auch Leute wie Braxton, Chico Freeman, Marsalis, Garbarek oder Bill Evans und Shorter, was jetzt die Saxophonisten betrifft.
Ah, sagte ich, und wen sonst noch?
An bekannten Schlagzeugern Jack de Johnette, Steve Reid, Cobham, Airto Moreira und natürlich Roach. In Warschau herrscht immer eine großartige Atmosphäre beim Festival. Wie ist das hier?
Ich zuckte die Achseln. Ähnlich, denke ich.
Dann natürlich Jaco Pastorius, sagte Rudolf. Das war ein Ereignis, oder Barbieri mit Dollar Brand. Oder Weather Report, wobei ich Fusion für problematisch halte. Aber Murray ist großartig. Habt ihr ihn schon oft gehört?
Auf Platte, sagte ich.
Wie brauchten eine Weile, bis wir das New Morning fanden. Das Konzert hatte bereits begonnen, als wir eintrafen und uns in dem engen, lärmvibrierenden Raum durch die Rauchschwaden nach vorn drängten.

Es überlief mich kalt, als der Saxophonist plötzlich ein gerade begonnenes Stück unterbrach und mich mit starrem Blick zu fixieren schien. Ich drehte mich um, sah aber in der Menschenmauer hinter mir nichts, was den Zwischenfall gerechtfertigt hätte. Da trat er zum Bühnenrand und rief laut und mit seiner amerikanischen Betonung: Rudolf! Rudolf, is that you?
Rudolf lief rot an und winkte ab, aber es gab keine Möglichkeit, sich zu verkriechen. Ladies and Gentlemen, rief Murray breit grinsend. I just seen an old friend of mine in the audience. An old friend from the Warsaw Jazz Festival. We've been jamming together. Rudolf come up!
Rudolf, puterrot, in seinem karierten Hemd und seiner mißfarbenen Windbluse ließ sich zur Bühne schieben, und der Schwarze stellte sein Saxophon ab und umarmte ihn pathetisch. Dann tuschelten sie miteinander, der Schlagzeuger stand auf, tauschte einen Handschlag mit Rudolf, der sich schwerfällig hinter den Becken niederließ, und ging hinüber zum Tresen. Murray kam zur Rampe und sagte das nächste Stück an: From an old Miles Davis Album, Birth of the Cool, a Gerry Mulligan title – Venus de Milo, featuring on drums, Mr. Rudolf!
Nach dem Konzert saßen wir mit Murray und seiner Band bis zum Morgengrauen zusammen und tranken Wein, Bier und Schnaps durcheinander, die ohne Unterbrechung von Geisterhänden herbeigetragen wurden. Ein Kauderwelsch aus Deutsch, Englisch und Französisch schwirrte über den Tisch. Ich entsinne mich noch, daß meine Frau Rudolf von einem Buch über Samarkand erzählte, das sie gelesen hatte, und wie sich dann herausstellte, daß Rudolf mit seiner Familie dortgewesen war und ihr die Farben und Gerüche schilderte, erstaunlich

nüchtern noch, und meine Frau lauschte mit träumerischem Blick. Mein Gott, sagte sie mir später, ich träume von Samarkand wie von einem Märchenland, wie gerne würde ich es sehen, und er war schon dort. Er war dort.

Das nächste Mal sahen wir uns nach dem Mauerfall im Frühsommer 90. Rudolf kam mit seiner Familie in einem Barkas-Bus, der sonst zum Transport der Band und der Instrumente diente, nach Paris. Sie hatten zweieinhalb Tage gebraucht. Es war das erste Mal, daß ich Helga und die Mädchen sah, aber auf Rudolfs Ferienstimmung lag ein Schatten. Er drehte jeden Pfennig zweimal um und mußte mit schmalen Lippen und gefurchter Stirn seinen Töchtern, in deren Augen verständnisloser Vorwurf lag, das Karussellfahren verbieten. Helga hatte einen ganzen Karton Süßigkeiten und Bonbons von drüben mitgebracht, die sie ihren Töchtern in Rationen zuteilte.
Es ist halt noch billiger bei uns, sagte sie entschuldigend.
Rudolfs Band hatte sich aufgelöst, ihr Banjospieler war Bürgermeister des Ortes geworden, die anderen hatten sich zerstreut, sie fanden keine Aufträge mehr.
Es ist schon schwierig jetzt, sagte Rudolf und biß an seinem Bart herum. Die Leute haben andere Sorgen im Moment, als Musik zu hören. Aber das wird sich wohl auch wieder ändern. Leider übernehmen jetzt auch die Schulen den westdeutschen Plan, und da wird natürlich der Musikunterricht gestrichen. Dein Vater hat mir angeboten, Versicherungsagent zu werden wie er. Er war sehr freundlich und hat gesagt, er wolle bei seiner Gesellschaft nachfragen.
Das wirst du um Gottes willen nicht machen! sagte ich. Versicherungen verkaufen! Du bist Musiker!

Das habe ich ihm auch gesagt. Ich weiß ja nicht einmal, wie man Versicherungen verkauft.
Selbst wenn du's wüßtest! Versicherungsvertreter! Mein Gott! Du bist Jazz-Musiker.
Helga blickte stumm auf ihren Mann, dann auf die Kinder, die sich weit entfernt hatten und die sie zurückrief.
Als ich das nächste Mal mit meinem Vater telefonierte, hörte ich an seiner Stimme, daß Rudolf bis zu einem gewissen Grade in Ungnade gefallen war. Hör mal, ganz ehrlich! Jetzt denk mal nach. Es ist doch ganz natürlich und außerdem bitter notwendig, daß sich da jetzt was ändert. Sag' ich dem Rudolf: Mach doch eine Generalagentur auf. Wir suchen doch händeringend nach Leuten wie dem. Der kennt doch die halbe Stadt mit seiner Musik. Ich bau' ihm goldene Brücken. Aber nein, ich weiß nicht, und ich überleg's mir, und ich ruf' dich zurück, und dann ruft er nicht an. Jetzt soll er warten, bis er schwarz wird.
Du mußt das verstehen, sagte ich. Er ist Musiker, und nun willst du, daß er Versicherungen verkauft.
Ich will gar nichts, außer ihm helfen. Aber daß die Zeiten vorübergehend härter werden und die Leute jetzt mal nach vierzig Jahren den Ernst des Lebens sehen und lernen müssen, was arbeiten heißt, das ist doch logisch. Wir tun unser Teil, aber die müssen eben auch das ihre tun und anfangen, ein bißchen Initiative zu entwickeln. Wir stecken da 100 Milliarden rein, und wir können das ja zum Glück auch, wer könnte das denn sonst noch momentan in der Welt, und wir tun's ja gerne, aber daß die dann nicht mal einen guten Rat annehmen wollen, das ist doch ein starkes Stück. Ich hab' dem Rudolf ja nicht verboten zu musizieren. Es ist doch auch ein wunderbares Hobby. Die tun das am Abend machen, und tagsüber wird gearbeitet.

Als Generalagent könnte der jetzt ein Bombengeschäft machen.

Ich sah Rudolf wieder im nächsten Frühjahr, zum 60. Geburtstag meines Vaters. Wir feierten in einem Lokal, und nach dem Essen blickte ich auf meinen Vater, der mit spitzen Lippen den Cognac schmeckte. Sein Bruder schlug ihm auf die Schulter. Ich konnte nicht hören, was sie sagten, denn die Drei-Mann-Combo, die wir zum Tanzen engagiert hatten, legte gerade los, aber mein Onkel streckte den Arm aus, legte den anderen um die Schulter meines Vaters und nickte, den Mund in einem Ausdruck von Befriedigung verzogen, in die Runde. Die Brüder ähnelten einander, jetzt zu vorgerückter Stunde, in Hemdsärmeln, Schweißperlen auf der Stirn.
Die Band spielte Walzer, Foxtrott und Rock, ein Sänger mit Gitarre, ein Keyboardspieler und ein Schlagzeuger. Auf der Pauke stand »The Wizards« sowie eine Telefonnummer.
In einer Spielpause rief mein Onkel laut herüber: Rudolf, willst du nicht mitspielen? Du bist doch Trommler! Los, zeig uns mal, was du kannst!
Die Wizards mit Rudolf am Schlagzeug intonierten den Schneewalzer, und alle, die noch an der Tafel saßen, schunkelten mit. Später klopften sie Rudolf, der sich wieder gesetzt hatte, auf die Schulter und prosteten ihm anerkennend zu. Hä, sagte mein Onkel, der sich einen Stuhl herangezogen hatte, jovial und lächelte Rudolf aus rotgeäderten Äuglein an: Hä, das ist schon ein anderes Leben, jetzt!
Ich saß neben meinem Vater, der auf Rudolf deutete. Na, er ist ja auch endlich vernünftig geworden. Er hat mir vor-

hin gesagt, daß er es mit der Agentur versuchen will, wenn's noch nicht zu spät ist. Nächste Woche fahren die Leute rüber, um ihn zu schulen.

Ich habe Rudolf noch nicht wiedergesehen seit dem Geburtstag meines Vaters, aber wir schreiben einander regelmäßig. Rudolf arbeitet viel, um den Bestand zu erhöhen. Wenn ich von Zeit zu Zeit nach acht Uhr abends dort anrufe, habe ich immer Helga am Telefon, die mir sagt, er sei noch nicht zu Hause. Ich weiß nicht, warum, aber ich denke lieber an ihn, wie er am Abend unserer ersten Begegnung war, vor dem Flipper und hinterher im New Morning, als mir auszumalen, wie er durch die Vorstädte fährt, um Versicherungen zu verkaufen. Ich kann mir nicht vorstellen, daß es nicht doch eine Möglichkeit gegeben hätte, von der Musik weiterzuleben, wenn er es nur wirklich versucht hätte. Ich werde ja sehen, wie er jetzt lebt, denn seit zwei Jahren steht eine Einladung nach Sachsen offen, die wir noch stets nicht wahrgenommen haben. Es ist verrückt, was einem immer an Wichtigem und Unwichtigem dazwischenkommt und einen davon abhält, die Verwandten zu besuchen.

Der junge König

Wenn man einige Jahre in der Werbung arbeitet, lernt man eine ganze Menge Leute kennen, die sich meiner Erfahrung nach in zwei Kategorien aufteilen lassen: Es gibt die Imposanten und die Nullen. Im letzten Januar, am Genfer See, im Montreux Palace, bei unserem jährlichen Treffen bin ich zum ersten Mal jemandem aus dem Gewerbe begegnet, der nicht in mein Schema paßte. Respekt, Mitleid, Verachtung vermischen oder überlagern sich abenteuerlich in meiner Erinnerung mit einem anderen Gefühl, für das ich keinen Namen finde als Zuneigung.
Wie jedermann bin ich per Zufall in die Werbung gerutscht, und die Agentur, für die ich seit drei Jahren tätig bin, gehört zu einem Zirkel, einer Arbeitsgemeinschaft großer internationaler Agenturen, die sich einmal im Jahr in einer Stadt, meistens Europas, trifft, aber es gab auch schon meetings in Marrakesch, in Singapur, Kyoto oder San Francisco. In diesem Januar also bildeten der Genfer See und das grandiose Montreux Palace, dessen Kuppelsaal für die Sitzung gemietet war, den Rahmen, das Schloß Chillon und die schneebedeckten Gipfel der »Trois Dents« das Panorama für eine Zusammenkunft, die ebensosehr der Geselligkeit und der Abschreibung diente wie dem professionellen Austausch. Diese Jahrestreffen spielen sich unter den Agenturinhabern und Direktoren ab sowie ihren Gattinnen, Mätressen und Sekretärinnen, und für einen Angestellten wie mich bedeutete es eine Anerkennung, meine beiden Chefs und ihre Ehefrauen begleiten

zu dürfen. Alleine natürlich, aber da ich weiß, welche sozialen Folgen solche Ereignisse zeitigen: wenn Fremde beiderlei Geschlechts mehrere Tage in luxuriöser Umgebung eingeschlossen sind, gerät die Libido ins Kochen –, störte es mich keineswegs, solo zu sein, im Gegenteil.
Das Treffen wurde am Donnerstag abend mit einer Coming-together-Party im Kuppelsaal eröffnet, wo für die ca. 40 Teilnehmer und ihren Anhang ein üppiges kaltes Büffet gerichtet war und wo man sich bald, in bunter Reihe, an Sechsertischen zusammenfand, um auf Englisch oder Deutsch miteinander bekannt zu werden, was meist auf den Austausch dreier Informationen hinauslief: Name, Name der Agentur, Funktion. Worauf, oft genug, eine peinigende Stille folgte, die es mit Essen, Trinken oder fluchtartigem Aufstehen zu überbrücken galt.
Gleich zu Beginn, als alle noch standen, war mir ein Mann aufgrund seiner den Durchschnitt überragenden Statur aufgefallen, er war etwa in meinem Alter oder nur wenig älter, groß, breit gebaut, braungebrannt, mit schulterlanger Dauerwelle und einem sehr maskulinen Gesicht, dessen natürliche Kanten von sybaritischen Fettpolstern abgerundet wurden. Wenn man stehende Menschen beobachtet, kann man schnell erkennen, wie es um ihr Selbstbewußtsein bestellt ist, indem man prüft, wo ihr Schwerpunkt sitzt. Bei einigen scheint er sich im Kopf zu befinden, so daß sie ständig vornüberzukippen drohen, bei anderen hängt er im Hintern oder gänzlich in den Hosen, oder er ist, von der Mittelachse fort, in eine Körperhälfte verlagert – das sind die typischen Umfaller. Dieser Mann hatte seinen Schwerpunkt im Becken, er stand wie ein Fels, er war jemand, der wußte, daß dort, wo er sich befand, kein anderer das Recht hatte zu existieren.

Ich fragte meinen Chef, der antwortete: Aber das ist der junge König!
Ich pfiff durch die Zähne. Die Sache ist nämlich die: »König und Genossen« ist seit den 60er Jahren die renommierteste deutsche Werbeagentur, die letzte unabhängige der Großen und die einzige, die schon vor zwanzig Jahren Kreativität von internationalem Niveau produzierte. König ist ein Monument, ein Markenzeichen im Gewerbe und gewiß auch heute noch eine der begehrenswertesten Adressen, wenn es auch ein offenes Geheimnis ist, daß der ungeheure Ruf der Agentur als Kreativschmiede sich mehr auf die gloriose Vergangenheit gründet als auf die tatsächliche heutige Qualität des Hauses.
Denn der alte König geht auf die Siebzig zu, er ist für die Kunden heute noch ein Vertrauensgarant, aber eben kein Erfinder von Kampagnen mehr, denn nichts altert schneller als die Fähigkeit, den Puls der Zeit, des heutigen Tages, zu fühlen, was Werbekreativen auch eine so kurze Lebensdauer beschert. Einmal mit Villa am Stadtrand, Frau und Kindern ausgestattet, hat der Kreative seinen Zenit überschritten.
Es hatte im Hause König aber vor zwei Jahren einen Skandal gegeben: Der Kronprinz nämlich, der hier anwesende König Junior, auserkoren und gedrillt von Kindesbeinen an, einmal das Reich zu führen (Harvard Business School und Doktorarbeit an der Kunstakademie über die Reklamen von Ernst und Schwitters), hatte gemeutert, hatte eine Palastrevolution vom Zaun gebrochen, hatte seinen Vater aufs Altenteil schieben und die ihm ohnehin versprochene Herrschaft mit Gewalt erringen wollen, und als sein Vater sich wehrte, hatte er gekündigt und seine eigene Agentur aufgemacht. Dabei unterschätzte er

offenbar den Konservativismus der Klientel, die er betreut hatte, ebensosehr, wie er seine eigene Macht, einmal dem Serail entlaufen, überschätzte: Keiner der Großkunden folgte ihm, keiner verließ »König und Genossen«, um das Risiko einer kreativen Revolution mit seinem Budget tragen zu helfen, und König Junior hatte sich ganz alleine wiedergefunden. Mit einer Firma, die ausschließlich im Handelsregister existierte, und Hausverbot am Hof seines Vaters.

An diesem Punkt hatte die Fachpresse aufgehört, über den Fall zu berichten, aber zwischenzeitlich schien wohl wieder einiges ins Lot gekommen zu sein, denn König Junior, Rupert A. König, stand scherzend mitten unter den Direktoren der Agentur seines Vaters, der persönlich prinzipiell nie an solchen Treffen teilnahm.

Ohne zu verstehen, was er sagte, hörte ich seine Stentorstimme aus dem allgemeinen Bruhaha der Menge heraus, dann sah ich ihn lachen, zwei Reihen blendend weißer Zähne, dann wurde ich abgelenkt, und als ich wieder hinsah, stand niemand mehr dort, weder König Jr. noch die Wesire seines Vaters.

Später am Tisch sah ich ihn ein paarmal vorüberschreiten, groß und breit, mit rastlosem, spähendem Blick, jovial lächelnd, ohne jemanden zu fixieren, als lächle er dem ganzen Saal zugleich zu. Und dann geschah es: In einer der obenerwähnten Gesprächspausen, ich hatte, da wir am Samstag Chillon besuchen wollten, von Byron gesprochen und nur Schweigen geerntet, stand er plötzlich da, sah mich mit einem vagen Blick an, den Kopf ein wenig schräg, als habe er nur das Wort »Byron« gehört, das ihn aus seinen Gedanken riß, eine uralte Erinnerung wachrief, und er beugte sich über die Lehne meines Ge-

genübers und dröhnte strahlend: »Sie kenn' ich noch nicht!« als sei ich der einzige und dieser Mangel allein meine Schuld und der Tatsache zuzuschreiben, daß er, der alle Welt kannte, sie natürlich nach einer von Wichtigkeit bestimmten Reihenfolge kennenlernen mußte und daher eben erst jetzt, gegen Schluß, an mich kam. Wenn diese blasierte Selbstsicherheit mich verletzte, dann irritierte mich sein Blick aus sehr weichen braunen Augen noch mehr, in dem eine Bitte zu liegen schien, die den Namen »Byron« trug.
Er griff mit weit ausholender Geste hinter sich nach einem Stuhl, zog ihn heran und drängte sich, mit Charme und Selbstverständlichkeit, zwischen meine beiden Gegenüber, die er, nach der Art zu schließen, wie er sie um Entschuldigung bat und dabei schelmisch die Häppchen von ihren Tellern stibitzte, gut zu kennen schien.
»Du hast, glaube ich, über Byron gesprochen«, sagte er mit lauter, gemessen an der Intimität des Tisches zu lauter Stimme. »Kennt ja keiner mehr. Warte, ob ich's noch zusammenkriege... ›She walks in beauty like the night, of cloudless climes and starry skies...‹«, und zitierte fehlerlos, akzentfrei und ohne zu stocken die ganze Strophe.
Er hatte schnell einen unsichtbaren Ring um uns gezogen oder eigentlich nur um sich. Ich war das Publikum der ersten Reihe, aber auch die anderen am Tisch sollten zuhören, wofür er mit Blicken, Gesten und Berührungen sorgte. Wir ließen Byron rasch wieder fallen und gelangten bei dem Thema an, über das der junge König am meisten zu sagen wußte und worüber er am besten sprach: sich selbst.
Ich hätte nie in Zweifel gezogen, daß er intelligent war und kultiviert, reich und welterfahren und daß er eine

teure und breite Erziehung genossen hatte. Dieser blühende, mit sich in Einklang stehende Mann im Armani-Anzug, einige Sätze, ein Blick hätten genügt und genügten doch auch. Warum konnte er es nicht darauf beruhen lassen? Warum bestand er darauf, uns zu Zeugen seiner Erfolgsstory zu machen, mit dieser lauten Stimme, vor der niemand die Ohren verschließen konnte, mit seinem zu weißen Lächeln, zu sonoren Lachen, mit diesem Blick, in dessen Grund etwas Panisches lag?
Er hatte in Harvard studiert, so weit so gut, aber überdies war er wöchentlich nach München geflogen, weil er dort eine Freundin hatte. Hätte er es einfach erzählt, man hätte darüber lachen oder weinen können, aber er baute eine Systematik daraus, ein Manuell der Lebenskunst: Wie, bitte schön, konnte man denn anders, als wöchentlich über den Atlantik zu jetten, um eine natürlich wunderschöne Frau zu halten und ihr zu imponieren? Hatte er nicht recht, so zu leben, hätten wir es etwa anders gemacht? Oder seine Wohnung in Cannes. Es genügte nicht, daß er sie besaß, er war, wenn wir es recht verstanden, der einzige wirkliche Canneser, der einzige, der den dortigen Menschenschlag verstand, der die Restaurants kannte und die verborgenen Strände. Er hatte, wer weiß wann, eine Bohemeexistenz in Paris geführt und seine Freunde, Maler, Musiker, Künstler, im Porsche in die Nachtclubs ausgeführt, die er besser kannte als sie, die Einheimischen. Nicht einfach ausgeführt, IM PORSCHE ausgeführt.
Der ganze Mensch schien nur zu einem zu existieren, nur auf eines zu warten: daß man zugab, er sei besser als man selbst. Und seine Manie, die Gründe dafür immer selbst herzuzählen, hatte etwas Krankhaftes, und fast war man versucht, ihm nachzugeben wie einem gefährlichen Ver-

rückten, ihm beruhigend auf die Schulter zu klopfen und zu sagen: Ja, du bist groß, aus lauter Angst, er könne andernfalls gewalttätig werden.

Anders als wirklich alter Geldadel, der witzig von den harten Zeiten ZUVOR berichten kann, bestanden Ruperts Erinnerungen alle aus Geld, und ohne Geld, konnte man befürchten, hätte es keinen König Junior gegeben. Und doch hatte ich das Gefühl, seine Art, von seinem Stand und seiner Situation so viel herzumachen, sei eine vertrackte Form, um Freund- oder Kameradschaft zu werben, als sei er eine alte Jungfer auf der Suche nach einem Ehegatten, die ihre Mitgift im Dekolleté herumträgt. Wenn es aber stimmte, daß etwas in ihm nach Zuneigung gierte, so war der Schild seines Vermögens doch zugleich auch ein Schutz gegen eventuelle Fehlschlüsse wie den, wir säßen etwa im selben Boot oder könnten irgendwelche Gemeinsamkeiten besitzen.

Es war diese eigentümliche und vielleicht nicht einmal bewußte Art, mich, sein Gegenüber, zugleich zu verletzen und zu charmieren, zugleich zu verachten und zu behandeln, als sei ich der einzige Mensch im Saal, mit dem ein Gespräch lohne, die mich ihm fasziniert zuhören ließ. Ein Schweißtropfen löste sich unter seinen dunklen Locken und bahnte sich seinen Weg über die breite und hohe Stirn hinab. Er merkte, daß ich ihn bemerkte, und sagte rechtfertigend: »Ich schwitze, weil ich zu dick bin. Ich habe Leistungssport gemacht, Triathlon, aber jetzt bin ich zu feist dafür.« Und dabei strahlte er mich mit einem Ausdruck an, der besagte, daß er meines zu erwartenden Einwandes, er sei keineswegs zu dick, sondern großartig proportioniert, absolut nicht bedürfe, da er das selbst gut genug wisse.

Ich entdeckte plötzlich, daß wir alleine am Tisch saßen, auch ihm fiel es auf, die anderen waren verschwunden, und indem er rasch hin und her blickte, schien eine Art Horror vacui von ihm Besitz zu ergreifen, er sprang auf, seine Handbewegung hieß, daß er sich den anderen zuwenden müsse, als hätte es sich um seine Gäste gehandelt. »Wir bleiben in Kontakt«, forderte er zum Abschluß und zückte ein dickes, in schwarzes Leder gefaßtes Adreßbuch, fragte nach meinem Namen und blätterte die entsprechende Seite auf. Ich sah, wie sich, in winziger Handschrift, Name hinter Name reihte, Telefonnummer hinter Telefonnummer, die meisten davon mit so vielen Ziffern, daß es sich um überseeische handeln mußte. Adressen in der ganzen Welt – kein Mensch, dachte ich, kann so viele Leute kennen. Er trug meinen Namen ein, zwinkerte mir zu, den Daumen erhoben, und verließ mich, um sich seinen Weg durch die Menge zu bahnen, wobei er ständig suchend den Kopf wand.
Am Freitag morgen begann die Sitzung. Im Kuppelsaal, ausgerüstet mit Videoanlagen und Multivisionsprojektoren, waren die Tische in U-Form aufgestellt, vor jedem Platz Mikrophone und Namensschilder. König Jr. kippelte auf seinem Sessel. Daneben sein Nachfolger, ein fast kahler junger Mann im blauen Zweireiher mit dunkler Hornbrille, geschlossenem Mund, die schmalen Lippen aufeinandergepreßt wie die Kiefer einer Beißzange, und wenn er ihn öffnete, um zu sprechen, blinkten zwei Goldzähne im Licht der Kronleuchter. Er wirkte effizient, kalt, eher ein KGB-Funktionär als ein Werbemann, und von seinem vor Langeweile oder Verachtung bebenden Gesicht ging etwas aus, das wie Aasgeruch zu mir herüberwehte. König Jr. tanzte nervös um ihn herum, setzte sich,

sprang wieder auf, flüsterte dem KGB-Mann ins Ohr, grinste, der andere blieb unbeeindruckt, nickte nur einige Male, er schien Rupert abzuwehren oder zu mißachten wie ein vielbeschäftigter Vater sein quengelndes Kind. Als er schließlich, während König Jr. auf ihn einredete, demonstrativ auf die Uhr sah, gab der andere es auf und lümmelte sich auf seinen Stuhl.
Die ersten Redner sprachen, ich beobachtete Rupert. Es war deutlich, daß er hier nichts verloren hatte. Er repräsentierte keine der anwesenden Agenturen, hatte nichts vorbereitet und nichts zu sagen. Er selbst schien sich seiner Überflüssigkeit mit jeder Minute deutlicher bewußt zu werden und die Chancen eines ehrenvollen Rückzuges zu erwägen. Schließlich erhob er sich, morste mit schmunzelnden Blicken in Richtung einiger Schlüsselfiguren: Kinder, ihr könnt ja wohl mal fünf Minuten ohne mich... steckte sich eine Zigarette an und schritt aus dem Saal. Der Redner unterbrach sich nicht, und außer mir hob niemand den Kopf, ihm nachzublicken.
Während der Kaffeepause sah ich ihn im riesigen Jugendstilfoyer des Hotels. Er stand breitbeinig vor einer Journalistin, die fragte, ob sie ihn interviewen könne. Er war zwei Köpfe größer als sie, blickte mit kaltem Lächeln zu ihr herab und sagte: »Nein.«
Die Journalistin schluckte und sagte höflich: »Darf ich Sie nach den Gründen für diese Weigerung fragen?«
König Jr. schien noch einige Zentimeter zu wachsen und sagte mit lauter Stimme, aber noch immer kultiviertem Tonfall: »Das brauche ich doch vor Ihnen nicht zu rechtfertigen. Sie fragen mich, ich sage nein, Ende, hm?«
Die Journalistin schrumpfte zusammen, aber dann blickte er sich, mit dieser hastigen Kopfbewegung, die ich nun

schon kannte, um, links, rechts, aber da war niemand in Hörweite gewesen, nur ich, und als sein Blick den meinen zu fixieren suchte, wandte ich mich ab und schlenderte davon.

Dieser kleine Verrat tat mir gut, und als ich am Nachmittag in der Sitzung der leisen Konversation meiner Nachbarn zuhörte, begriff ich auch warum: Ein aufgeblasener Schwätzer ist er, ein Popanz, ein Nichts, eine Witzfigur und eine Nervensäge. Gott, was war das Schwein arrogant, als er noch mit Papa kungelte. Hast du ihn gesehen mit der Journalistin heute morgen? Das war doch gar nichts, er ist ja wirklich sehr viel menschlicher geworden, seit Papa ihn rausgeschmissen hat. Kein Vergleich mehr. Ich hab' ihm jedenfalls zu verstehen gegeben, daß ich ihn nicht mehr auf der Rechnung habe. Ja, aber paß auf, man weiß nie, Familienbande, eiserne Bande...

Am Samstag, einem sonnigen Tag mit frühlingshaften Temperaturen, wurde eine Dampferfahrt organisiert, danach eine Besichtigung des Schlosses Chillon, und für den Abend war ein Essen in Glion angesetzt, wohin der Korso mit der Bergbahn fuhr, bis auf einige, die wie König Jr. mit dem eigenen Wagen kamen.

Der professionelle Teil des Treffens war vorüber, spätestens während der Dampferfahrt hatten alle Beteiligten Gelegenheit gehabt, Bekanntschaft zu schließen, und oben in dem Restaurant mit Panoramablick herrschte eine übermütige Partyatmosphäre.

König Jr. war in seinem Element, von Tisch zu Tisch, laut, jovial, angeberisch, charmant, an jedem Thema interessiert, in jede Runde mit einem Bonmot einbrechend, wie ein zu schwerer Mensch auf einer Eisscholle einbricht.

Der KGB-Mann hatte die Mitglieder der Agentur König

um sich geschart und blieb Rupert gegenüber kalt und einsilbig und drehte sich weg, wenn der die anderen auf gemeinsame alte Tage ansprach.

König Jr. lief wie aufgezogen, nur in einzelnen Momenten, kaum bemerkbar, schien die Spannung zu fallen, der Erfolgsmotor geriet ins Stottern und Stocken, die Augen gingen ins Leere, aber gleich hatte er sich wieder gefaßt. Ich begann bereits, ihn zu unterschätzen, als er attackierte: Ich hatte von mir erzählt und eine komische Episode mit den Worten beendet: Näher war ich dem Selbstmord nie, die anderen prusteten, da fuhr Rupert dazwischen: »Das enttäuscht mich jetzt aber von Ihnen«, sagte er kalt und scharf und völlig ernst. »Diese Unexaktheit der Sprache! Diese hypertrophe Wortwahl, dieser völlig unangebrachte Superlativ. Wissen Sie überhaupt, wovon sie sprechen? Ich kaufe Ihnen das nicht ab. Ich finde es erbärmlich, einfach so daherzureden. Selbstmord! Wollen Sie mir weismachen, daß solche Banalitäten den Gedanken an Selbstmord wecken? Und wenn nicht, warum dann das Wort benutzen, hm?«

Er sah mich an, ein wenig traurig, als habe ich eine Prüfung nicht bestanden, und er hätte, wider alle Logik, auf mehr gehofft, von meiner Seite. Ich haßte ihn. Aber er war bleich, seine Stirn feucht, und er drehte sich um und ging davon.

Spätabends kam es zum Aufbruch. Die Gäste verabschiedeten sich einzeln, paarweise oder in Grüppchen, um die letzte Bergbahn hinab zum See zu nehmen. Es wurde stiller und stiller, nur König Jr. war noch stets da und sah die Party, seine Party, mochte er wohl denken, sich unter seinen Händen auflösen wie eine Elendshaut. Was machen wir jetzt noch? hörte ich ihn fragen. Wo gehen wir jetzt noch hin? Soll ich euch in meinem Wagen mit runternehmen? Aber niemand wollte mehr etwas tun, wollte mehr irgendwohin, niemand schien ein Auto zu brauchen, zumindest nicht das seine. Er hob die Hand und winkte ihnen nach, aber keiner gesellte sich zu ihm, der doch weiß Gott nicht aussah wie jemand, in dessen Gesellschaft man sich lächerlich vorkommen mußte. Ich war bei den Letzten und sah, wie er neben seinem großen BMW stand, einer nach dem anderen schlich an ihm vorbei, er stand da, bis alle fort waren und das Restaurant schloß. Er drehte sich zweimal langsam um sich selbst, um sich zu vergewissern, aber da war niemand mehr. Dann stapfte er schwerfällig einige Schritte vor, lehnte sich gegen einen großen Baumstamm, der solide genug war, sich nicht zu bewegen, und starrte auf den nächtlichen See hinab, an dessen Ufern ferne Lichter schimmerten.

Steven der Held

Auf dem Platz vor dem Eingang zur Untergrundbahn sah Steve eine kleine Menschentraube und trat näher. Es war die Queenmother mit Simon der Ratte. Sie hatte die Gitarre abgeschnallt, und Simon ging mit dem Hut herum und sammelte Geld in der schnell sich zerstreuenden Zuschauerrunde.
Die Queenmother schlug einen harten Akkord an und rief: He, ihr Arschficker, bleibt hier und zahlt gefälligst! Verdammte Mistbande.
Die Queenmother war die häßlichste Frau, die Steve kannte. Sie stand da, drehte sich eine Zigarette und wartete, daß Simon die Ratte mit dem Geld zurückkam. Sie trug verschiedenfarbige Hemden, Pullover und Jacken übereinander, dazu einen lila Glockenrock, schwarze Wollstrumpfhosen und Schnürstiefel, die beinahe bis zu den Knien reichten. Sie rauchte und soff wie nur irgendeiner von den Männern. Sie war jeden Abend im Mazet, sie war schon immer dagewesen. Simon die Ratte war der einzige Mensch, der es mit ihr aushielt. Sie machte ihn herunter, schnauzte ihn an, schlug ihn, ließ ihn arbeiten, aber sie hielt dem mickrigen Männchen auch die Treue, er spielte nur mit ihr, untermalte ihre näselnde Stimme, und sie schleppte ihn überall mit hin, nach Amerika, nach Indien, er war ihr Faktotum, ihr Schuhabstreifer und ihr Liebhaber.
Hallo Queenmother, sagte Steve.
Nenn mich nicht so, Stinker, sagte die Queenmother.
Du weißt, daß ich dich anbete, sagte Steve.

Wichse.
Hast du was verdient?
Wenn die Ratte nichts in die eigene Tasche steckt, reicht's, um dir ein Sternchen abzukaufen.
Aber nicht hier, sagte Steve.
Mach nicht so'n Geschiß, sagte die Queenmother.
Simon die Ratte kam heran und grüßte Steve mit kurzem Kopfnicken.
Wo geht's hin?
Ich mach' die Metro.
Wo steckt Mimi?
Im Hotel. Räumt den Saustall von gestern nacht auf.
Die Queenmother fixierte ihn: Läßt die Mädels die Drecksarbeit tun, kleiner Macho.
Steve küßte sie auf die Wange und zog mit den Zähnen an den Haaren, die aus dem dicken braunen Muttermal wuchsen.
Autsch! Mach so was nicht noch mal! schrie die Queenmother und stieß Steve von sich, lachte dann aber laut los.
Einer muß ja saubermachen, und in der Metro brauch' ich keinen Bottler, sagte Steve.
Also hast du was für mich? fragte die Queenmother.
Steve lachte: Heut abend. Du mußt noch arbeiten.
Auch Simon die Ratte lachte. Die Queenmother riß ihn an den Haaren und spuckte Steve hinterher, der grinsend und kopfschüttelnd die Treppe zum U-Bahn-Schacht hinabstieg. Hier unten war er allein.
Er trieb auf Laufbändern blind und taub durch die neonbeleuchtete Unterwelt. Er sang, er schlug auf die Saiten ein, er sammelte sein Geld im sausenden Geratter der Züge, flutete durch die Gänge, brandete gegen Sperren und wurde auf steinerne Strände gespült.

Er stand am offenen Fenster mit dem Blick auf den schwarzen regennassen Backstein des gegenüberliegenden Hauses, und der Wind fuhr über seinen bloßen Rücken und kühlte die schmerzenden Striemen, und sein leises Pfeifen mischte sich mit dem Schnarchen des Alten auf dem Sofa, leere Bierflaschen um sich, und die Hand des Alten noch im Schlaf um den Gürtel geschlossen, den er zuvor mit den ausholenden Bewegungen des zornigen Betrunkenen mit schnappendem Geräusch aus der Hose gerissen hatte, und er ging ins andere Zimmer, zog Hemd und Anorak an, ging zur Tür, nahm alles Geld aus der Innentasche der Jacke des Alten, löste seinen Schlüssel aus dem Karabinerhaken, steckte ihn in die Jacke, trat hinaus und schloß die Tür. Im Treppenhaus roch es nach feuchten Kohlen. Auf dem nassen Pflaster glänzten die Tramschienen, und aus den gemauerten Schornsteinen kam Rauch, weiß und wattig. Dieser Geruch nach feuchten Kohlen und die schneeweiße Watte aus den Schornsteinen war, was er behielt auf dem Weg zum Autobahnzubringer, die gepflasterte Straße entlang, den glänzenden Tramschienen nach.

Dann hörte er eine Stimme seinen Namen rufen. Er blickte sich um und sah einen anderen Basker.
Hallo Steve. Hast du die Queenmother gesehn?
Ja, auf dem Platz.
Meinst du, daß sie mit Simon ins Bett geht?
Steve zuckte die Achseln.
Ich kann mir nicht vorstellen, daß er sie fickt, sagte der andere.
Wenn da einer einen fickt, dann sie ihn, sagte Steve.
Der andere schüttelte sich.

Nur keine Angst, die kommt schon nicht zu kurz.
Aber wer will denn mit der ins Bett?
Da gibt's genügend, und dann hat sie Geld.
Der andere Basker schüttelte sich.
Kein falscher Stolz, sagte Steve. Loch ist Loch.
Vielleicht wenn ich mal 'nen furchtbaren Kater hab', sagte der andere.
Ich muß weiter, sagte Steve. Man sieht sich.
Im Mazet?
Ja, deine Queenmother wird auch dasein.
Woher weißt du das so genau?
Wenn die nicht mehr dort ist, dann ist gar nichts mehr dort. Wenn du die dort eines Tages nicht mehr siehst, kannst du sicher sein, daß du tot bist.
Nicht sie?
Steve schüttelte den Kopf: Mach's gut.
Als er im Hotel ankam und die Treppen hinaufstieg, hörte er die Musik aus ihrem Zimmer, und er trat ein und sah Mimi, die noch immer am Saubermachen war. Sie hockte auf den Knien, barfuß, und zog einen nassen Lumpen über das Linoleum, um die festgebeizten Flecke zu entfernen. Aus dem Kofferradio dröhnte Musik und wehte aus dem offenen Fenster und mischte sich mit den Straßengeräuschen. Steve fläzte sich in den Sessel und begann das Geld zu zählen. Mimi wischte weiter. Steve betrachtete sie. Er berührte ihre Fußsohle mit seinem Schuh.
Willst du wissen, wieviel ich gemacht hab'? fragte er.
Nein.
Komm, hör auf mit der Wischerei.
Zuerst soll ich saubermachen, dann soll ich aufhörn. Du kannst Gift drauf nehmen, daß ich aufhör'. Ich hab' die Nase voll.

Komm.
Sie setzte sich auf seinen Schoß.
Willst du wissen, wieviel ich gemacht hab'?
Na sag's schon.
250 Francs.
Na ist doch gut, was willst du denn.
Gar nichts will ich.
Wird nur wieder versoffen werden heute abend.
Was willst du, sagte Steve. Jeder gibt aus.
Ich hab' die Nase voll. Wenn wir nicht alles für Bier ausgeben würden, könnten wir uns 'ne Wohnung suchen.
Was hast du gegen's Hotel?
Alles. Ich will endlich meine eigenen vier Wände.
Komm, hör auf, sagte Steve. Komm ins Bett.
Nein. Ich hab' genug vom Hotel und vom Mazet und vom Saufen und vom Saubermachen.
Dann hör halt auf, dauernd sauberzumachen.
Damit wir im Dreck ersticken, sagte Mimi. Du bist ja den ganzen Tag weg.
Komm hör auf. Laß uns ins Bett.
Laß mich los, sagte Mimi, ich will nicht.
Ich will ja auch 'ne Wohnung mit dir, sagte Steve. Wir brauchen nur ein bißchen Glück, um an das Geld zu kommen.
Das sagst du immer.
Nein, ich mein's ernst. Ein bißchen Glück mit dem Stoff und den Pässen. Mit der Musik allein kommen wir zu keiner Wohnung.
Ich will vor allem eine Küche, sagte Mimi.
Komm her, sei gut.
Und eine Dusche. Eine Küche und eine Dusche. Oder eine Badewanne. Am liebsten eine Badewanne.
Wir brauchen nur ein bißchen Glück, sagte Steve.

Hör mit dem Stoff und den Pässen auf. Das geht schlecht aus.
Sei still.
Ich sage, das geht schlecht aus.
Klopf auf Holz, sagte Steve.
Wir können auch so eine Wohnung bezahlen.
Klopf auf Holz.
Mimi klopfte auf die Stuhlkante.
Ich versprech dir's, sagte Steve. Wir kümmern uns drum. Wir teilen ein bißchen ein. Komm her.
Mimi schüttelte lachend den Kopf. Hast du nicht auch Lust auf eine Badewanne?
Sicher, sagte Steve. Komm. Hinterher essen wir was.
Und der Fußboden?
Nachher. Ich werd' noch eine Tour machen, und wir treffen uns am Abend auf den Champs mit den andern. Und ich lad' dich zu Fouquets ein.
Spinner, sagte Mimi. Aber verstehst du wenigstens, daß ich die Nase voll hab' vom Hotel?
Sicher versteh ich's, sagte Steve. Komm.
Später aßen sie ein Sandwich, und Steve stieg wieder in die U-Bahn hinab.

Es war Morgen in dem Zimmer mit den Preßspanplatten vor den Fenstern und dem Wasserfleck an der Decke, und sie klopften ihm auf die Schulter, als die chromblanke Nadel in seine weiße Haut drang, glatt wie in Butter, und er sah die Jamaikaner an und sie ihn, und er stand auf und ging zu einem der Fenster, das offenstand, es war Sommer, und die Platten waren abgenommen, und er hatte eine Vision, als er nach unten vors Haus auf die Straße blickte: Ein brennendes Auto, Feuer loderte aus den rotglühenden

Fensterrahmen, rote und gelbe Stichflammen schlugen aus der schwarzen Karosserie, es knackte und zischte, die Flammen züngelten aus den Fenstern, leckten empor, prasselnd platzte der Lack, und Dämpfe und fettiger Rauch quollen in eruptiven Schwaden in den Himmel über der menschenleeren Straße; der schwarze Wagen verharrte regungslos im Feuer, wie ein erlegtes Tier oder ein zerstörtes Denkmal, und gebannt betrachtete er die Feuerskulptur, den schwarzen brennenden Wagen und winkte dann die Jamaikaner heran und fragte: Ist es das schon? Ist das schon die Wirkung, oder brennt da wirklich was? Und die Jamaikaner kamen lachend ans Fenster und klopften ihm auf die Schulter und kicherten, das ist ein Auto, was brennt, ganz echt und keine Täuschung, it's reality alright, und er starrte hinab auf die Flammen, die lärmend in dem am Bordstein geparkten Wagen wüteten.

Mimi hockte auf dem Geländer, als Steve auf der Rolltreppe ans Licht kam. Jemand deutete auf ihn und rief: Und da ist ja auch Andy Capp.
Steve blickte sich um und hob grüßend die Hand.
Da war natürlich die Queenmother mit Simon der Ratte. Neben ihr stand das Radieschen, Paddy, der Ire. An einer Hauswand lehnte der Richter mit seinem Kontrabaß, Alan, der vor Jahren Anwaltspraxis, Frau und Haus im Stich gelassen hatte. Die Zwillinge waren da, Jack und Paul, die nicht einmal vom selben Vater stammten. In der Mitte die hagere Gestalt von Gentleman Jim. Janis stand da mit einer Bierdose in der Hand. Dopey rieb seine Nase mit Daumen und Zeigefinger, ein australischer Gitarrist, der an den Zwerg aus Schneewittchen erinnerte. Elvis, ein Schotte mit Koteletten, kämmte sich die Banane. Ein

wenig abseits stimmte Randy der Mexikaner seine Gitarre. Randy, der nach seinem Dienst in Vietnam nicht mehr in den Staaten leben wollte, die er bei seiner Rückkehr degeneriert gefunden hatte, und der nach Mexiko emigriert war, bevor er nach Europa kam.
Keiner konnte sich entschließen, zu einem der Kinos hinauf- oder hinabzusteigen, vor denen die Samstagabendschlangen der Besucher warteten. Es war die Queenmother, die als erste an Ort und Stelle zu spielen begann. Sie spielte einen Titel, den alle im Schlaf kannten, und der Richter lehnte sich schmunzelnd gegen seinen Baß und fing an zu zupfen. Einer nach dem andern fiel ein, nach dem ersten Lied folgte das ganze Repertoire, und elf Stimmen, die Akkorde der Westerngitarren, ein Baß, eine Bottleneckgitarre, zwei Mundharmonikas und ein Banjo erfüllten die ganze Straße mit ihren Geschichten von den Weiten Amerikas, den verlorenen Herzen und den zu späten Wiedersehen.
Bald umstand eine Menschenmenge die Musiker, und Mimi bottelte sehr professionell; hier in der Touristengegend lohnte es immer, eine kleine Französin mit Pagenkopf, Rehaugen und runden Brüsten als Bottlerin zu haben. Singend sah Steve umher, sah in Gesichter, die mit halbgeschlossenen Augen auf die andern horchten und dennoch sangen, als stünden sie allein auf einer Bühne im Licht, keiner wollte beim Beifall die Augen öffnen, bis auf den Richter, der lächelnd seinen Baß pumpte und sich alles ansah. Sie beschworen Nächte sommerschwerer Lust, sie tranken rauchigen Blues, sie vergaßen sich.
Im Lärm der Guinesssäufer und zerklirrender Gläser saß Steve wie im Auge des Taifuns.
Sei nicht so trübsinnig, sagte Mimi neben ihm. Es war

doch ein wunderbarer Jam, und wir haben irrsinnig verdient.
Sicher, sagte Steve.
Der Schwarze hüpfte an ihren Tisch.
Guiness für alle? fragte er lächelnd.
Sicher. Und meine Frau kriegst du noch obendrein.
Der Schwarze verneigte sich lächelnd vor Mimi.
Mimi sah Steve an.
Aber nur heute abend, krächzte Steve.
Darf ich Sie zu einem opulenten Abendmahl einladen, Fräulein? fragte der Schwarze.
Aber gerne, sagte Mimi. Wohin wollen wir gehn?
Ich danke dann für das Bier, sagte der Schwarze zu Steve.
Mimi begleitete ihn hinaus und warf Steve im Gehen einen Handkuß zu.
Steve sah nicht hin. Scheiß auf's Bier, sagte er leise. Aber laß mir die Frau.
Die Queenmother schob sich durchs Gewoge der Körper und setzte sich neben Steve.
Na, Andy Capp, weißt du, wieviel wir gemacht haben?
Steve schüttelte den Kopf.
Fast 3000.
Nicht schlecht, sagte Steve. Du willst deine Sternchen?
Später, sagte die Queenmother. Weißt du, was ich gesehen habe?
Daß Mimi mit dem Nigger abgezogen ist, ich weiß.
Nein. Ist sie? Kriegt sie wenigstens einmal'n anständiges Abendessen und 'nen ordentlichen Nachtisch.
Sehr witzig.
Nein, was anderes. Siehst du die große rosa Schwuchtel dort, den Ami? Das ist'n Freier und'n Paßkunde, wenn du mich fragst. Ist nur'n kleiner Tip.

Steve blickte hoch und zwinkerte: Ich sehe, was du meinst.
Er küßte die Queenmother auf die Wange und bahnte sich einen Weg zum Tresen, wo der große rosige Amerikaner stand.
Hallo, wo kommst du her? Hab' dich hier noch nie gesehn.
Der Amerikaner spitzte den Mund, sah an Steve herab und lächelte: Ich bin hier auch zum ersten Mal. Nur auf der Durchreise. Ich komme aus St. Louis, Missouri.
Ach, Europa in einer Woche? sagte Steve.
Der rosige Amerikaner lachte: Nein, nein, vier Wochen hab' ich schon. Was ist das hier für eine Kneipe?
Baskerkneipe. Hier treffen sich die Straßenmusiker.
Oh, interessant, sagte der Amerikaner.
Und weißt du, wer der Größte von allen ist?
Der Amerikaner sah ihn fragend an.
Irvin Mowry. Ein Monster. Eine Geschichte, so was hast du noch nicht gehört.
Erzähl.
Nicht hier. Hier versteht man sein eigenes Wort nicht.
Der Amerikaner sah Steve an, ob er ihn richtig verstand, und nickte dann: Mein Hotel ist um die Ecke. Warum trinken wir da nicht noch ein Glas in Ruhe, und du erzählst mir über diesen, wie heißt er?
Mowry, Irvin Mowry. Wenn ich dir seine Geschichte erzählt habe, vergißt du den Namen nicht mehr.
Gehen wir also, sagte der Amerikaner und zog sein Jackett über. Steve sah den Reisepaß in der Innentasche.
Er betrachtete seinen weißen Körper im Schwarz des Spiegels, die O-Beine, und er spürte auf seiner Schulter kalt die feuchte Hand des andern. Er sah in den Spiegel,

und sein Blick fiel auf den Garderobenhaken, auf dem das Jackett hing. Ein amerikanischer Paß brachte 5000 Francs. Der andere hinter ihm sagte irgend etwas. Steve hörte nicht recht hin. Morgen war Sonntag, und bei dem Wetter würde er sich einen schönen Tag mit Mimi machen.

Wasserette

Eine Erinnerung von Zuvor

Janusköpfige Stadt, alles und jeder war doppelgesichtig in Amsterdam, diesem Puppenheim mit seinen Lebkuchenfassaden über den Grachten, hinter denen plastikrhythmisch tic-a-tic-a-tic ein Silikonherz pocht, und wenn es gelang, aber wann gelang es schon einmal, dieses Herz zu knacken, dann floß eitrig der Klebstoff aus, der das ganze im Innersten zusammenhielt: kalter bigotter, kapitalistischer Calvinismus. Beunruhigendes Land, dessen Helden seine verzweifelten Selbstmörder sind, ist es besonders zivilisiert oder besonders dekadent? Der orangene Fensterrahmen des Sozialneubaus mit den altrosa Vorhängen dahinter, eine Ansichtskarte, nach zwanzig Jahren aus der Gracht gefischt. Darf ich dich berühren? fragt man den Wunderheiler vor der Stadsschouwburg. Glaubt ihr auch, daß die Welt untergeht? Ja, so steht's geschrieben. Man hat in New York bereits Alligatoren aus den Toiletten im siebten Stock kriechen sehen.
Konrad, der mich nach Amsterdam holte, schrieb, er habe sich innerhalb von zwei Monaten von Punk in Yuppie verwandelt: Ich arbeite in einem total vernetzten Institut, wo mich alle für einen Schwulen halten, dabei habe ich ein Verhältnis mit der Chefin und einen Schlips. Wenn du morgens aufstehst, schaltest du *Sky Channel* ein und läßt dir dein Horoskop mit den Eurythmics stellen: Would I lie to you?

In jenem Jahr arbeiteten alle Immigranten in diesem Marktforschungsinstitut, das eine multinationale Studie für IBM durchführte, und alle waren sie entweder Tänzer oder Fotografen.
Im Krug, schrieb Konrad, gastierte jeden zweiten Abend eine Salsa-Gruppe, zwei Schwarze, ein dünner Mann mit Bärtchen und eine dicke Frau, die grinsend und swingend ein ums andere Mal den Refrain ihres Hits wiederholten:

Und dann flüsterte er mir zu:
Aids ist die Krankheit unsrer Liebe,
ist die Krankheit des Jahrhunderts
Aids ist der Tod des Sex.

Er schickte mir Einschreibepapiere für ein Studentenzimmer, die nicht zu entziffern waren, und fügte optimistisch hinzu: Nimm's als einen kalten Sprung ins gutturale Wasser Brabants. Später, am Ende des Winters, als ich mich bereits entschlossen hatte zu kommen, erhielt ich einen weiteren Brief von ihm, der weniger enthusiastisch klang und in dem er beschrieb, wie er mit Mühe und Not den Winter überstanden hatte, einsam im Osten der Stadt im Regen im dunkelbraunen Dämmer eines Cafés sitzend, vor dem Tisch mit filzigem Teppich, der hier überall die Tischdecken ersetzte, und aus dem man, wenn man pleite war, versuchen konnte, die Shitkrümel von letztem Jahr zu pulen, im Klack-Klack der Billiardkugeln, die im Hintergrund von großen, blonden, pferdezähnigen Holländern über die grüne Platte geschossen wurden, die nicht einmal im Traum ein Wort an ihn gerichtet hätten.
Ich kam im März an und lernte im Nachtzug eine amerikanische Tänzerin kennen, Carol, die mit ihrer Mutter

reiste und im American absteigen wollte, wo ich auch mit Konrad verabredet war. Während Carol und ihre Mutter eincheckten, setzte ich mich ins große Jugendstilcafé, Konrad war noch nicht aufgetaucht, und kam mit einem deutschen Industriellen ins Gespräch, Dr. Breitscheid aus Hamburg. Ende Fünfzig mit grauer Bürste und dunkelblauem konservativ geschnittenen Maßanzug, ein Arbeitsethiker, der nicht rauchte, nicht trank und kaum jemals Hunger hatte. Als er hörte, daß ich schrieb, eröffnete er mir sein großes Geheimnis: Er liebte Proust. Er liebte Proust mehr als alles andere auf der Welt. Neben Proust gibt es überhaupt nichts, punktum. Mann, ein Schwätzer, Musil, ein Schwächling, Joyce, ein Buchhalter, Svevo, ein Italiener. Hör'n Sie, wenn ich mal versuche, einen jungen Autor zu lesen, dann weiß ich immer schon eine halbe Seite vorher, was gleich passieren wird, und dann passiert es auch. Also schmeiß' ich die Bücher weg. Weiß gar nicht, was meine Sekretärin damit anfängt, wenn sie die Papierkörbe leert. Ich sah ihn vor mir, wie er gegen 16 Uhr 30 sein Büro in der Neustadt verließ und in sein Stammcafé ging, eines dieser altdeutschen Cafés mit vergilbten Vorhängen, wo Großmütter mit Pelzkappen über dem Ohr an ihren Mokkas nippen und die Servierdamen schwarze Kleider und weiße Schürzen tragen und ekelhaft braune Nylons, die an Zehen und Fersen, die in dicken flachen Gesundheitssandalen stecken, dicke Nähte haben. Dort setzte sich Dr. Breitscheid jeden Nachmittag in ein unbequemes Sesselchen, um einen Eiskaffee zu trinken, den er seit Jahren nicht mehr extra zu bestellen brauchte, und blieb eine gute Stunde sitzen, Proust lesend, bevor er wieder in sein menschenleeres Büro zurückkehrte.
Ich wartete auf Konrad, aber er kam nicht. Schließlich er-

hielt ich zwei Wochen später von zu Hause eine Karte nachgesandt, in der er mir mitteilte, er sei kurzerhand verzogen, und zwar nach Palermo, und mir für Amsterdam alles Gute wünschte.

Zum Glück hatte Carol Mitleid mit mir und machte mich noch am selben Abend mit ihrer Freundin Els bekannt, und die beiden halfen mir, nachdem sie mich mit entzückender Behutsamkeit darauf hingewiesen hatten, daß meine Flirtversuche weder bei der einen noch bei der anderen je Erfolg haben könnten, nicht etwa, weil ich ihnen nicht sympathisch sei, im Gegenteil, ob ich sie verstünde, und sie grinsten einander an – ich verstand. Wir fuhren eine Nacht in Els' Daf zwischen Waterlooplein und Lindengracht hin und her, um einen Jaap zu finden, den Cousin einer Freundin, der angeblich Job und Wohnung vermitteln konnte. Von der nächtlichen Stadtrundfahrt sah ich nichts außer den Regenschwaden an den Fenstern, von den Verhandlungen verstand ich nichts, aber schließlich gegen vier Uhr morgens lud man mich vor einem schmalen Haus zwischen Gracht und Straßenbahn ab, ließ mich einen Mietvertrag unterschreiben und einen Arbeitsvertrag, und ich war angekommen in Amsterdam.

Ich lebte im dritten Stock eines Hauses in der Marnixstraat am Rande des Jordaan, das dem Cousin gehörte, der auch Eigentümer des Kiffercoffeeshops im Erdgeschoß war. Jedesmal, wenn ich schnaufend die steilen Schiffstreppen erklommen hatte, war ich high vom Cannabisrauch, der durch die Ritzen des alten Gemäuers aus dem Coffeeshop drang. Am ersten Morgen klopfte der Cousin an der Tür meines möblierten Studios, erklärte mir freundlich auf Englisch, daß die Miete am Monatsersten zu zahlen sei, und schloß dann den Fernseher ans Kabelnetz an und zeigte mir, auf welchem Kanal *Sky* und *Musicbox* lagen. Ich kam von Zeit zu Zeit in den Coffeeshop hinunter, um mir Zigaretten zu ziehen, und ging an Gestalten vorbei, die erschlafft in den Ecken lagen und auf die Videoschirme starrten. Ich habe nirgendwo Jugend gesehen, die derart apathisch die Äonen der langen grauen Tage hindurchvegetierte wie in Amsterdam, und das aktivste Lebewesen in jenem Coffeeshop war eine Boa Constrictor in einem grün verwucherten Glassarg, die sich wenigstens ein-, zweimal im Monat aufrichtete und gähnend streckte. Vor der Tür stand der Wagen des Cousins (die Dealer waren die aktivsten jungen Holländer, denen ich begegnete), ein verbeulter rosafarbener Ford Edsel, der länger war als das ganze Haus breit.

Der Arbeitsvertrag, den ich in der ersten Nacht unterschrieben hatte, verpflichtete mich, Nachtdienst in einem Waschsalon in der Pijp zu schieben. Immerhin war so für mein Überleben während der ersten Wochen gesorgt, bevor mein Platz am Institut für IBM frei würde. Jaap fuhr mich am ersten Abend in seinem Edsel zu seiner Wasserette, einem kleinen Loch in einer endlosen Linie von Backsteinfassaden, durch eine orangene Leuchtreklame gekennzeichnet, 24 Stunden am Tag geöffnet. Die Waschmaschinen, die die zwei Längswände einnahmen, waren grellorange, in der Mitte stand eine Holzbank für die Wartenden, meine Arbeit bestand darin, eventuell technische Hilfestellung zu leisten (das heißt, mit der Faust gegen die Geräte zu schlagen, wenn die Münzen sich verklemmten), für Wechselgeld zu sorgen und darauf zu achten, daß die Wäschekörbe nicht gestohlen würden. Im übrigen stellte Jaap mir zwei Surinamer vor, die hier

von Zeit zu Zeit in Geschäften empfangen würden und um die ich mich nicht weiter kümmern solle.
In den ersten kalten Wochen saß ich in meinem Zimmer und fragte mich, warum ich nach Amsterdam gekommen war. Konrad hatte mich beduselt mit seinen Geschichten von der Odyssee, die man auf sich nehmen müsse, aber Konrad hatte seine Odyssee in Palermo fortgesetzt. Ich schrieb Briefe an meine alten Freunde, in denen ich die verlorenen Wonnen kleinbürgerlichen Glücks mit Surfbrett und Cabrio beschwor, die sie genossen, während ich allein im Ausland hockte. Schrieb man mir zurück, ich brauche doch nur nach Hause zu kommen, jedermann warte auf mich und die lustigen Geschichten, die ich aus diesen verlängerten Ferien mitbrächte, antwortete ich entrüstet, daß der niedrige heimische Horizont mir niemals mehr genügen würde und daß sie aufhören sollten, mich nach ihrem Maß zu messen. Stimmung und Inhalt meiner Briefe hingen damals stark vom sexuellen Stand der Dinge ab, und der war, nach dem Mißverständnis mit Carol und ihrer Freundin, auf Null.
Ich wußte nicht, wie ich eine Frau kennenlernen sollte, die Mädchen, die abends in die Wasserette kamen, hoben die Augen nie von den Büchern, die sie lasen, und eine Touristin auf der Straße oder im Melkweg anzusprechen, traute ich mich nicht. In meiner Verzweiflung und Gehemmtheit fragte ich mich, ob ich nicht vielleicht homosexuell sei oder zumindest zu werden vermochte. Ich kaufte mir einen Samurairock in einer Boutique im Jordaan und suchte abends eine der Bars im Schwulenviertel der Warmoesstraat auf. Drei Wochen in Amsterdam, schrieb ich in mein Tagebuch, und nichts Entscheidendes passiert, bis darauf, daß ich immer noch nicht gevögelt

habe und nichts, was immer auch geschieht, in Ordnung ist, bevor DAS nicht geschieht. Davon abgesehen, NUR DASS MAN NICHT DAVON ABSEHEN KANN, ist soweit alles erträglich. Als ich in der dämmrigen Bar saß und mein Bier trank, in der Hoffnung, daß jemand mich ansprechen und in den Backroom entführen werde, nahm ich eine zerlesene Ausgabe der Volkskrant zur Hand und blätterte sie gelangweilt durch. Natürlich stieß ich in der Beilage auf einen Artikel über Aids und konnte nicht anders, als ihn zu lesen. Nach der Hälfte ließ ich sogar das Bier stehen, stand auf, die Hände vom Leib gehalten, und flüchtete mich nach draußen.
Ich fühlte mich feige, alt und bürgerlich und schämte mich dafür, unbedingt leben zu wollen, anstatt mich einmal zu amüsieren und nicht an morgen zu denken. Zu Hause schaltete ich *Musicbox* an und platzte in ein Reunionkonzert der Everly Brothers, das mir den Rest gab. Da waren die alten Vätergesichter, fett, faltig, schweißglänzend, die sich mühevoll zu ihrem Teenagerfalsett hinaufschwangen. Die Technik war noch da, aber was war sie wert? Rock ist Jugend, egal wie platt, blöd und dilettantisch, jung müssen sie sein. Vielleicht hatte ich mein Leben gerettet in der Warmoesstraat, aber wozu? Um so zu werden wie diese beiden Alterchen, Don und Phil, die wirkten wie aus dem Grab gestemmte Zombies. Sie waren die Daddies, die die car-keys für den T-Bird nicht rausrücken wollen, und am Schlagzeug saß Holger Börner persönlich. Gegen Ende des Konzerts brachen die jugendlichen Stimmen dann vollends zusammen, als habe der Schweiß auch den Kleister aufgelöst, der sie gehalten hatte.
Ich war allein, ich hatte weder die Kraft noch den wirklichen Wunsch, Menschen kennenzulernen. Ich wollte

gern die Menschheit verstehen lernen, aber mir dabei, soweit das möglich war, ihre einzelnen Exemplare vom Leib halten. Statt dessen lernte ich die Stadt kennen und begriff, daß Amsterdam für Leute, die alleine leben wollen, der ideale Ort war. Es war eine Stadt, in der man die Freuden der Einsamkeit lernen konnte, denn niemals würde einen jemand ansprechen; es war eine Stadt, die einen von allen Selbstmordwünschen heilte. Sie stellte stets die Gelegenheiten bereit, das ruhige aufnahmebereite Wasser der Grachten, das kein Aufhebens machen würde, der von scherbenscharfem splitterndem Regen gefräste feuchtrote Backstein war immer kalt wie der Tod, aber gerade das half, denn es war zu viel des Guten; Amsterdam war eine kleine Stadt, so klein wie das Zuhause, von woher wir kamen, aber es war so anonym wie New York, und es brachte einem bei, alleine glücklich zu sein. Amsterdam war eine Stadt für einsame Menschen und nur für einsame, denn viel später, als ich mich verliebte, mußten wir fort aus Holland, irgendwohin, wo es wärmer war; Amsterdam war zu kalt, der Liebe anders Nahrung zu geben als durch Sehnsüchte, eben von dort fortzukommen. Aber als Stadt für glücklich selbstgenügsam suchende Einsamkeit, für nächtliche Blut- und Samenexzesse, für eine Idee von Zukunftskonfrontation zwischen elektronischen Autobahnen und trägem Marihuanaabdank, war Amsterdam der ideale Ort.
800 000 Einzelpackungen, die ganze Stadt war in Einzelpackungen aufgeteilt. Bei Albert Heijn gab es winzige Konservendosen für Alleinesser, im Krug standen die Heinekengläser nebeneinander auf dem Tresen wie deutsche Fürstentümer, und wie sollte ein Deutscher seinen Bierdurst an diesen Miniaturportionen stillen? Auch die

Kiffer hatten ihren Supermarkt, die Happy-Family-Höhlen, wo es Einzelpackungen Gras gab und extragroßes Zigarettenpapier, und jedes Zimmerchen der Stadt war ebenso verkabelt wie das meine. Jede Straße hatte einen Backsteinhorizont, und man begegnete den Schritten vom Vortag wieder, die niemand wegräumte, selbst der Wind nicht, der die Wolken der Radfahrer unter meinem Fenster vorbeitrieb und den Duft von Aal und Geranien brachte. Dort wo die Marnixstraat jenseits vom Westerpark sich zum Hafen hin verlängerte, klappte der schwarze Asphalt einer Brücke in die Höhe und bedeckte mein Gesichtsfeld wie ein Mondrian; in der Staatsliedenbuurt herrschte ständige Dämmerung, die mich an die Köpenicker Straße auf dem Weg zum Schlesischen Tor erinnerte und die Winternachmittage im grauen Betongletscher der Etage, als ich zum erstenmal der Schönen Blauen Donau in der Fricsay-Version lauschte und entdeckte, daß es die erotischste musikalische Schilderung eines sich anbahnenden Orgasmus war, die ich je gehört habe, und Max, der im Nebenraum eine Oper komponierte, ins Zimmer holte und mit ihm zusammen lauschte, wie diese Wiener Fellatio langsam ihrem Höhepunkt entgegenwalzte.
Ich war einer von 100 000 Einsamen, von denen ich nichts wußte und die ich dennoch kannte; es genügte, die Stadt in mich aufzusaugen, die Mauerkorridore, die mövenumflatterten Durchbrüche, die auf den Grachten schaukelnden Fassaden der Patrizierhäuser, den Sumpfgeruch, der von den vermoosten Hausbooten an der Lijnbachsgracht aufstieg, den Gestank nach nassen Hunden in den Treppenhäusern *gekraakter* Ruinen, das Rattern und Klingeln der Straßenbahn vor meinem Fenster, die die Rahmen vi-

brieren ließ und das Glas zum Klirren brachte. Ich erinnere mich an kahle Sonntagnachmittage auf der Lindengracht, wo ein Filmteam seine Gerätschaft zusammenpackte, und der Regisseur rief ins Megaphon, und seine Stimme mischte sich mit dem Gekrächze der Möven und dem fernen Autolärm, mit den Fahrradklingeln und dem Tuten der Schiffshörner: Ich glaub', der Film ist fertig. Jetzt machen wir den Untergang des Abendlandes. Ziemlich trostlos.
Oft fragte ich mich: Was bedeutet das alles? Was wollen sie mir damit sagen? Der große, fette, alte schwarze Sänger, der mitten im Swing, ohne innezuhalten, ein blutrotes Seidentuch aus der Brusttasche zog und sich die Stirn abtupfte, die Schlangen vor dem Anne-Frank-Haus unter der Westerkirche (der Cousin fragte mich jedesmal, wenn ich Shit kaufte, in seinem Laden: Und, warst du schon im Anne-Frank-Haus?), und ich dachte an jenen deutschen Schriftsteller, der den Krieg beschrieb wie eine durchzechte Nacht unter Kumpeln, in der er sich ein wenig danebenbenommen hatte, im *Sky Channel* mokierte eine asiatische Moderatorin sich über Madonna: Anyway she's got the knees of a weightlifter, ich zappte zum ZDF, wo Otto Schily vor der Libanonisierung der Gesellschaft warnte, und ich lebte dahin zwischen Anne Frank und Madonna, lebte mit Anne Frank, der Madonna. Als wir später afrikanisch aßen und ich nach Besteck suchte, sagte man mir: Die rechte Hand ist zum Essen da und die linke zum Arschabwischen. Das ist Etikette.
Es war der Stadt angemessen zu schweigen, und es machte gar nichts aus, keine formulierten Sätze zu hören, denn der gutturale Nordwind, dieser calvinistische Muezzin, der die Gezeiten der arbeitenden Bevölkerung bewegte,

das lustige Läuten, wenn die Disneyland-Tram die Immigrantenkinder überrollte, all das antwortete meinen Gedanken als vielstimmiger Chor. Ich lebte ein sehr modernes Leben.
Die Straße in der Pijp, wo die Wasserette war, in der ich arbeitete, war ruhig, düster und still. In der Nähe gab es nur den unvermeidlichen Kiffercoffeeshop und eine verirrte koschere Metzgerei, in der ich nie einen Kunden sah. Immerhin war der Albert-Cuyp-Markt nicht weit und damit das Leben. Ich starrte gegen die runden Guckfenster in die rotierenden Trommeln. Ich beobachtete die Kunden, Hausfrauen, die mit ihrem Hausfrauenblick die Maschine einmal bei 90 Grad durchlaufen ließen, bevor sie ihre eigene Wäsche hineinsteckten; ich freundete mich mit einem alten Herrn an, der sehr würdig war, so würdig, daß seine offensichtliche Einsamkeit mir die Tränen in die Augen trieb, wenn ich an ihn dachte. Er trug einen gutherhaltenen dreiteiligen Anzug, einen Mantel und einen Hut, er war verwitwet, und er hatte wohl genügend Geld zum Leben, aber niemanden mehr, für den er es ausgeben konnte, und er kam in die Wasserette, um zu reden. Ich sah ihn oft, wie er sich zu anderen Kunden hinabbeugte und sie etwas fragte und sich dann leise verletzt abwandte, wenn die Antwort eine unwillige Handbewegung war. Eines Tages fragte er mich, wie die Maschinen funktionierten, aber als ich es ihm erklärte, hörte er kaum zu, es war nur ein Vorwand, um ein Gespräch anzuknüpfen. Wie sich herausstellte, war er Deutscher, der vor dem Krieg nach Holland emigriert war und seither hier lebte. Nachts vor allem, aber auch den Tag über, war die Wasserette ein Unterschlupf gegen die Welt. Ich sah die Surinamerinnen eng beieinander sitzen und leise reden und

lachen, als müßten sie sich gegen die nordische Kälte schützen; stark geschminkte Mädchen steckten ihre billige Frotteewäsche in die Trommeln und zitterten danach auf ihren Holzbänken im Turkey und warteten auf die beiden Freunde des Cousins. Ich selbst brauchte nicht zu rauchen, der Anblick der riesigen, grellorangen Maschinen, der ewige Sauberkeitsgeruch und das rumpelnde Gedröhn die halbe Nacht durch hypnotisierten mich auch so. Ein regelmäßiger Kunde war Eric, ein französischer Homosexueller, der mir erzählte, er sei nach Holland gekommen, weil er Romanzen mit Seeleuten und Lastwagenfahrern gesucht habe. Er hatte Mathematik und Philosophie studiert und arbeitete jetzt in Den Haag bei der holländischen Armee als Übersetzer. Nur Alte und Häßliche dort, stöhnte er, während wir in die rotierenden Trommeln starrten, ich weiß nicht, wo sie die ganzen jungen und knackigen Soldaten verstecken! Ich begann den Waschsalon zu lieben, all die Verrückten, die Aussätzigen, all die Nachtschattengewächse, die hier zusammenkamen ohne einander zu finden: Man konnte Ausländer sein, schwul, krank, süchtig oder einfach arm, aber man mußte seine Kleider waschen und seine Bettwäsche, ich nehme an, diejenigen, die nicht einmal mehr in die Wasserette kamen, lebten irgendwo mit den Ratten, hatten die Sprache verloren und machten sich zum Endangriff bereit. Alleine, mehr und mehr kiffend, inmitten meiner orangen Waschmaschinen auf diesem Meer von Außenseitern treibend, ohne eine Frau oder einen Mann, mit dem ich Wärme und Berührungen austauschen konnte, ohne ein Loch, nach dem ich in manchen Nächten schrie und dabei ins Kissen biß, begann ich die Stadt in einem neuen Licht zu sehen: Historisch, und der Anblick jeder verregneten

Straßenbahnhaltestelle bekam auf einmal eine zusätzliche Dimension, die der Zeit. Ich las Bücher über Amsterdam, von der Besatzungszeit bis zur Provobewegung, und das dekadente Freakkabinett wandelte sich in meinem Kopf zu einer kleinen regnerischen Insel der Freiheit.
Dann erfuhr ich beinahe zur gleichen Zeit vom Tod des alten Herrn aus der Wasserette und von dem Erics, und ernüchtert tauchte ich aus meinem melancholischen Rausch auf und torkelte ans Ufer.
Eric wurde auf einer Natotagung versehentlich erschossen. Die Delegation, zu der er als Übersetzer gehörte, war in einem schloßähnlichen Komplex untergebracht, und Eric logierte in einem Zimmer zu ebener Erde. Als er nicht einschlafen konnte, öffnete er die Tür zur Terrasse und setzte sich im Schlafanzug nach draußen. In dem Protokoll hieß es, er habe sich auf einen der Wache schiebenden Soldaten in »bedrohlich« scheinender Absicht zubewegt, und der habe, als der nächtliche Schatten das Kennwort oder die Parole nicht zurückrief, geschossen. Wer Eric kannte, ahnte, wie das Ganze sich wirklich abgespielt haben mußte; ich sah den Wachtposten vor mir, einen hübschen Jungen, und Eric, der endlich einen gutaussehenden Soldaten vor sich sah und ungeschickt und naiv wie er war, den Kontakt herstellen wollte, nach so langer Zeit...
Der alte Herr tauchte eines Tages nicht mehr im Waschsalon auf, und ich forschte ein wenig nach und stellte fest, daß sein Herz einem Bubenstreich nicht standgehalten hatte. Eines Abends waren ein paar Halbstarke, die ihn kannten, auf die Idee gekommen, ihm einen kleinen Schreck einzujagen, hatten sich von irgendwoher schwarze Uniformen besorgt, die Stiefel besaßen sie ja ohnehin, und

an seiner Tür Sturm geklingelt. Der Alte öffnete, blickte in die kalten Gesichter der Uniformierten, griff sich ans Herz und war auf der Stelle tot.
Mittlerweile hatte ich den Job beim Marktforschungsinstitut bekommen und schlief noch an meinem ersten Tag mit einem deutschen Mädchen, das auch als Telefoninterviewerin arbeitete und natürlich Tänzerin war und darauf wartete, daß der Kulturfonds der Stadt ihre Projekte bezahle. Ich begleitete sie und ihre Freundin vom Institut am Overtoom bis zu einer alten Turnhalle in der Kinkerbuurt, wo sie trainierten, und sah ihnen beim Üben zu. Der Wind wehte durchs offene Fenster herein und bauschte den dunkelblauen Vorhang, der vor den Spiegel gezogen war, so auf, als ginge jemand dahinter entlang, und im Recorder sang ein Kontra-Tenor Purcell-Madrigale, in die sich eine entfernte Polizeisirene mengte. Die Darbietung erregte mich, weniger die tänzerische Qualität als die deutlich unter dem Gymnastikdress sich abzeichnenden Fotzen. Ich hockte still in einer Ecke, denn ich hatte versprechen müssen, nicht zu stören. Die Drehungen der einen, weiche Geräusche von Füßen, die den Boden berühren oder über ihn gleiten; wenn sie sprangen, ächzte das Parkett, näselnde Atemzüge und kehlige Atemstöße, während die andere unbeweglich daliegt, ihr flacher Oberkörper, die Rundung des Arsches, dann ihre zwei Oberkörper, ihre vier Beine, die sich paarweise, gleichzeitig spreizen. Dann Stille, und ich hörte ihren flachen Atem. Ein Tanz von Führen und Folgen, Führen und Folgen. Aber keine von beiden hatte das Zeug zum Führen. In Wirklichkeit war ich natürlich hündisch dankbar und starr vor Angst, das Ganze möchte sich, bevor wir im Bett waren, als Traum herausstellen. Aber nach der

Dusche verabschiedete die Freundin sich, und wir fuhren im strömenden Regen im Taxi in den Osten, in die Javastraat, wo sie wohnte. Sie sagte mir, sie habe seit zwei Jahren mit niemandem mehr geschlafen und sei ungeheuer heiß, aber auch ungeheuer ängstlich. Es war, wie wenn ein Mönch und eine Nonne zum ersten Mal ihr Gelübde brechen, und wir hatten mehrere Fehlstarts, aber dann blieben wir die ganze Nacht wach bis morgens um halb acht, als sie einschlief und ich in einem gewissen blödsinnigen Stolz darauf bestand zu gehen, um pünktlich zur Arbeit zu erscheinen.

Die Fahrt vom Osten bis zum Overtoom an jenem frühen, sonnigen, noch regenfeuchten Morgen, ständig auf der Hut vor Kontrolleuren, war wundervoll, und an diesem Tag begann ich tatsächlich in Amsterdam zu LEBEN, bald zog ich auch aus der Marnixstraat fort in die Pijp im alten Süden, gab meinen Job im Waschsalon auf (obwohl ich nun nur zwei Querstraßen entfernt wohnte) und begann, Menschen kennenzulernen. Magda, die Tänzerin aber, sollte ich überhaupt nicht wiedersehen. Sie ging noch am selben Tag in die Ferien nach Deutschland und kam nicht mehr nach Amsterdam zurück.

Die Nacht mit Magda war vom Amsterdamer Januskopf bestirnt: Hier die kühle Modernität meiner einsamen Monate, denn es war letztlich doch nur ein fremdes, von der Lust auf Explosion getriebenes Aneinanderschlagen zweier Körper, die sich ein einziges Mal nahe kommen auf ihren Bahnen, dort jedoch die verrückte Unlogik, die die Menschen zueinander treibt, die Sehnsucht nach Herdengeruch, das Nachhausekommen, die Verwandtschaft des Stoffs, in den Momenten unserer Liebkosungen, wenn mein Mund über die warme Haut ihres Arms strich, des-

sen Flaumhärchen sich sträubten, wenn ich spürte, daß unsere zuckenden Körper doch nicht von elektronischen Impulsen Außerirdischer gesteuert wurden, sondern von uns selbst, von unseren kleinen Seelen oder rosa Herzen; diese Nacht gab mir die Erinnerung an die Menschen zurück und den Hunger auf ihre lebendige warme Gegenwart.
In der Pijp lebte ich in einer mäuseverseuchten *gekraakten* Wohnung zusammen mit Bill, dem Nach-Atomkriegs-Gentleman, der im Institut in der englischen Gruppe arbeitete. Er sah aus wie die Überreste eines Herrn, die sich nach dem Einschlagen der Wasserstoff-Bombe aus den Ruinen Londons wühlen. Er war klein, mager und notorisch pleite. Sein Haar war fettig, und er trug einen alten schmuddeligen Trenchcoat, den er nur zum Schlafen ablegte und in dessen Innentasche ständig ein Flachmann Glenfarclas steckte. Sein einziges Paar Schuhe, das er täglich wienerte, glänzte, dort wo es nicht abgestoßen war, speckig, er besaß es seit sieben Jahren, als er es sich in einem seltenen Moment des Reichtums von einem Schuster aus Savile Row hatte maßfertigen lassen. Jedesmal wenn er grinste, sah man seine schlechten Zähne, aber er war nicht dazu zu bewegen, einen Zahnarzt aufzusuchen. Ich habe nie jemanden gekannt, der weniger arbeitete und mehr Bier und Zigaretten schnorrte, aber da er beides mit viel Charme tat, war ihm nie jemand ernstlich böse. Allerdings nahm ihn auch kaum jemand ernst, und das verletzte ihn tief. Er hielt sich selbst für einen Versager. Er hatte mit 17 erfolglos an der Börse spekuliert und mit 18 ein Transportunternehmen eröffnet, das nach sechs Monaten pleite ging. Täglich Schlag 12 rief er seinen Vater an, um sich die Londoner Tageskurse

durchgeben zu lassen. In Amsterdam hatte er ein Haus gekauft, weil er gehört hatte, in diesem Viertel würden die Preise steigen, und nach drei Monaten hatte die städtische Bauaufsicht es wegen vermoderter Fundamente abreißen lassen. Die Entschädigung, die er erhielt, entsprach einem Fünftel des Kaufpreises, und seitdem lebte Bill von Sozialhilfe und soff.
Seine Mädchengeschichten, oder besser deren habituelles Scheitern, rieben ihn auf. Wenn es ihm gelang, was selten genug vorkam, ein Mädchen mit nach Hause zu bringen, dann erstickte er es derart in Liebe, daß ihre Unterhaltungen nach einer Woche wie ein Glas Salzsäure zum Frühstück schmeckten. Regelmäßig bat er mich dann: Wenn X anruft, sag ihr, ich bin nicht da, sag ihr, ich bin in England oder im Krankenhaus, oder warte, noch besser, sag ihr, ich bin tot. Ich hatte dann das Mädchen am Telefon und sagte mit ausdrucksloser Stimme: Bill ist tot, und Bill hing über meiner Schulter und pustete mir eine Whisky-Saté-Wolke ins Gesicht und flüsterte atemlos: Was sagt sie? Wie reagiert sie? Heult sie? Aber die Mädchen sagten nie etwas anderes als: Desto besser, ich wollte ihm ohnehin nur ausrichten, daß es aus ist zwischen uns.
Wenn gar nichts mehr ging, pumpte Bill sich Geld und flüchtete nach Schottland zum Golfen. Das Golfspielen, wenn es auch eine weitere Herausforderung darstellte, der er nicht gewachsen war, rettete ihn. Weißt du, sagte er mir, eigentlich wollte ich Profi werden. Aber ich bin zu KLEIN, ich kann schlagen, wie ich will, ich kann meine Technik verbessern, ich bin zu klein. Beim Drive fehlen mir immer 40 yards. Umgerechnet brauche ich also immer einen Schlag zuviel, um Weltklasse zu sein. Er hatte einen Freund, der dort oben ein Schloß bewohnte, und Bill

konnte kommen, wann er wollte, und verbrachte seine Tage allein auf dem Golfkurs, um, wie er es ausdrückte, gegen die Elemente und sich selbst zu spielen. Er klärte mich über die Metaphysik des Golfs auf: In diesem Stadium betrieben, ist Golf kein Sport mehr, sondern Philosophie und praktizierte Religion. Du kämpfst gegen den Wind, du lernst alles über den Wind, du kämpfst gegen den Regen, bis du alle Arten Regen besser kennst als deine eigene Mutter. Wind und Regen ändern den Boden. Du erfühlst die Beschaffenheit des Bodens. Ich weiß mehr über die Erde als jeder Geologe. Alles und jedes versucht, die Perfektion deines Schlages zu verhindern. Und du mußt den perfekten Schlag schaffen. Und manchmal gelingt es dir.
An einem anderen Abend sagte er mir: Weißt du, wer der einzige Partner wäre, mit dem ich wirklich gerne eine Partie Golf spielen würde? Jesus. Nein, ernsthaft. Ich glaube, es wäre sehr angenehm, mit ihm zu spielen. Einmal würde er in seinem langen, weißen Rock gut in die verregnete schottische Landschaft passen. Und dann denke ich, er wäre ruhig und sympathisch, würde keinen Unsinn reden, sondern still lächeln, sich konzentrieren, die gute Luft einatmen und höchstens mal von Zeit zu Zeit mit schweigend ausgestrecktem Arm mich auf ein schönes Bild aufmerksam machen, zwei vor einer Baumgruppe auffliegende Fasane oder was. Und wenn er vor dem 18. Loch zwei Schläge zurückliegt, würde er zwinkern und einen astreinen Eagle produzieren und mir dann grinsend auf die Schulter klopfen, damit ich ihm nicht böse wäre, daß er das Wunder-Produzieren einfach nicht lassen kann.
Bill war nicht die einzige Randexistenz, der ich in Amsterdam und vor allem am Institut begegnete. Da war der

Deutsche, der vorm Wehrdienst desertiert war und nicht mehr zurückkonnte und davon träumte, in einem großen Restaurant als Koch zu arbeiten, und das deutsche Mädchen, das seinem bürgerlichen Elternhaus in Hoffnungsthal entkommen war und einen holländischen Juden geheiratet hatte. Da war der verrückte chilenische Bildhauer, dessen Atelier voll von in Ton gebrannten Krokodilen, Spinnen, Käfern und riesigen Insekten stand, und der seit Jahr und Tag versuchte, den Behörden sein Projekt anzudrehen, die Autobahn Amsterdam–Utrecht mit Käfern zu bestücken, alle 100 Meter zu beiden Seiten der Straße ein riesiger, schwarzer Käfer. Oder der australische Homosexuelle, Patrick hieß er, der das ganze Jahr hindurch zwei, drei Pullover übereinander trug, so sehr fror es ihn nach der heimatlichen Sonne.

Es waren zu viele, ich erinnere mich nicht mehr. Wir waren mindestens sechzig, die für die IBM-Studie arbeiteten, Deutsche, Franzosen, Engländer (plus alles sonstige, dessen Muttersprache Englisch war) und Italiener, vor unseren Terminals und mit Kopfhörern und Mikrophonen. Es war eine bunt zusammengewürfelte Mischung, deutsche Squatter, englische Trinker, italienische Heroinabhängige, südafrikanische Fotografen, französische (unglückliche) Ehefrauen holländischer Studenten. Sie waren lächerlich oder tragisch oder verloren, aber sie waren nie so zufrieden mit sich, wie die Glücklich-Erfolgreichen von früher, die niemanden brauchten, um das Leben mit ihnen zu teilen.

Einmal im Monat erschien in seinem Anzug und mit seiner Hornbrille Rob Kinzig vom europäischen IBM-Headquarter und schwor die Institutsbosse (holländische Yuppies, die Gewehr bei Fuß standen – »Rob, you can

count on us; Rob, you can be DEAD-SHURE we'll fulfill the quotas...«) und die Enqueteure, die rauchten und gleichgültig aus dem Fenster starrten, auf die disziplinierte Motivation eines weltbewegenden Multis ein. Kinzig lachte mit uns, und hinterher machte er den Holländern die Hölle heiß, weil wir unsere Quoten nicht erfüllt hatten. Es war ein seltsamer Job, aber für viele von uns die einzige Möglichkeit, uns in Amsterdam mehr oder minder legal über Wasser zu halten, und auf der sexuellen Seite vermutlich die Wiege einer wahrlich europäischen Mischgesellschaft, in der die Kinder auf die Frage: Welche Nationalität hast du und haben deine Eltern, absolut keine Antwort mehr wissen werden.
Meine letzte Amsterdamer Etappe verbrachte ich, schon mit meiner Freundin, im noblen Nieuw Zuid, wo wir in der Wohnung eines Komponisten einhüteten, eines 70jährigen polyglotten Weltmannes, der seiner 30 Jahre jüngeren Freundin für ein Jahr nach Harvard gefolgt war. Ein Freund hatte von uns gesprochen, er empfing uns, hörte uns eine Viertelstunde zu, drückte uns die Hand und überreichte uns seine Hausschlüssel. Plötzlich lebte ich in sechs Zimmern, hatte einen Steinway-Flügel im Musikraum stehen und zweimal die Woche ein Pärchen Deutsche hassender Putzfrauen sowie einen gefüllten Weinkeller. Ich verlor Bill etwas aus den Augen, der mich, nachdem er uns einmal besucht hatte, mit einem gewissen Mißtrauen betrachtete, als habe er nach all den Jahren Galeere Angst, sich an einer Entwicklung zum Besseren anzustecken.
Diese Zeit ist noch gar nicht so lange her, aber heute, weit fort von Amsterdam, mit einer Patina überzogen, als hätte ich alles nur geträumt oder mir aus den Fingern gesaugt.

Noch immer habe ich, was jene Zeit betrifft, keine Ordnung im Kopf, sondern nur den wirren Bilderfluß, wie die Erinnerung an eine Kokainnacht. Nichts als die Erinnerung an Epiphanien, die aufblitzen und schon wieder verschwunden sind. Der Blick in die rotierenden Trommeln in der Wasserette. Was war es, was ich da manchmal plötzlich fühlte? Lag es an der Musik von Ladysmith Black Mambazo im Krug oder Rosa King im Maloe Melo? Lag es an den Krokussen, die im eisigen Wind unter der ersten Märzsonne plötzlich erblühten am Ufer des Amstelkanals, wenn man auf der Beethovenbrücke stand und auf die graugrün gefrorene Böschung blickte? War es der endlose winterliche Stadionweg, rotbraun und menschenleer, vom ewigen Nordwind durchbraust? Waren es die Häuser, die Straßen und Wolken, die Kälte, die uns nach drinnen und zu den Menschen flüchten ließ, wenn die Engländer auf allen Terminals die Abendparole ausgaben: »Tonight, at ten pm, let's all have a swinging time down at the Bhagwan boozer. B there or b square.« Ich weiß es nicht zu erklären, weiß nur, daß, was immer auch aus uns geworden sein mag, diese kalte Stadt eine kurze Zeit lang unsere Heimat gewesen ist. Ich weiß nur, daß selbst, wenn wir dort vor Einsamkeit geheult haben wie die Hunde, selbst wenn wir die Tage und Nächte besoffen und bekifft haben an uns vorüberstreichen lassen, nichts verlorengegangen ist, nichts verlorengehen darf. Das Zentrum der Welt, Amsterdam, in der Hoogstraat zwischen Kartenbetrügern, Elfenbeinverkäufern und Fixern; was bleibt, außer zu trinken? Alles aufsaugen, wie ein Verdürstender, es ist wichtig, nichts darf verlorengehen, all das existierte nur einmal: Bill, du existierst nur einmal, sage ich zu der rotierenden Trommel in dem orangen Formica-Paradies der Wasserette, auch ich, auch Konrad, Carol, oder Els, Eric oder wer auch immer, und wem ich auch noch begegnen sollte, ich werde sie voller Ehrfurcht ansehen und berühren, also Bill, hör mir zu, bring dich nicht um, falls du es tatsächlich einmal ernsthaft vorhast, erinnere dich daran, daß wir lebten, in der Trommel der Wasserette, irgendwo in der Pijp in Amsterdam, der Stadt mit dem Januskopf im Wappen, dem Puppenheim, dem Silikonlebkuchen, diesem Kraakerhund, zu dessen Flöhen wir alle gehörten.

Kebab ist überall

für S. S.

Eine abenteuerliche Liebe, die nicht dazu bestimmt ist, zu dauern, benötigt einen guten Geist. Wenn zwei sich kennenlernen und sofort ein Liebespaar werden, um sich einige Zeit später wieder zu verlieren, dann gibt es außer ihm keinen Zeugen, keinen Komplizen ihrer Affäre, niemand, dessen Gesichtsausdruck eine Realität beglaubigen könnte, die auch ein Traum sein mag. Denn man kann zu zweit träumen, und wenn dann kein Barmann, Hotelportier oder alter Professor zugegen ist, der uns als Doppelwesen spiegelt, werden wir nie wissen, ob das, was sich ereignet hat, nicht nur eine Schimäre war.
Es kommt mir aber vor, als ob eine solche Liebe auch gerade denjenigen Zufallszeugen findet, der ihr entspricht, und nicht jeder x-beliebige zum Schutzpatron eines kurzfristigen Paares werden kann. Und wir täten gut daran, in seinen Worten anstatt in uns selbst nach einer Antwort auf unsere Fragen zu suchen: Warum ich? Warum wir? Warum jetzt? Warum nicht immer?
Unser guter Geist war ein türkischer Taxifahrer und gläubiger Moslem, Yilmaz, der einzige Mensch, den ich kenne, der Schwyzerdütsch und Italienisch mit türkischem Akzent sprach. Sein ständig wiederkehrender, halb gefluchter, halb fatalistischer Satz, wenn plötzlich jemand die Straße überquerte und er scharf bremsen mußte, wenn im Stau an der Promenade kein Vorwärtskommen war,

wenn auf dem Weg hinauf nach Biasca ein italienischer 30-Tonner vor uns ins Schlingern geriet, aber auch, wenn im Gewimmel der Leuchtreklamen in der Innenstadt von Lugano sein Blick auf ein türkisches Restaurant fiel; dieser Ausruf: *Kebab ist überall!* der alles mögliche bedeuten konnte, von »Wir Türken sind ein internationales Volk« über »Die Idioten sind allgegenwärtig« bis hin zu »Dem Schicksal ist kein Entkommen«; dieser Ausruf wurde das Mantra unseres gemeinsamen Wochenendes, aber ich frage mich heute, ob wir ihn ernst genug genommen haben.
Am zweiten Mai, sechs Wochen nach unserer Begegnung, erhielt ich das erste und letzte Lebenszeichen von ihr. Ein schmales Päckchen, darin das Buch: Novanta Nove Poësie von Hemingway mit der Widmung: Dieses eine Stück Zeit habe ich aus dem Strom gegriffen. Laura.
Der kurze Brief lautete:
Caro,
natürlich habe ich Dich nicht vergessen. Ich werde Dich so wenig vergessen wie meinen rechten Arm. Unsere drei Tage waren nicht und werden nicht sein. Sie sind. Die Zeit fließt weiter, aber, wann immer wir wollen, werden wir sie hervorholen können, und sie werden dasein. Nun auch endlich die Antwort auf Deine Frage: Ja, ich liebe Dich. Nicht: Ich habe Dich geliebt. Nicht: Ich werde Dich lieben. Ich liebe Dich. Wir werden nicht zusammen leben. Wie denn auch. Zwischen Hamburg und Zürich. Zwischen Physik und Poesie. Wir haben alles, was möglich ist. Nicht gehabt. Wir haben es. Yilmaz ist tot. Du erinnerst Dich ja an seine Paranoia mit dem türkischen Geheimdienst. Vor einigen Tagen, als ich wieder bei meinem Vater in Lugano war, hat er mich chauffiert und mir erzählt, er

habe am Vormittag einen türkischen Killer gesehen, und er wolle sich für einige Zeit aus dem Staub machen. Er ist nach Mailand gefahren und hatte in Rho einen tödlichen Autounfall. Kennst Du die orientalische Geschichte von dem Mann, der in Bagdad dem Tod begegnet und, entsetzt vor dessen Gesichtsausdruck, seinen Herrn bittet, nach Basra fliehen zu dürfen, was dieser ihm zugesteht? Und kurze Zeit später trifft der Herr den Tod und sagt ihm vorwurfsvoll: Du hast meinen Knecht so bedrohlich angeblickt, daß er vor Angst geflüchtet ist. Nicht bedrohlich, entgegnet der Tod. Nur erstaunt, ihn hier in Bagdad zu sehen, wo ich doch morgen mit ihm in Basra verabredet bin.
Du siehst, caro, »Kebab ist überall«. Ti amo. Addio. Laura.

Es war Mitte März gewesen. Ich war 22 Jahre alt. Seit zwei Jahren trampte ich jedes Mal, wenn der überfällige Hamburger Winter nicht weichen wollte, dem Frühling entgegen. Von Heilbronn an waren seine Vorboten zu spüren, durchs geschlossene Autofenster, durch die Klimaanlagen roch ich den treibenden Duft der tiefbraunen gepflügten Äcker und der Krokusse auf den nassen Wiesen zwischen den letzten Placken alten Hartschnees. Aber ich wußte: Erst jenseits der Alpen, das Tal der Leventina hinab, würde im lichtgrauen Dunst über den bleiernen Seen der Frühling selbst sein Lager aufgeschlagen haben. Mit verschleierter Sonne, smaragdgrünen Eidechsen auf ockerfarbenem, schon warmem Mauerwerk, seinem Lärm, der südlichen Unendlichkeit, aus der er stammte. Erst hinter Mailand, in der sommerheißen, blühenden Bassa offenbarte er sich, auf der Höhe von Piacenza und Modena, in der wie ein gechromter Zwölfzylinder sauber funkelnden Lamborghini-Fabrik am Rand der Autobahn und in den Hazienden und Zypressen am flachen dunstigen Horizont jenseits der Reisfelder.

Was meine Welt, die Winterwelt, vom diesig-lauen, unermeßlichen Reich des Frühlings schied, war die enge schwarze Röhre des Gotthardtunnels. Göschenen war Kälte, Schneeregen und vereiste Krüppelkiefern. Airolo sonniges Moos, Italien und Wärme. Ich wußte nicht einmal, damals, daß ich auf ausgetretenen Pfaden wandelte, daß ich Nachfolgeglied einer langen Kette war. Ich kannte weder Goethes »Italienische Reise« noch Hesses »Wanderung«, nur eben Dürers Ausruf, ihn friere es nach der Sonne. Als ich Jahre später »Mignons Lied« las, mußte ich weinen vor traurigem Glück des Wiedererkennens und zeitohnmächtiger Sehnsucht.

Das erste Mal war ich, zwei Jahre zuvor, diese Route gefahren, um jemanden zu überraschen, der hoch oben über dem Lago Maggiore vielleicht auf mich wartete. Das Ziel war alles gewesen. Aber dieses Ziel hatte sich bald als ein nur vermeintliches herausgestellt, eine Sackgasse. Geblieben war der Weg mit seinen festen Stationen, wie die einer Pilgerfahrt, welche, das erste Mal abgebrochen, wieder und wieder angetreten werden mußte.

Da es für mich keine andere Strecke gab als die über Zürich, Zug, Luzern, Göschenen und den Gotthard, mußte ich, was nicht einfach war, am Stadtrand von Zürich jemanden finden, der mich in die richtige Richtung mitnahm. Man wartet dort immer lang, aber dieses Mal hielt überhaupt niemand, und so blieb mir nichts übrig, als nach Einfall der Dunkelheit die Tram zurück in die Stadt zu nehmen und den Abendzug zu besteigen.

Ich würde gegen ein Uhr morgens in Chiasso sein, dort, wie bereits einmal, im Wartehäuschen bei der Grenze schlafen und frühmorgens im Konvoi vor der Autobahnauffahrt jemanden ansprechen, der mich in Richtung Frühling mitnehmen würde.
Das Abteil war voll, ich achtete nicht auf die anderen Fahrgäste, ich las. Es war seltsam, ich galt den Hamburger Freunden damals für einen Abenteurer, weil ich auf gut Glück, ohne Geld und Plan und – was ihnen am unverständlichsten war – alleine auf Reisen ging. Man hielt mich für jemanden, der mutig und sorglos, in der Gewißheit, überall zu Hause zu sein, ins Blaue verschwand, um Länder und Menschen kennenzulernen.
In Wirklichkeit war ich krankhaft schüchtern, kontaktscheu und mißtrauisch und hatte nur eine verzweifelte Gewißheit, nämlich die, nirgendwo daheim zu sein, dort nicht, und hier schon gar nicht. Außer den Autofahrern, die mich mitnehmen sollten, sprach ich nie jemanden an; ich wollte fort, aber spürte ständig einen Kloß von Angst im Magen: wohin soll ich, was wird mir geschehen, ich bin einsam wie ein streunender Hund, könnte ich nur daheim sein; erst wenn ich wieder zu Hause war, schien mir in der Erinnerung alles verzaubert und von Glück begünstigt.
Ja, ich war ängstlich, und ich mißtraute allen Menschen, vor allem abends und nachts, ich fühlte mich wie ein Soldat auf Patrouillengang entlang der Frontlinie. Einige Jahre später besuchte ein Freund, den ich für einen Spießer hielt, mich in Rom, wo ich lebte. Es war seine erste Reise in die Welt hinaus, und ich fühlte mich ihm sehr überlegen. Aber am ersten Abend unserer gemeinsamen Ferien war er es, der uns in Salerno Quartier und Freunde für eine Woche verschaffte, ganz einfach, weil er eine Kel-

lertür öffnete, aus der Rockmusik drang, eine Gruppe junger Leute sah, die probten, und vertrauensvoll und freundlich lächelte. Nie hätte ich dergleichen gewagt, und doch war ich derjenige, der alleine reiste und von dem man (und der von sich) derartige Gesten erwartet hätte.
Gelähmt vor Angst und Lampenfieber fuhr ich jedes Mal ab und wartete auf irgendeine kleine positive Begebenheit, die ich guten Gewissens als Höhepunkt der Reise abbuchen konnte, um danach wieder nach Norden zu flüchten und mir zu sagen: Ich habe es geschafft.

An diesem Freitag abend im Zug hatte ich mich hinter mein Buch verschanzt, wollte nichts sehen und hören, wollte nicht sprechen, noch angesprochen werden. Ich reiste, das beanspruchte alle meine Kräfte, und in das übliche prickelnde Lampenfieber, das einen in Eisenbahnen ergreift, mischte sich Wut über meinen Autismus, der mich wiederum nur Landschaften und Bauten sehen lassen würde, und mich zwingen, mir den Rest dazuzudenken.
In Bellinzona verließen alle Reisenden bis auf ein Mädchen das Abteil, und niemand stieg zu. Ich musterte sie, die mir gegenübersaß und ebenfalls las, über die Buchkante hinweg. Als sie meinen Blick erwiderte, sah ich schnell zurück auf meine Seite. Sie war vielleicht so alt wie ich, hatte langes, schwarzbraunes Haar, das in krausen Locken, wie das einer Afrikanerin, bis zu ihrer Taille fiel, sie trug einen Pullover und Jeans, und ein Lodenmantel hing am Haken neben ihr.
Es war still im Abteil, zwischen Bellinzona und dem letzten Tunnel vor Lugano fiel kein einziges Wort. Als wir in den Tunnel einfuhren, kam die Lautsprecherdurchsage:

Lugano in wenigen Minuten. Es ging auf halb zwölf. Das Mädchen stand auf, drehte sich um, stellte sich auf die Zehenspitzen, griff nach seiner Reisetasche, zog sie herunter, verstaute sein Buch und setzte sich dann wieder.
Lugano. Ich war noch nie dort gewesen, nur immer vorbeigefahren. Plötzlich, ich weiß nicht, was es war, der Zauber des Namens, die Nacht, der Horror vor dem eisigen Glashäuschen an der Grenze in Chiasso, die Erkenntnis, daß ich nirgendwo erwartet wurde, nirgendwo hin mußte, die Aussicht, die letzten vierzig Minuten alleine im Abteil zu hocken; räusperte ich mich und fragte das Mädchen, ob es vielleicht eine billige Pension in Lugano kenne, wo ich übernachten könne.
Sie sah mich an und antwortete, ohne zu zögern, als hätte ich nach der Uhrzeit gefragt, und ohne eine Miene zu verziehen: Du kannst bei mir übernachten.
Ich war vor den Kopf geschlagen. Was war das für ein Angebot?! Aber was für ein Angebot war es überhaupt? Zwei Reaktionen stürzten auf mich ein: erotische Erregung, momentan völlig losgelöst von dem Mädchen, das ich noch kaum wahrgenommen hatte, und die atavistische Angst, in eine Falle gelockt zu werden; dieses verfluchte Mißtrauen, das die Möglichkeit, ein Mensch möchte einfach großzügig, ehrlich, freundlich oder mitleidig sein, nicht zuließ. Da fuhren wir auch schon in den Bahnhof ein. Natürlich stieg ich mit aus. Ich sage »natürlich«, aber wäre das Angebot von einem Mann gekommen, ich hätte abgelehnt; ich ging zunächst nur mit, weil mich die Gewißheit meiner physischen Überlegenheit vor Anschlägen auf Leib und Leben gefeit glaubte (und in der vagen Hoffnung, hier das erzählbare Etwas gefunden zu haben, das jede blindsuchende Weiterreise unnötig machen würde).

Die Nachtluft war balsamisch mild und frühlingshaft nach dem überheizten und stickig-rauchigen Abteil und gesättigt von den Düften der Stauden am Bahnsteig.
Es sei nicht weit, nur eben die Treppen hinab, direkt neben der Kirche, von deren Campanile soeben drei metallische Gongs die Dunkelheit durchhallten: eine Viertelstunde vor Mitternacht. Ich ging, vorsichtig sichernd, zwei Schritte hinter dem Mädchen. Sie sagte, sie heiße Laura, studiere Physik in Zürich, besuche ihren Vater aufs Wochenende, dem sie nur eben Bescheid sagen müsse, daß sie jemanden mitbringe, und ich möchte einen Moment vor der Tür warten.
Sie klingelte, ein Summer ertönte, sie verschwand, und ich analysierte ihre Worte auf der Suche nach der verborgenen Unlogik, Lüge und Verstellung und zögerte, ob heimliche Flucht nicht vorzuziehen sei. Was erwartete mich in diesem Haus, vorausgesetzt, daß sie jemals wieder zum Vorschein kam, was mir nicht sehr wahrscheinlich erschien? War sie drogenabhängig – ihre weiße Haut konnte darauf schließen lassen – und lockte mich in ein Squatt, wo man mich um Geld und Paß bringen würde, um Stoff zu kaufen? War es wirklich das Haus ihres Vaters, und wenn ja, vielleicht war er ein Verbrecher oder ein verrückter Choleriker (ein Mädchen, das einen Unbekannten zu sich nach Hause einläd, KANN nicht aus einer normalen Familie kommen). Oder aber *(verzeih mir, Laura)* war sie schlicht eine Nutte, die, kaum wäre ich eingetreten, ihren Preis nennen und mir dann ihren Zuhälter (den »Vater«) auf den Hals hetzen würde. Und wenn all das nicht zutraf, wollte ICH denn die Nacht mit jemandem verbringen, der offenbar nicht besonders wählerisch war?

Da ging die Tür wieder auf, Laura sagte: Komm rein, es ist kein Problem.
Ich stand im dämmrigen Flur eines luxuriös eingerichteten Hauses. Laura nahm die erste Treppenstufe und rief dann in Richtung einer geschlossenen Tür, unter der Licht hervorschien: Buona notte, Pà! Ci vediamo domani mattina?
Eine heisere, tiefe Stimme antwortete auf Deutsch, aber mit starkem Akzent: Wenn du früh genug aufstehst... Buona notte, tutti due...
Ich folgte Laura die Treppe hinauf und fand mich in einem geräumigen Mädchenzimmer, in Pastelltönen gehalten, mit einem großen Bogenfenster, dessen geschlossene Läden auf einen Balkon hinauszugehen schienen. Mein Blick fiel auf das französische Messingbett mit der gesteppten rosa Überdecke aus Baumwolle. Ich legte Mantel und Rucksack ab, merkte mir, wo ich was hingestellt hatte, da kam sie auf mich zu und küßte mich.
Ich hätte sie zurückhalten und fragen wollen: Warum ich? Warum so schnell? Was willst du von mir? Fühlst du etwas für mich? Machst du das immer so? Wer bist du überhaupt? Willst du nicht erstmal wissen, wer ICH bin? Aber es war nicht der Moment, sich einander gegenüberzusetzen und zu diskutieren, und plötzlich war's mir auch egal. Meine Augen schlossen sich im Kuß, aber meine Ohren standen weit offen und lauschten, ob da nicht einer, während ich die Beherrschung verlor, die Treppe heraufkäme, die Tür öffnete und mir hinterrücks eins über den Schädel gäbe.
Es gibt Schlüsselmomente oder Schlüsselworte, die plötzlich eine Situation entscheiden, alle Mauern einreißen und uns ganz auf eine einzige Bahn werfen. Als Laura einen

Schritt zurücktrat und mit kehliger Stimme sagte: Zieh mich aus und mache Liebe mit mir, war das so eines. Alle Ängste, Fragen standen noch immer vor mir, aber ich schritt mitten hindurch; neue Furcht folgte wie Wellen: bin ich ihr nackt nicht zu häßlich, stinke ich nicht wie ein Bock nach der Reise, wird diese Erregung, die mir wie Eiswürfel und Fackeln das Rückenmark hinauf- und hinabzuckt, mich nicht plötzlich im Stich lassen, wie im Traum, wo ich auch immer erwachte, gerade wenn alles bereit war für den Liebesakt.
Sie bog sich zurück, hob dringlich die Arme, ich zog den Pullover über ihren Kopf, öffnete den Büstenhalter, griff nach ihren weichen, weißen Brüsten, deren Spitzen sich aufrichteten, ließ zitternder Hände von ihnen ab, löste den Gürtel ihrer Jeans, ließ den metallenen Knopf aufschnappen, zog den Reißverschluß hinab, Hitze drang meinen Händen entgegen, Laura faßte die Hose bei den Hüften, zog sie, indem sie sich hinterrücks auf das Bett fallen ließ, wie eine Wursthaut ab, ich tauchte mein Gesicht in die schwarzen, duftigen Locken ihres Schoßes, löste Hose und Slip von ihren Knöcheln, ließ die Söckchen über ihre roten Fersen gleiten, da kreuzten ihre Beine sich hinter meinem Hals, und sie zog mich zu sich. Ich ertrug es nicht, in meinen Kleidern eingezwängt zu sein, sie verstand, befreite mich von meiner Hose, während ich an meinem Hemd zerrte, mit beiden Händen umfaßte sie mein Geschlecht, ergriff Besitz von mir mit heißen zitternden Fingern, und diese Geste, von der gleichen unschuldigen, instinktiven, fordernden Gewißheit wie der Säugling, der die Brust verlangt, der Täufer, der auf Jesus deutete und sagte: DU bist es, überwältigte mich, und nichts mehr zählte, nichts mehr existierte, als

mein dringend blinder Wunsch, ihrer Bewegung zu folgen, in sie zu dringen und in einem einzigen brennenden Punkt, abgeschossener Pfeil, das ZIEL zu durchbohren.
Zu mir gekommen, roch ich durch die grünen Fensterläden den Duft des Frühlings, war ich in ihm aufgenommen einen Moment lang, zugehörig. Ich erinnerte mich, daß es kein Zögern, Tasten, Versuchen gegeben hatte, auch keine »Technik«, nur zwei verlorengeglaubte Teile eines Puzzles, die sich ineinanderfügten, zwei blinde Seher, die quer über den riesigen Platz aufeinander zugehen und sich in die Arme fallen, einander findend, ohne sich gesucht zu haben.
Wir waren nicht müde danach, ich war viel wacher jetzt als im Zug, viel wacher als im zweifelnden Moment vor unserer ersten Umarmung, wir berührten einander von neuem, staunend, vorsichtig, wie man eine seltene Blume berührt oder einen kleinen Vogel streichelt, prallten wieder gegeneinander, als wollte jeder durch die Haut des andern in ihn dringen, den Fluch des Geteiltseins überwinden.
Wir liebten uns nicht wie ein Paar, das am Anfang steht und Zeit hat, aber auch nicht wie Verzweifelte, die wissen, daß sie ihre letzte Nacht miteinander verbringen. Die Zeit war außerhalb von uns, wir umarmten uns in einem Präsens, das wie eine hermetisch geschlossene Sphäre auf ihren Wellen trieb: kein Vorher, kein Nachher, keine Entwicklung, eben war noch nichts gewesen, jetzt war alles, jetzt war alles schon immer da.
Alle Zeit-Wörter fehlten in unserem Vokabular: Früher, Hinterher, in Zukunft, Erinnerung, Sehnsucht, Wiederholung, Dauer; nichts davon wurde ausgesprochen.
Nur einmal versuchte ich es. Als wir am Seeufer lagen, da

sagte ich: »Ich liebe dich.« Ich sagte es ohne Emphase, aber im sicheren Gefühl, es könne nicht falsch sein, eher wie ein Kleinkind, das die Dinge und die Worte, die sie benennen, erst in ungefähren Zusammenhang bringt, in die Sonne deuten mag und sagt: »Warm?!«
Laura lachte nur und stieß mich in die Seite und sagte: »Scemo.«

Am nächsten Vormittag erfuhr ich ein wenig mehr. Aber es reichte zum Glück immer noch nicht, um mich den üblichen Rohbau einer tragischen oder zum Scheitern verurteilten oder ewigen Liebe errichten zu lassen, den ich mir so oft aus Vergangenheitsbildern, Zukunftsprojektionen und Identifikationsversuchen zusammenmauerte und -zimmerte.
Natürlich waren wir zu spät erwacht; wir sahen, als wir unseren Kaffee in der Küche tranken, gerade noch den Vater den Kopf zur Tür hereinstecken und uns einen schönen Tag wünschen. Laura sprang auf und küßte ihn, er winkte mir freundlich zu, ein grauhaariger, braungebrannter, sehr sportlich und viril wirkender Fünfziger im eleganten hellgrauen Zweireiher, mit einer rosa Krawatte, englischen Schuhen und einer massiven Breitling um das stark behaarte Handgelenk. Später beim Hinausgehen sah ich am Türschild seinen Namen (und damit zum ersten Mal auch den Lauras): Giuseppe Blanzer. Ein eingebürgerter Schweizer italienischer Herkunft und Inhaber einer Immobilienfirma. Und deine Mutter? fragte ich. Du wirst sie kennenlernen. Wir gehen heute nachmittag zu ihr. Die beiden sind geschieden. Meine Mutter ist Ungarin.
Gegen 16 Uhr betraten wir ein hochelegantes Möbelge-

schäft in der teuersten Straße Luganos. Lauras Mutter war Innenarchitektin, eine attraktive Frau mit grauen Strähnen im Haar und einer Armani-Hornbrille, die sie an einem Kettchen um den Hals trug. Sie küßte mich zur Begrüßung eilig auf die Wangen und sagte zu Laura: Kindchen, ich habe leider nicht viel Zeit für euch. Ich habe Kundschaft. Seht euch um, wenn ihr wollt, oder trinkt einen Kaffee... Aber weißt du, was wir morgen machen, wenn das Wetter hält? Ihr kommt früh herauf nach Biasca. Dann fahren wir hoch zum Splügen und gehen eine Stunde Skifahren. Sie fahren doch Ski? Ja, sagte ich, aber ich habe natürlich keine Ausrüstung dabei... Die beiden Frauen lachten. Machen Sie sich darum keine Gedanken. Wir haben so viele Stiefel und Ski rumstehen, von Lauras Brüdern, Lauras Vater, irgendwas wird Ihnen schon passen...

Nach dem Frühstück waren wir an den See heruntergegangen und bummelten die Promenade entlang. Es war so warm, daß wir uns ins Gras legten, in T-Shirts, und die Schuhe auszogen, um den warmen Boden zu fühlen. Wir plauderten über Gott und die Welt und dann tatsächlich über Gott:
Glaubst du an ihn? fragte Laura.
Ich weiß nicht. Und du?
Sie zuckte die Achseln. Jedenfalls taucht die Frage in der Physik an allen Ecken auf.
Wie das?
Die Logik. Die Ordnung. Die Gleichung hinter der Gleichung...
Ich glaube an Gott, wenn ich in alten italienischen Kirchen mit Fresken bin, sagte ich leichthin in die Sonne und die Brise.

Ich glaube an Gott, weil du hier neben mir liegst...
Ich drehte beunruhigt den Kopf zu ihr.
Sie lachte: Keine Angst, ich bin immer noch bei der Physik. Ich bin keine... wie sagt man?
Keine bigotte Jungfer? Das hab' ich schon gemerkt.
Sie sah mich aus schmalen Pupillen an. Nein, ich meine das physikalische Wunder, das du darstellst (wir alle übrigens) und das sich mit mir vereinigt, so daß ich dich schmecke, höre, rieche, fühle, als wärst du ich selbst. Alles das kann man erklären, aber nur bis zu einem bestimmten Punkt.
Und dahinter ist Gott?
Sie verzog den Mund und zuckte die Achseln.
Sag noch einmal »vereinigt«, bat ich sie. Das Wort oder sein Klang oder die Bilder, die es wachrief, hatten mich von neuem erregt.
Ich habe mich mit dir vereinigt, sagte sie.
Leg deine Hand hierhin, bat ich sie.
Sie berührte mich und bewegte die Hand.
Ich habe Hunger! sagte ich.
Lachend zog sie ihre Hand weg. Brutto cattivo! Du hast vor zwei Stunden ein riesiges Frühstück verschlungen und hast schon wieder Hunger. Du wirst fett werden!
Nein, sagte ich leise. Ich habe nicht Hunger auf Essen. Ich hab' Hunger auf dich. Es ist jedenfalls wie Hunger, wie Heißhunger. Ich bin völlig leer, und der Kopf dreht sich mir, und ich hab' eine Müdigkeit in den Schenkeln und im Nacken, daß ich Angst hätte umzufallen, wenn ich jetzt aufstünde, und daß sich alle meine Nackenhärchen aufstellen, wenn deine Hand mir nahe kommt. Diese fünf Zentimeter geladene Luft zwischen uns...

Sie räusperte sich: So geht es dir also, wenn du Hunger hast, poverino...
Komm schnell, sagte ich. Jetzt gleich. Sonst explodiere ich...
Sie war aufgesprungen und schlüpfte in ihre rehbraunen flachen Wildlederschuhe. Komm, komm mit mir, caro, sagte sie und zog mich hoch. Ihre Hände waren feucht und heiß.
Am frühen Nachmittag traten wir wieder auf die Straße. Wir sprachen über Literatur, sie liebte Proust und wollte mir ihre Buchhandlung zeigen. Ich las zu jener Zeit hauptsächlich Hemingway und hatte mir in den Kopf gesetzt, daß er auch ein großer Lyriker sei. Aber ich kannte nur vier Gedichte von ihm aus der Baker-Biografie. So war ich überglücklich und sah es als ein Zeichen an, als ich in einem Regal plötzlich auf einen broschierten zweisprachigen Band aus einem italienischen Universitätsverlag stieß, der unter dem Namen Hemingway den Titel trug: »Novanta Nove Poësie«. Ich rief Laura herbei, umarmte sie und zeigte ihr die Gedichte aus dem Zweiten Weltkrieg. Leider hatten wir nicht genug Geld, es zu kaufen. Aber es existiert, das zählt, sagte ich und küßte Laura.
Am Abend, nach dem Besuch im Geschäft ihrer Mutter, schlug sie mir vor, hinüber ans andere Ufer zu fahren, nach Campione ins Casino. Nicht spielen, nur zusehen. Und hören... Die Geräusche des Roulettes, die Kartenmaschine am Chemin-de-Fer-Tisch, die leise Stimme des Croupiers, den allgegenwärtigen Blick des Chefcroupiers, das Geraune der Leute, die Eiswürfel in den Gläsern, das Rascheln von Seide und Leinen auf Haut. Mein Vater hat ein Taxiabonnement. Wir rufen Yilmaz an, daß er uns fährt. Sie erklärte mir, daß Yilmaz ein türkischer Emigrant sei, der das

einzige Londoner Taxi Luganos besaß. Er ist »matto«, und ich mag ihn gerne. Du wirst ihn auch mögen.
Yilmaz hatte eine Glatze, auf der er, wie ein Herrschaftschauffeur, eine Schirmmütze trug und einen buschigen Schnurrbart. Er hielt Laura den Schlag auf. Dove andiamo, Signorina? Er hatte das Schiebefenster offen gelassen und unterhielt sich mit uns, den Kopf beständig seitwärts gedreht, was mehrere heftige Bremsmanöver zur Folge hatte. Als ein Vordermann nicht, wie Yilmaz das getan hätte, bei spätem Gelb durchfuhr und ihn zu einer Vollbremsung zwang, hob er die Arme, ließ sie aufs Lenkrad fallen und seufzte: Kebab ist überall, was in diesem Falle hieß: Noch einer, der Geßlers Hut grüßt.
Als Laura ihn bat, kurz vor einer Trafik anzuhalten, um Zigaretten zu holen, drehte er sich zu mir um und sagte: Mein Herr, es ist lange her, daß ich Signorina Laura so heiter und gelöst gesehen habe. Da sie mit Ihnen ist, denke ich, das ist Ihnen zu verdanken, und sage Ihnen: Gott wird Sie dafür segnen!
Kennen Sie Laura gut?
Er schlug sich mit der Faust gegen's Herz. Wie meine Tochter. Aber seit sie studiert, sieht man sie hier ja kaum mehr.
Ich konnte mir nicht verkneifen zu fragen: Wenn sie sonst hier mit *Freunden* herkommt, ist sie nicht so guter Laune?
Diesmal drehte Yilmaz sich nicht um, sagte nur leise: Sie ist immer alleine, wenn sie kommt.
Durch den Klang seiner Stimme erschreckt, sagte ich: Ich wollte nicht andeuten...
Er unterbrach mich: Sehen Sie den Mann im hellblauen Anzug? Der da vorne über die Straße geht?
Ja, sagte ich, obwohl mir niemand auffiel.

Türkischer Geheimdienst, sagte er. Sie sind überall.
Laura kam zurück und reichte mir eine brennende Zigarette.
Ich hab' wieder einen gesehen, Signorina Laura, sagte er und deutete nach vorn. Sie sind überall.
Laura schmiegte sich an mich. Yilmaz ist gefoltert worden in der Türkei unter dem alten Regime und ein politischer Flüchtling.
An der nächsten Ampel zog er zu meinem Erstaunen sein weißes Hemd aus und das gerippte, ärmellose Unterhemd hoch und deutete mit dem Daumen auf seinen Rücken. Ich sah die rotvernarbten Striemen.
Wann war das? fragte ich. Warum, ich meine, wie sind Sie da wieder rausgekommen?
Yilmaz lachte. Die gleichen, die man bestochen hatte, mich anzuzeigen, hab' ich bestochen, für mich auszusagen. Alles ist Kebab...
Während wir in einem Grotto aßen und dann ins Casino gingen, vertrieb Yilmaz sich die Zeit an den Slotmachines im Untergeschoß. Später standen wir am nächtlichen See, über dem die Lichter Luganos glitzerten.
Ich hab' das Gefühl, wir sind schon tausend Jahre zusammen, sagte ich. Wir haben schon tausend Erlebnisse.
Sie lehnte den Kopf an meine Schulter. Ich fühle mich, als hätte ich drei Kinder von dir.
Ich nahm sie bei der Hand: Es ist seltsam, du sagst manchmal Dinge, die mich ungeheuer erregen, so daß ich's kaum aushalte. Als ob sie mich an irgend etwas erinnerten, was ich noch gar nicht kennen kann. Einfache Worte dabei... Das »vereinigen« heute morgen. War's heute morgen? Oder gestern? Oder vor Jahren? Und jetzt das: Ich fühle mich, als hätte ich drei Kinder von dir. Sag es bitte noch mal.

Ich fühle mich, als hätte ich drei Kinder von dir. Als hättest du mich nicht nur in Ekstase getrieben, sondern im selben Moment befruchtet, als wären diese Kinder in einer Minute in mir gewachsen, unter Schmerzen und deinem Blick geboren worden, und als wären sie uns unter der Hand groß und erwachsen geworden, während du doch noch immer, brennend, mich ausfüllend, in mir bist und lebst und dein ganzes Leben in mich ergießt, wie jemand, der nur einmal zu geben hat und alles hergibt, was er hat, in solchem Vertrauen, solcher Selbstverschenkung, daß es mich inmitten meiner Lust zu Tränen rührt...

Am nächsten Morgen frühstückten wir mit Lauras Vater. Er war freundlich, nur ein wenig gehetzt, aber das schien sein normaler Lebensrhythmus. Er aß nichts, kippte den Espresso herunter wie ein Alkoholiker den Schnaps und fragte mich, was ich tat. Ich erklärte, daß ich versuchte zu schreiben.
Später, als er sich verabschiedet (Laura sagte mir, er fahre zu seiner Freundin nach Mailand) und seiner Tochter aufgetragen hatte, ihre Mutter von ihm zu umarmen und sie zu fragen, ob sie am Mittwoch zum Abendessen frei sei, sagte ich ihr: So einen Vater hätte ich auch gerne gehabt...
So, und warum?
Der dir sagt: Großartig, wenn er hört, daß du schreibst und nicht: Das ist kein Beruf, lern was Anständiges, verdien erst mal Geld... Statt dessen hat er gefragt, mit welchen Stilmitteln ich Emotionen nicht nur beschreibe, sondern entstehen lasse...
Und mit welchen Stilmitteln tust du es? fragte Laura.
Ich grübelte nach. Es müßte die Evokation von Details

sein... von Kleinigkeiten, begann ich ernst und zögernd.
Bin ich, ist unsere Zeit gutes Material?
Ich sah sie erschrocken an. Laura, seit wir zusammen sind, denke ich keine SEKUNDE daran, über uns zu schreiben. Es hätte gar keinen Platz, es...
Sie sah mich an. Ich glaube dir. Aber vielleicht würde es mir gefallen, wenn du es tätest... Ich weiß nicht...
Was geschieht mit uns? fragte ich.
Sie grinste mich an: Das, was geschrieben steht.
Und dann sagten wir beide wie aus einem Mund: Kebab ist überall.
Der Sonntagmorgen war ebenso sonnig wie der Samstag, und wir fuhren in Yilmaz' dieselbrummendem Taxi aus Lugano hinaus und die Kurven der Leventina hinauf in Richtung Biasca. Kaum waren wir aus der Stadt, zog Laura die Vorhänge zu, die das Gastabteil von der Fahrerkabine trennten, und zog sich aus, ohne mich dabei aus den Augen zu verlieren. Sie hockte mir gegenüber auf dem Klappsitz, hob die Beine in die Höhe, öffnete sie und stabilisierte ihre Position, indem sie die Füße gegen die Fensterholme stemmte. Ich sah sie an, trockenen Mundes. Dann lächelte ich: Wann hast du das getan?
Heute morgen, bevor du aufgewacht bist. Ich möchte ganz nackt sein für dich. Ich möchte, daß du mich ganz siehst, daß nichts von mir dir verdeckt ist.
Ich betrachtete sie: das Kraushaar, ein schwarzer Heiligenschein gegen die Trennwand des Taxis, die weiße Haut, die dagegen violett leuchtenden Höfe ihrer Brüste. Die kleine Querfalte über dem Nabel. Ihr Geschlecht in verschiedenen Farbabstufungen, rosa, korallenrot, zinnober, siena, feucht schimmernd. Ich starrte darauf, es

schien zu pochen wie das herausgerissene Herz eines kleinen Tieres.
Sag mir etwas, flüsterte ich. Sag mir etwas...
Rede nicht, antwortete sie.
Doch, ich will deine Stimme hören...
Also sieh mich an, caro, und komm, jetzt, und schau mich an und berühre mich. Jetzt und jetzt und jetzt und jetzt.
Ich zog mich aus, ruhig und langsam, und zeigte mich ihr ohne Scham, blieb vor ihr knien, aber drang nicht in sie ein. Wir sahen einander an, atmeten immer heftiger, kürzer.
Etwas bog meinen Leib zu ihr, eine Kraft, ein Strahl, ganz auf das Zentrum konzentriert, ihr Becken bebte, ihre Schläfen feucht, ihre Handgelenke um den Sitz spannten sich an, ihre Zehen lösten sich von den Holmen und spreizten sich fächerförmig, ihre Hand kam mir entgegen, berührte mich, mir wurde schwarz vor Augen, und die Spannung löste sich in brausendem Ohrensausen.
Auf dem Teppichboden des Taxis, ineinander verschlungen, trockneten wir einander leckend und küssend, und wir brachen beide in Tränen aus, wußten nicht warum, wenn nicht aus Erschöpfung.
Laura fand als erste die Sprache wieder. Caro, jetzt kenne ich dich, und jetzt kennst du mich ganz. Wir haben einander Tränen, Schweiß und die Säfte unserer Lust abgeleckt, gekostet und geschluckt. Wir haben einander im Herzen, im Mund und im Magen. Glaubst du, daß wir noch mehr haben können?
Danken wir dem Freitagabendexpreß Zürich–Milano, Abfahrt 20 Uhr neun.
Warum hast du mich nicht schon vorher angesprochen?
Ich weiß nicht. Ich bin zu schüchtern. Und du?

Ich bin auch zu schüchtern.
Wenn ich dich jetzt noch einmal liebe, sagte ich, können wir das Skifahren vergessen.
Laura lachte. Yilmaz klopfte gegen das Fenster: Wir sind gleich da.
Lauras Mutter lebte in einer Dreizimmerwohnung in einem Chalet. Sie hatte uns das Schlafzimmer mit dem großen eichengerahmten Ehebett überlassen, über dem an der weißen Wand ein Kruzifix hing, und selbst das Einzelbett im Gästezimmer bezogen. Sie begrüßte uns mit einer Umarmung und hatte Kaffee aufgesetzt. Es ging gegen Mittag. Die Sonne strahlte über der Leventina, und am Horizont gleißte der Schnee auf den Gipfeln. Wir probierten Stiefel und Bindungen und verabschiedeten uns von Yilmaz, der zum Kaffee geblieben war. Dann stiegen wir in den Lancia von Lauras Mutter und fuhren hinauf zum Splügen. Das strahlende Weiß, die Tatsache, plötzlich mit Skiern auf einer Piste zu stehen, wo ich noch Stunden zuvor im T-Shirt am sommerlichen Seeufer gewesen war, hatte etwas Zauberisches.
Der Schnee staubte wie Puderzucker, ich hatte zunächst befürchtet, mich lächerlich zu machen, aber ich folgte den beiden Frauen problemlos in weiten Schwüngen, ein wenig breitbeiniger, die steilen Hänge hinab, aus dem Schatten hinaus ins blendende Weiß und wieder, kurz erblindet, in ein Schattenfeld, der Himmel, wenn ich in die Sonne blickte, die funkelte wie ein Diamant, fast schwarz. Ich stürzte ihnen nach, spürte das Gefälle in den Ohren, den sausenden Wind, das Knirschen des Schnees unter den rasend gleitenden Brettern. Wir blieben bis halb vier, Lauras strahlendes Gesicht war rot von der Sonne.
Irgendwann, vielleicht im Taxi, mußte ich mich verkühlt

haben. Ich begann zu niesen und spürte meine Stirn heiß werden. Es war nichts Ernstes, und ich fieberte seit zwei Tagen genug, um den Unterschied zwischen Liebe und Schnupfen unerheblich zu finden.
Als Yilmaz sich verabschiedet hatte, hatte Laura ihn umarmt und neckend gesagt: Paß auf den türkischen Geheimdienst auf.
Niemand glaubte an diese Geschichten von türkischen Agenten in Lugano.
Yilmaz ging auf den Scherz nicht ein: Was geschrieben steht, steht geschrieben. Aber ich bin wie ihr: Ich kann sterben. Ich kenne das Glück, mir kann nichts geschehen, was nicht allen anderen auch geschehen kann.
Meiner Treu, zitierte ich, wir alle schulden Gott einen Tod. Und geh es, wie es will, derjenige, der heute stirbt, ist morgen quitt.
Yilmaz, sagte Laura, was wird aus uns beiden?
Der Taxifahrer sah uns an: Fehlt euch etwas?
Wir schüttelten den Kopf.
Wo bist du am Montag? fragte er Laura.
In Zürich, in der Uni, antwortete sie.
Und du?
Ich zuckte die Achseln.
Man steigt nicht zweimal in denselben Fluß, sagte Yilmaz.
Geht ihr nur immer vorwärts.
Er legte uns die Hand auf die Schulter. Ciao pupa, addio ragazzo.
Er hat uns nicht geantwortet, sagte ich, als er fort war.
Hat er nicht? fragte Laura.
Wir aßen Raclette zu Abend, mit viel Kirschwasser im Kessel, das sei gut gegen aufkommende Erkältungen, belehrte mich Lauras Mutter, und tranken zwei Flaschen

waadtländischen Weißwein von den Hängen des Genfer Sees. Mein Kopf glühte, und ich sah alle Gesichter, Bewegungen, Gesten wie in Zeitlupe, messerscharf vom Hintergrund abgehoben. Jetzt war es bei allen das Bewußtsein, etwas Letztes zu tun, aber ohne Trauer, sondern mit freudiger Präzision. Die Frauen waren mir wie zwei Schwestern. Wir gingen früh zu Bett. Am Montag mußte Laura nach Zürich zu einem Examen und ihre Mutter in ihr Geschäft. Wir liebten uns ein letztes Mal unter dem Federbett in dem kalten Schlafzimmer, unter dem Kruzifix, lange, lange, und schliefen irgendwann mitten bei der Liebe ein.

Am nächsten Morgen fuhren die beiden mich hinunter zur Hauptstraße Bellinzona–Airolo. Sie hielten auf der Straßenseite, die nach Norden führte, und ganz automatisch blieb ich dort stehen und hielt den Daumen raus. Das bedeutete, ich würde nach Hause fahren. Damals dachte ich, ich erinnere mich noch, es müsse Laura beleidigen, wenn ich die Straße überquerte und meinen Weg nach Süden fortsetzte, als sei unsere Begegnung nicht das Eigentliche gewesen, nur eine Etappe. In Wirklichkeit hatte ich Yilmaz nicht verstanden. Ich wollte zurück, meinen vermeintlichen Schatz im Beutel, um ihn zu Hause in aller Ruhe ansehen zu können. Aber als ich den Beutel öffnete, war nur Staub darin.
Die Rückfahrt verlief problemlos, zwanzig Stunden später war ich in den wind- und regendurchpeitschten Backsteinmauern Hamburgs angekommen, das von Frühling noch nichts ahnte. Da erst verstand ich, daß ich weiter gemußt hätte. Nicht trotz Laura, sondern wegen Laura. Aber es verging noch ein Jahr, bevor ich meine Heimatstadt verließ und mich auf die Reise begab.

Der Vater von Lise

Die Wohnung von Lise war seltsam geschnitten, ein Zimmer an jedem Ende und dazwischen ein zwölf Meter langer Gang, ein fensterloser Flur, den man der ganzen Länge nach durchqueren mußte, wenn es klingelte, und dann hörte man das alte Parkett lange von Schritten knarren, bevor man wußte, wer gekommen war. Die eine Wand stand voll von Büchern. Lises Großeltern hatten schon hier gelebt, und ich stellte mir vor, wie der Gang in einer bürgerlich eingerichteten Wohnung in den zwanziger Jahren ausgesehen haben mochte. Die Wohnung lag in der Rue de Grenelle, aber die Zimmer gingen nach hinten auf den Hof. Ich war das erstemal dort, meine Freundin arbeitete mit Lise zusammen.
Lise war 50 Jahre alt. Sie war klein und zierlich, und ihr kurzes Haar war weißblond gefärbt und mit Gel zu einer Bürste hochgeföNt. Sie hatte sehr schlechte Zähne und hielt beim Lachen die Hand vor den Mund oder versuchte, mit geschlossenem Mund zu lachen, meine Freundin sagte mir, sie habe kein Geld für eine Zahnbehandlung. Ich wußte nichts weiter von ihr, als daß sie geschieden war, eine Psychoanalyse hinter sich hatte und mit Olivier zusammenlebte, einem bekehrten Homosexuellen, der 20 Jahre jünger war als sie.
Diesen Olivier konnte ich vom ersten Moment an, als er mir seine feuchte Hand gab, nicht ausstehen. Er sah aus wie Ludwig der II. in Viscontis Film, aber das lag an der Frisur und dem gedrechselten Schnurrbart, der über die

wulstigen Lippen hing und dessen Spitzen ständig feucht waren, weil sie in den Mund gerieten. Ein Schneidezahn war ihm abgebrochen, und er lispelte ein wenig zwischen seinen wurstdicken Lippen hindurch. Er gestikulierte mit den Armen und redete wie eine Verkäuferin, die im Supermarkt Kosmetika anpreist. Er mokierte sich über das geschmacklose Aussehen irgendwelcher Leute, die er kannte oder gesehen hatte, und ahmte eine aufgetakelte Frau nach, die ihm beim Schlangestehen in der Bäckerei dumm gekommen war, von entsetzlich »koscherem« Look, den er nicht zögerte zu beschreiben, wobei seine Hände über seinen Schultern flatterten wie bei einem Vaudeville-Tänzer. Er behauptete, der schlagfertigste Mensch zu sein, und ließ sich das mit schräggeneigtem Kopf von Lise bestätigen. Er schwitzte stark, »weil ich alles mit Leidenschaft tue«, und als er jetzt in der Küche war, um das Essen zu bereiten, war ich mehr als mißtrauisch angesichts der zu erwartenden Ergebnisse.

Er hatte Kunst studiert und arbeitete als Kostümdesigner und Bühnenbildner an irgendwelchen Theatern und betätigte sich darüber hinaus als Frisör – welch banales Wort, wenn man sah, wie er, die gespreizten Finger vor dem Gesicht, um einen Kopf herumschritt, um die Vibrationen des Haars in sich aufzunehmen. Also wirklich, sagte er zu meiner Freundin, du bist ungeheuer süß, aber deine FRISUR.

Das gezierte Pariser Ästhetentum der beiden ging mir auf die Nerven, das Geschwätz über Klimt, Heidegger und Handke, und trotz der Bitte meiner Freundin, tolerant zu sein, nahm ich mir vor, sie zu provozieren. Eine häßliche, auf jung getrimmte Alte, die ihre Tage in Kunstausstellungen verbringt und mit einer Tunte zusammenlebt, die

ihr Sohn sein könnte: Ansatzpunkte, mich über sie lustig zu machen, gab es mehr als genug. Ich wies auf das Plakat eines Films von Wenders und begann, über die monströse Langeweile zu reden, die ich in seinen Filmen empfunden hatte. Lise verteidigte Wenders heftig, und ich war kurz davor, ihr an den Kopf zu werfen, daß für Leute wie sie und Olivier diese Art Kultur tatsächlich ideal sein müsse, als meine Freundin, um einzulenken, auf ein gerahmtes Foto deutete und fragte, wen es darstelle. Das Foto sah aus wie ein Jugendbildnis von Barbra Streisand.
Mich, sagte Lise. Das bin ich vor 25 Jahren.
Das ist also noch im Schtetl aufgenommen, witzelte Olivier.
Und da begriff ich: Lise war Jüdin.
Und da war die innere Barriere! Innerhalb einer Sekunde beschloß ich, freundlich zu sein, tolerant und schonend. Attacken, Witze oder Zweideutigkeiten waren nicht mehr erlaubt. Lise hatte mich nicht wie einen Deutschen behandelt oder mir gegenüber ein anderes Verhalten an den Tag gelegt als den anderen, sie hatte nicht einmal von sich aus erwähnt, Jüdin zu sein. Und warum schließlich auch? Aber ich war zutiefst irritiert, ich legte mir Ketten an. Deutsche Freunde von mir hatten nur drei Verhältnisse zu Juden: Einer war in eine Jüdin verliebt und war hingerissen von ihrer Intelligenz, ihrem Witz, ihrer Kultur, der leicht arroganten Aura des Auserwählten, was vielleicht aber auch mit dem besonderen Charakter jenes Mädchens zusammenhing, das ihn um den Finger gewickelt hatte; er studierte Theologie und lernte Hebräisch; für die große Masse meiner Bekannten waren Juden etwas Theoretisches aus den Geschichtsbüchern, sie hatten nie einen kennengelernt, wußten nur, daß man als Deutscher ihnen

gegenüber noch immer ein gewisses Schuldbewußtsein besaß, und waren ansonsten ein wenig stolz auf sie, wie auf die Juniorenmannschaft aus dem gleichen Verein, wenn sie da drüben bei sich in Israel preußisch-deutsche Tugenden an den Tag legten. Die dritte Gruppe waren die militanten Linken, die Judentum, Zionismus und den Staat Israel in einen Topf warfen, die Juden als Imperialisten und Nazis beschimpften und sich mit den Arabern im allgemeinen und den Palästinensern im besonderen solidarisierten.

Ab sofort hatte Lise unbegrenzten Kredit. Selbst die intellektuellen Gespräche erschienen mir nun in anderem Licht, und ich wollte zeigen, daß meine künstlerische Bildung mit der ihren Schritt halten, mein roher Goi-Geschmack es an Feinheit mir ihrem aufnehmen konnte. Als das Essen auf den Tisch kam, fiel mein Blick auf ein Buch, und ich begann, zwischen den Gängen seinen Inhalt zu referieren.

Es gab zuerst Artischockenherzen, Spargel und ein von Olivier selbst kreiertes Zucchinipüree. Danach Geflügelleber mit dampfgekochtem Gemüse. Meine Freundin gab zu, zum ersten Male Geflügelleber ohne Widerwillen zu essen, und Olivier erklärte, das ganze Geheimnis bestehe darin, die Leber in heißem Öl ganz scharf anzubraten und sie dann bei bedeckter Pfanne köcheln zu lassen.

Er stellte Salz auf den Tisch, tupfte sich die schweißnasse Stirn mit der Serviette ab und sagte lispelnd: Wir salzen überhaupt nicht. Nehmt also Salz nach Bedarf. Lise und ich halten salzfreie Diät, und wir vermissen es auch nicht. Aber ich weiß natürlich, daß das nicht jedermanns Sache ist.

Ich sprach von dem seltsamen, herzzerreißenden Roman

über die jüdische Aristokratie Ferraras, die in einer unbegreiflichen Mischung aus Gleichgültigkeit, lebensmüder Dekadenz und perversem Stolz auf ihre Sonderrolle den Untergang bewegungslos erwartet hatte.
Lise nickte mir ernst zwischen zwei Bissen zu und sagte: Meine Großeltern. Das sind meine Großeltern. Du mußt wissen, meine Großeltern wurden in Auschwitz vergast, und sie waren ganz genauso.
Da war das Wort, sehr beiläufig gesprochen. Was fühlte ich? Keine Schuld, kein Entsetzen, aber das Paket in meinem Kopf mit dem Wissen über all das entschnürte und öffnete sich und forderte weiteres Material. Ich trage die Geschichte in meinem Kopf wie ein Gepäckstück im Rucksack, nicht einmal ein besonders beschwerliches, aber ein zusätzliches Gepäckstück, über die Dinge hinaus, die ich für mich selbst brauche; wie das Paket eines Verstorbenen, Verwandten, Freundes oder Feindes, auf das achtzugeben ich versprochen habe, dessen Gewicht und dessen Präsenz in meinem Gepäck ich akzeptiert habe und das ich manchmal hervorhole, um es mir anzusehen, um es dann wieder einzupacken und weiterzugehen, so daß nur das zusätzliche Gewicht mich daran erinnert, daß da etwas ist, das nicht mir gehört, das aber dennoch zu einem ständigen Begleiter geworden ist.
Erzähl, bat ich also Lise.
Mein Großvater, begann Lise, war Anwalt, und er erinnerte sich noch sehr gut an die Zeit der Dreyfusaffäre, die mit den ersten Jahren seines Berufslebens zusammenfiel. Um so erschreckter, um so gebannter verfolgten beide meine Großeltern den Aufstieg Hitlers, die Annektionen der dreißiger Jahre, den Spanienkrieg, bis hin zum unwürdigen Taktieren unserer Regierung in München. Sie

verfolgten alles, was geschah, gebannt und unbeweglich, wie das Kaninchen vor der Schlange, und dabei waren sie im sicheren Frankreich, und kein Mensch konnte sich denken, daß die Deutschen irgendwann Frankreich besetzen würden. Meine Großeltern lebten hier in dieser Wohnung, und in meinen frühesten Erinnerungen war mein Großvater schon pensioniert, und ich wohnte mit meinen Eltern im vierten Arrondissement, aber wir sahen uns jede Woche in der Synagoge und danach entweder bei ihnen oder bei uns. Mein Vater war das genaue Gegenteil seines Vaters, der ein zögerlicher und müder Mann war. Mein Vater war (und ist noch, selbst mit 84) ein impulsiver Mensch, ein fürchterlicher Charakter, eine Autoritätsperson, die nie ein Wort Widerspruch geduldet hat. Nach meiner Geburt fanden sie langsam wieder zusammen, aber davor hatten sie jahrelang kein Wort gewechselt, was schon damit begonnen hatte, daß mein Vater Medizin studierte anstatt Jura. Auch war mein Vater politisch wach, meine Großeltern verfolgten zwar alles, was geschah, aber sie betrachteten die Entwicklungen, wie du einen Horrorfilm im Kino betrachtest, nach dem du während der Nacht das Licht in deinem Schlafzimmer brennen läßt. Dann kam die »Drole de Guerre« und dann der tatsächliche Krieg und der Einmarsch nach Paris. Mein Vater hatte die ganze Zeit hindurch hier weiter im Krankenhaus gearbeitet, und ich erinnere mich dunkel, daß ich ihn während dieser Zeit kaum einmal zu Gesicht bekommen habe. Dann begannen die »grauen Jahre«, ich nenne das so, weil – hast du mal Fotos von Paris aus jener Zeit gesehen? Die Stadt, die leeren Straßen, die wenigen Gesichter, die Häuser, selbst das Licht, alles war grau in dieser Zeit, und natürlich ging es mit den Schikanen gegen die Juden los. Mein Vater erzählte mir später, daß er sofort begonnen hatte, Geld auf die Seite zu legen, und tatsächlich sind wir, er, ich und meine Mutter, ja auch schon im Winter 40 auf 41 über die Demarkationslinie geflohen und nach Toulon gegangen, wo mein Vater über irgendwelche Kontakte Arbeit im Krankenhaus bekam und unsere Papiere ändern lassen konnte. Aber meine Großeltern! Sie verhielten sich völlig schizophren. Zum einen waren sie erstarrt, der Alptraum war Wirklichkeit geworden, die Deutschen waren da, man ahnte, man wußte, daß das für die Juden kein gutes Ende nehmen würde. Meinen Großeltern war also, als könnten sie aus ihrem Alptraum nicht mehr erwachen, und all die Anstrengung, wach zu werden, ermüdete sie vollends. Zum andern aber änderten sie nichts an ihrem täglichen Leben. Sie gingen auf die Straße, sie versteckten sich nicht, sie schmiedeten keine Fluchtpläne, und vorerst war ja, bis auf die veränderte Atmosphäre, das, was ich dir als graue Jahre beschrieb, alles beim alten. Einerseits waren sie also gebannt und terrorisiert, andererseits lebten sie ihr tägliches Leben, wie sie es seit der Pensionierung meines Großvaters gelebt hatten, unverändert weiter.

Mein Vater beschwor sie, mit uns zu kommen, zu flüchten, aber mein Großvater muß ihm einmal, in charakteristischer Schizophrenie, geantwortet haben: Es hat gar keinen Sinn mehr, irgendwohin flüchten zu wollen. Sie sind doch überall. Und außerdem, was ändert sich denn? Es bleibt ja doch alles irgendwie beim alten. Da gab es mein Vater auf. Einen Tag bevor wir flohen, besuchten wir sie, es war Dezember oder Januar, da hatten sie bereits die Koffer gepackt, und meine Großmutter war dabei, die Vorhänge abzunehmen. Sie hatten alle Schubladen ausgeräumt und Laken über die Möbel gebreitet, sie hielten nur noch die nötigsten Funktionen der Wohnung aufrecht, meine Großmutter hatte ihren Schmuck in ihrer Handtasche verstaut. Sie hockten wortwörtlich auf den großen Koffern und warteten.

Mein Vater schrie sie an, was das solle, und mein Großvater antwortete ihm ganz ruhig, daß sie die Anspannung, die Ungewißheit, das Verharren im Alptraum leid seien, alt und müde wie sie wären. Wir haben gehört, daß sie die Juden abholen, irgendwann, zuerst kommen sie, um vorzuwarnen, daß man seine Sachen packt, und dann muß man irgendwohin nach Deutschland oder in den Osten, in Gefangenschaft, in irgendwelche abgelegenen Dörfer, was weiß ich. Aber wenn sie dann kommen, dann möchten wir bereit sein und ihnen sagen, wir gehen gleich mit, hier, alles ist bereit, und vielleicht trifft man dort auch andere von uns, hier sieht man ja niemanden mehr, aber wie auch immer, wir möchten bereit sein, wenn sie das erstemal kommen, damit das Warten endlich ein Ende hat, damit das Warten vorbei ist, das ewige, fürchterliche Warten.

Ich weiß nicht, ob sie sich wirklich einbildeten, in irgendein Dorf im Osten zu kommen, oder ob sie sich etwas vormachten oder womöglich uns beruhigen wollten, wir gingen also fort, und wie wir später hörten, warteten meine Großeltern noch mehr als ein Jahr, bis sie abgeholt wurden mit ihren Koffern und in den Zug gesetzt wurden, der direkt nach Auschwitz fuhr.

Mein Vater war eine andere Generation, er war aktiver, er war voller Wut, voller Haß, weißt du, persönlichem Haß, den er in den Jahren des Krieges und danach immer mehr nährte, er war einer von den Unermüdlichen, Besessenen, wie die Leute, die nach dem Krieg Israel aufgebaut haben,

aber sein Haß, der bezog sich weniger auf die Ermordung seines Volkes, als auf die seiner Familie, die Erniedrigung, und er wurde immer monomanischer in seinem Haß auf alles Deutsche, immer – wenn du so willst – ungerechter, nichts und niemand, was deutsch war, von der Erde über die Sprache bis zu Goethe, entging seinen Tiraden, und selbst nach dem Krieg, als es deutlich wurde, daß sie darangingen, Deutschland wieder zu integrieren, er wollte nichts verzeihen, nichts vergessen, er suchte, fast wie ein Sizilianer, seine persönliche Rache.
Und wie das so geht, der Moment, Rache zu nehmen, kam tatsächlich, aber wenn du mich fragst (und dabei drehte sie den Finger vor der Stirn), war das, was ihm einfiel, schon nicht mehr normal. Jedenfalls habe ich ihn, seit er mir mit glühenden Augen von seiner Rache erzählte, nicht mehr ernst nehmen können, all seine Autorität zerbröselte in jener Zeit vor meinen Augen, weißt du, wie eine Gipsbüste, deren Drahtgeflecht im Innern nicht galvanisiert wurde und die zu rosten beginnt, so daß aus dem Antlitz plötzlich rostrote Flecke brechen wie Pokken, das ganze Ding wird lächerlich, und hinter der Würde kommt der Wahnsinn zum Vorschein.
Jedenfalls, es war schon 1945, wir lebten seit langem wieder in Paris, und mein Vater praktizierte wieder, er hatte jetzt eine eigene Praxis. Eines Tages kam ein junger Mann und rief ihn zu sich, seine Frau sei am Verbluten. Er ging sofort hin, die Frau hatte eine Fehlgeburt erlitten und blutete wie ein Schwein, der ganze Boden war voll von Blutlachen bis hin zum Bett, und es war nur noch eine Frage der Zeit. Sie war bei Bewußtsein und stammelte einige Worte, deutsche Worte. Es waren die ersten deutschen Worte, die mein Vater seit Jahren hörte, und es war in der

Tat eine junge Deutsche. Ich weiß nicht, mit welchem Blick mein Vater den jungen Franzosen richtete, aber er schickte ihn hinaus und schloß die Tür. Die Situation war sehr ernst, denn es gab weit und breit keine Blutkonserven, und da muß mein Vater also nun mit der jungen Deutschen, die im Sterben und in ihrem Blut lag, und seiner Rache und ohne Blutkonserven allein im Zimmer gehockt haben.
Lise unterbrach sich, um eine Zigarette anzuzünden.
Und, hat er sie verrecken lassen, verbluten lassen? entfuhr es mir. Lise lachte und winkte ab und sah mich dann mit einem Lächeln an, in dessen Sympathie, wie mir scheint, ein wenig Mitleid gemischt war.
Nein, sagte sie. Er hat sie nicht verbluten lassen. Er hat sich eine Spritze an den Arm gesetzt, sein Blut abgezapft und es ihr transferiert. Mehr als einen Liter. Sie hat überlebt, und er war weiß wie ein Albino, als er nach Hause kam.
Ich sah Lise mit leerem Blick an, ohne zu verstehen. Und? fragte ich. Er hat sie also gerettet?
Ja, mit seinem Blut. Mit jüdischem Blut, sagte Lise. Er hat die Deutsche, die Arierin, mit jüdischem Blut vollgepumpt, mit dem sie nun leben durfte, leben mußte, wenn du willst. Jüdisches Blut, das ihr zum Weiterleben verhalf. Er hat die ganze Rasse verseucht.
Donnerwetter, sagte ich langsam und versuchte mir vorzustellen, was im Kopf jenes Mannes vorgegangen sein mußte. Das ist, das ist wirklich sublim als Idee...
Verrückt ist es. Krank. Masochistisch, sagte Lise abfällig. Das Mädchen übrigens hat nichts von all den Subtilitäten mitbekommen. Sie war ihm ungeheuer dankbar. Sie hat ihm noch zehn Jahre lang zu Weihnachten und zu Ostern Karten mit einem dicken Dankeschön geschickt.

Olivier tippte mit dem Finger auf seine Uhr: Kinder, wenn wir nicht zu spät zum Konzert kommen wollen, müssen wir gehen.

Wir tranken unseren Kaffee aus, drückten die Zigaretten in den Aschenbecher und gingen aus dem Haus. Meine Freundin hatte sich bei mir eingehängt. Es wehte ein linder Wind, und man konnte zum ersten Mal in diesem Sommer abends ohne Jacke ausgehen. Olivier beobachtete die ganze Zeit die Frisur meiner Freundin, denn er hatte versprochen, ihr die Haare zu schneiden, und ließ sich jetzt inspirieren.

Eine kurze Freundschaft

für C. E.

Es muß 1981 oder 1982 gewesen sein; so sehr mir einige Momente und Bilder auch präsent sind, die ich nie vergessen werde, so unscharf ist alles andere geworden. Ich wohnte jedenfalls noch in meinem Studio über dem China-Restaurant im Eimsbüttler Teil des Eppendorfer Wegs und hatte gerade einmal wieder – ich glaube zum letzten Mal – voller guter Vorsätze versucht, mich ins Studium zu stürzen. Diesmal wollte ich es unter anderem mit Geschichte versuchen und hatte mich im Philosophenturm in mehrere Seminare eingeschrieben. In einem von ihnen, das von amerikanischer Geschichte handelte, lernte ich Christian kennen.
In meiner Erinnerung war es während der ganzen kurzen Dauer unserer Freundschaft sommerlich heiß, das bedeutet aber, daß wir uns, entgegen meiner bisherigen Überzeugung, nicht sofort auffielen, sondern erst gegen das Ende des Semesters hin. Ich weiß noch: sein kantiges Gesicht mit den starken Wangenknochen, dem vorspringenden Kinn, den blauen Augen, dem halblangen blonden Haar, sein Athletenkörper; es war der Körper eines Geräteturners. Ich weiß noch seine Stimme, sanfter Laut, aber sehr zynischer Tonfall. Er war ein Intellektueller, wie ich schnell erfuhr: Er malte, schrieb, er war im Seminar sehr herablassend zu jedermann, außer zum Professor. Vielleicht war er mir auch gar nicht, wie ich bislang glaubte,

aufgefallen, als wir über den Tisch hinweg die Klingen kreuzten, zu wer weiß welchem Thema, weil es ihm ebensoviel Freude machte wie mir, brilliant zu monologisieren und dabei leidige Fakten zu vernachlässigen. Nein, jetzt scheint mir, daß es etwas anderes war, was meine Neugierde entfachte: sein Verhältnis zu dem Professor, einem 50jährigen flachsblonden Wissenschaftler, der im Seminar Pfeife rauchte und mit dem Christian sich am Ende jeder Stunde angeregt unterhielt. Ich beobachtete, wie er sich veränderte: Wenn der Professor redete, zog er nicht die Augenbrauen hoch, sondern nickte viel, mit nachdenklichem Gesicht, der Professor legte ihm oft die Hand auf die Schulter, und dann war Christians Lächeln von einer kindlich vertrauensvollen Offenheit, die mit seinen schneidenden Kommentaren vor den anderen Studenten überhaupt nicht in Einklang zu bringen war. Da beneidete ich ihn um ein Gefühl, am richtigen Platz zu sein, zu lernen unter behutsamer und freundlicher Führung, dem ich an der Universität nie begegnet war.

Dieser Professor war es auch, dem er sein Stipendium für die Columbia Universität in New York verdankte, das unsere junge Freundschaft, wie wir glaubten, unterbrechen würde, kaum daß sie begonnen hatte. Alles in allem dauerte sie von Mai – der Temperatur nach muß es mindestens Mai gewesen sein – bis Juli; ich glaube, im Juli oder August flog er hinüber. Es sollte ein Jahr dauern, was uns unendlich lang vorkam – mein Gott, was ist schon ein Jahr, frage ich mich heute –, und doch, als er am Ende dieses Jahres kurz nach Hamburg zurückkehrte, lebte ich schon nicht mehr dort, und wir sahen einander nie wieder. Was mich interessierte an ihm, war die Diskrepanz zwischen seiner Filmstar-Physis und einer zu erahnenden

Sensibilität. Ich wollte mich nie fragen, ob ein homoerotisches Element in diese Beziehung spielte – wir sprachen das nie an –, wir redeten über die Mädchen, in die wir verliebt waren. Daß da ein gemeinsames Gefühl von Zuneigung auf den ersten Blick war, ein Einverständnis mit dem Körper, dem Gesicht und der Seele des anderen, ist unbestreitbar; ich entsinne mich, daß wir an unserem ersten gemeinsamen Abend uns gegenseitig unsere tiefsten Liebes- und Lebensgeheimnisse beichteten und daß die physische Nähe – wir lagen bäuchlings im sommerwarmen Gras des Stadtparks, bis es Nacht wurde, und flüsterten – uns half, unsere Konfessionen loszuwerden.
Wenn unbewußt eine homoerotische Anziehung zwischen uns bestand – vielleicht phantasiere ich das nach all den Jahren auch dazu, aber wenn – und warum denn nicht –, so behielten wir jedenfalls beide die Zügel fest in der Hand. Nie eine Anspielung, nie eine doppeldeutige Bemerkung, was mich in der Überzeugung bestärkt, daß keiner von uns in dieser Hinsicht etwas zu verbergen hatte. Vielleicht war es eher – ich habe keine Geschwister – ein brüderliches Gefühl, wo auch geistiges Band und körperliche Nähe einander bedingen und natürlich sind.
Als wir von seiner Abschiedsparty geflohen waren und uns auf Wiedersehn sagten, haben wir uns da umarmt oder gar geküßt? Ich wüßte es nicht mehr zu sagen, es ist auch nicht wichtig, ich weiß aber noch, daß ich mich danach wochenlang – bis zu seinem Brief – vereinsamt und verlassen fühlte, und ich weiß, daß er einen kurzen Moment gezögert hatte, das Stipendium anzutreten, nachdem wir Freunde geworden waren. Wahr ist aber auch, daß ich ihm diesen Gedanken, wenn er ihn vor mir geäußert hat,

ausgeredet habe, was ich, hätte es sich um ein Mädchen gehandelt, sicher nicht getan hätte.
Ich glaube, ich war es, der den Kontakt suchte und an jenem ersten Tag wartete, bis, nachdem die übrigen Studenten den Seminarraum längst verlassen hatten, Christian und der Professor sich zunickten und verabschiedeten, und ihn dann ansprach. Sehr schnell entstand eine Atmosphäre von »Wir sind die beiden einzigen, die verstehen, worum es hier geht« um uns; wir waren in der Tat die eifrigsten Teilnehmer, und ich konstatierte freudig, daß auch ich Christian bereits aufgefallen war, denn er dozierte nicht mit erhobenen Brauen und ironisch zuckenden Mundwinkeln, sondern fragte mich, ob ich schon in den Staaten gewesen sei, und als ich verneinte, fragte er erstaunt, wann ich denn hinüberwolle, er selbst gehe im Sommer dank eines Stipendiums nach New York.
Hier hätte alles auch enden können: Zwei Kommilitonen tauschen sich aus, von denen der eine aus wissenschaftlicher Passion in drei Monaten zu den Quellen fahren und der andere, der das Interesse am Studium nur heuchelt, die Fakultät wieder einmal wechseln wird, an die nichts ihn bindet, außer einzelnen Gesichtern.
Es ist mir, als hätten wir einander statt dessen angesehen und das dringende Gefühl verspürt, keine Sekunde verlieren zu dürfen, um diese von vornherein so knapp bemessene Zeit zu nutzen: um einander kennenzulernen, alles vom andern zu erfahren, seine Pläne und Ängste, seine Vergangenheit, die Farben seiner Kindheit, den Geschmack seiner großen Liebe und wohin ihre Asche geweht war, seine Pläne zur Eroberung der Welt, seine Strategien, Ruhm zu erwerben, seine Angst, daran durch Tod oder Bindung gehindert zu werden.

Der Stadtpark besaß immense Wiesen und ferne Waldsäume, und nur das diffuse Gesumm von der City Nord erinnerte einen daran, mitten in der Stadt zu sein. Wir lagen auf dem Bauch, und unsere Augen, auf das Nächste konzentriert, nahmen jeden einzelnen Grashalm wahr, jedes Erdklümpchen, jede Ameise, sahen aber nur mehr diesige Helligkeit und unscharfes Grün, wenn wir uns aufrichteten, streckten, kurz schwiegen. Wir sprachen beide leise, als wollten wir den Erdboden hypnotisieren, und sahen einander von Zeit zu Zeit in die Augen, in einer Vertrautheit, als kennten wir uns schon seit Jahren.
Christian war ein unglücklich Liebender. Ich war erstaunt, daß er, wie so viele gutaussehende Jungen, den Frauen gegenüber schüchtern und voller Hemmungen war, unsicher, nach Liebesbeweisen lechzend, an die er doch nie zu glauben vermochte, so daß alle seine Versuche zum Scheitern verurteilt waren, weil er die Mädchen mit plötzlichen Eifersuchts- und Wutausbrüchen vertrieb, mit denen er ihre Gefühle doch nur auf Haltbarkeit hatte prüfen wollen.
Ich bin unfähig zu glauben, daß man jemanden wie mich lieben kann, sagte er mit einem Grashalm zwischen den Lippen und sah mich an.
Da stieg ein unwiderstehlicher Lachreiz in mir auf, und ich rollte mich übers Gras. Christian blickte mich verständnislos an. Ich erklärte ihm, wieder zur Besinnung gekommen, was mich so entzückte: Ich hatte den Eindruck, mir selbst zu lauschen. Alles war so nah, so ähnlich gefühlt, so gleichermaßen schmerzhaft. Ich lachte vor lauter Glück, nicht allein zu sein auf der Welt. Dann erzählte ich ihm von meiner Liebe, die damals noch eine frische Wunde war oder besser ein Stigma, das zu Zeiten plötz-

lich aufbrach und blutete und nicht zu stillen war. Niemals hätte ich jenen, die nahe oder ferne Zeugen gewesen waren und die Beteiligten persönlich kannten, davon sprechen können. Christian war neu, kannte niemand, und ihm durfte und mußte ich alles beschreiben: ihr Gesicht, ihren Körper, die Reise, die Streits, und nach dem Rausch die Salzsäure der Worte, die mehr als das wenige Blut, das geflossen war, alles fortgeätzt hatte. Danach hatte ich Lust zu weinen vor Selbstmitleid und fühlte mich doch zugleich auch befreit, als hätte ich meine Geschichte einem Sündenbock aufgeladen und könne nun unbelasteter in die Zukunft blicken.
Ich erinnere mich an keine Chronologie dieses Sommers, nur an Bilder, an Filmszenen. Ausschnitte, in denen die Essenz dieser Freundschaft fixiert bleibt, zu der die Stadt gehörte, die sich in dieser hektischen Periode zwischen Rotherbaum und Sommerferien in Sonne und Staub aalte, das Gewimmel der leichtfertig gewordenen, an keinen Streik und keine Revolution mehr denkenden Studenten auf der Grindelallee, der Moorweide und dem Campus, die lesenden Mädchen in Planten und Bloomen, die abendlichen Autofahrten in irgend jemandes Cabrio von Baumschatten zu Baumschatten auf der Elbchaussee – ein aus dem grauen Zeitenrund geschnittener Film. Ich vernachlässigte alle übrigen Freunde und Bekannten für Christian, und er tat das gleiche.
Ich weiß noch, wie wir auf einem der gelben, zertretenen Rasenstücke des Campus einen ganzen Nachmittag lang ununterbrochen redeten, über alles. Es wird beim Studium begonnen haben, unseren Plänen damit, wird zur Politik übergeschwenkt sein, dann zu Büchern, was haben wir uns über Bücher ereifern können, aber ich ent-

sinne mich nicht mehr einzelner Titel, die wir verteidigten oder verdammten. Musik, dann Malerei. Er war hin- und hergerissen zwischen einer akademischen Karriere und der Malerei, sein Idol auf der einen Seite war Wittgenstein, auf der anderen De Staël, aber er sagte, er würde mir keines seiner Bilder zeigen, sie seien zu schlecht, er schäme sich zu sehr dafür, er besitze halt kein wirkliches Talent und habe nicht den Charakter, durchzuhalten und zu dauern. Über welche Musik wir sprachen, welche wir hörten, weiß ich nicht mehr, mir scheint, in jenem Sommer war überall in den Diskotheken ein hypnotischer Titel der Talking Heads zu hören, dessen Rhythmus mir noch in der Erinnerung den Herztakt schlägt. Als es Abend wurde und unsere Köpfe heißgeredet waren und sich anfühlten, als habe man unser Gehirn durch den Fleischwolf gedreht, dehnten wir unsere schmerzenden, den ganzen Nachmittag über vernachlässigten Glieder. Christian erhob sich, warf sein Halstuch auf die Erde zwischen uns und positionierte sich vor mir in Ringerstellung. Es ging darum, als erster das Tuch zu greifen, und natürlich wurde ein Ringkampf daraus, wir wälzten uns auf dem Rasenstück, wie junge Hunde, die sich um einen Knochen raufen, und danach, außer Atem, stiegen wir mit Schuhen und Kleidern in einen der Springbrunnen, die den Campus zierten, und kühlten uns unter dem Strahl, und die Studenten, die vorüberradelten oder gingen, zeigten lachend mit dem Finger auf uns.

An manches vermag ich mich nicht zu erinnern: So schrieb Christian in seinem Brief: Weißt du noch, der Abend, als wir auf den Mülltonnen saßen, mit den Beinen baumelten und uns die Köpfe heißredeten über die Beatles und frühen Ruhm?

Als ich jenen Brief erhielt, vielleicht wußte ich da noch, worauf er anspielte, heute könnte ich schwören, nie mit ihm auf einer Mülltonne gesessen zu haben. Es muß wohl aber so gewesen sein, und daher habe ich allen Grund, auch an meinen eigenen Erinnerungen zu zweifeln: Haben wir je auf dem Campus gerungen? Ist unser nächtlicher Besuch im Lattenkampbad so geschehen, wie er vor meinem inneren Auge abläuft? Weiß ich wirklich noch, was wir sagten und dachten? Täuscht mich jenes Bild: eine Nacht in seiner Wohnung in der Nähe des U-Bahnhofes Kellinghusenstraße, er auf dem Bett im Schneidersitz, wie er Joint auf Joint baut mit einem Querpapier und abgerissenen, gerollten Stücken der Zigarettenschachtel als Behelfsfilter, während wir über die Liebe sprachen und über die Frauen, die wir jeder mutwillig verloren hatten? Undenkbar, daß ich sein Gesicht auf den Körper von Erlebnissen aus anderer Zeit setze, oder nicht?

Das einzige, dessen ich mir sicher bin, ist der Sommer, ist das Gefühl, endlich meinem alter ego begegnet zu sein, ist die Erinnerung an die Lebenskraft, die ich aus der permanenten Herausforderung zog, die Christian darstellte; das und im städtischen Sonnen- und Staubglast flimmernde Bilder eines überbelichteten Films, Bewegungen im Gegenlicht, eine Amateuraufnahme mit Super-8, verwackelt, eine Explosion verdichteten Lebens ohne eine Vergangenheit und ohne eine Zukunft.

Wir sahen einander beinahe jeden Tag dieses Sommers, ohne einen Moment der Langeweile, ohne eine Unstimmigkeit, beide ohne Unterlaß aus dem Brunnen schöpfend, den der andere uns geöffnet hatte. Ich beneidete ihn um seine Bildung und um seinen Körper, dessen Schönheit ihm nicht bewußt war und dessen Funktionieren er blind vertraute. Er neidete mir mein Selbstbewußtsein (meine Selbstüberschätzung) und die zielstrebige Zukunftsgewißheit und Sicherheit des Auftretens, die ich daraus zog.

Am letzten Abend gab er eine Abschiedsparty in seiner Wohnung, es war das erste Mal, daß wir in Gesellschaft zusammenkamen; ich kannte niemand von den Freunden und Freundinnen, die er eingeladen hatte. Wir waren vielleicht 15 oder 20 Personen, Christian hatte Häppchen bereitet, Flaschenbatterien standen in dem dämmrigen Zimmer unterm Dach, auf dem die abendliche Hitze schwer lastete. Durchs verstaubte Fensterglas fielen die Sonnenstahlen immer schräger. Die Musik dröhnte: Once in a lifetime... Keine Stimmung wollte aufkommen. Die Gruppen fanden nicht zueinander, es wurde kaum getanzt, aber viel alleine getrunken. Der Professor war erschienen mit einer Frau und bald wieder gegangen. Ich sah Christian rastlos von einer Gruppe zur andern wechseln. Irgendwann kam er auf mich zu, packte mich am Arm und sagte: Ich halt's hier nicht mehr aus, komm, wir verschwinden.

Du kannst doch nicht deine eigene Party im Stich lassen, sagte ich, aber er winkte nur ab und drängte mich nach draußen. Niemand bemerkte unsere Flucht. Ich weiß nicht mehr, worüber wir in dieser Nacht redeten, ich glaube, wir redeten überhaupt nicht viel. Wir gingen durch die nächtlichen Straßen, durch Eppendorf, hinauf Richtung Nord-Westen, irgendwann kamen wir am Tierpark vorbei, irgendwann am Niendorfer Gehege, mitten in der Nacht.

Ich gehe gar nicht fort, um zu studieren, sagte Christian, sondern, weil hier alles verbaut ist. Ich habe alles versaut

hier. Wenn wir uns ein halbes Jahr früher kennengelernt hätten...
Aber du kannst froh sein, daß ich verschwinde, sonst würde ich bald wie ein Klotz an deinem Bein hängen.
Du versprichst mir, daß du rüberkommst im Herbst.
Ich hoffe nur, daß sich irgendwas ergibt da drüben, denn wenn ich in einem Jahr wieder hier stehe, weiß ich nicht, was werden soll.
Ich muß endlich richtig arbeiten lernen. Wenn ich nur wüßte wozu.
Nun habe ich dir meine Bilder doch nicht gezeigt. Aber glaub mir, du hast nichts versäumt. Und bevor ich ins Flugzeug steige morgen, stecke ich sie noch in die Mülltonne.
In der grauen Stunde zwischen vier und fünf, als die Amseln begannen, den Morgen auszuzwitschern, waren wir in irgendeiner Industriezone gelandet. Wir nahmen einen der ersten Busse, der voller schweigender und schläfriger Gastarbeiter war und an jedem Werkstor hielt, und fuhren in die Stadt zurück, deren gespeicherte Hitze in der Morgenfeuchte dampfte. An der S-Bahn Holstenstraße trennten wir uns.
Die in meiner Erinnerung intensivsten Momente dieser kurzen Freundschaft waren alles nächtliche, zum Beispiel jene Fahrt von einem Kino in Winterhude am Rande des Stadtparks zu mir nach Hause. Das Gewitter begann schon, als wir den Saal betraten, während des Films unterlegte der Donner die Pistolenschüsse aus den Lautsprechern, und als wir auf die nächtliche Straße hinaustraten, war das Gewitter selbst zwar weitergezogen, aber ein monsunartiger Sommerregen ging auf die Stadt nieder. Unsere Hemden waren schon durchweicht, als wir auf

unsere Räder stiegen. Wir hatten beide Rennräder, und wir fuhren wie durch einen endlosen Wasserfall, in dessen Innerem es still war; kaum ein Auto mehr auf der Straße, das einzige Geräusch war das summende Pfeifen der Dynamos. Das matte Licht der Scheinwerfer fiel auf den spiegelnden nassen Asphalt, und ich bemerkte, daß Christian in die Pedale trat wie ein Radrennfahrer, der einen Ausbruch macht. Ich war hinter ihm und verlor rasch zwanzig, dreißig Meter, schaltete hoch, als er sich nicht umdrehte, und verfolgte ihn, indem ich mich aus dem Sattel hob und die Nase über die Lenkstange beugte. Auch wenn niemand es angekündigt hatte und keiner es aussprach: Es war ein Rennen, ich weiß nicht, warum ich ihn nicht anrief, um ihn zu bremsen, oder ihn, wenn er denn wollte, fahren ließ und einfach meinem Rhythmus folgte. Es war auch kein freundschaftliches Duell in der Art von »wer zuerst am Ziel ist«, ich weiß noch genau, daß ich Angst hatte, Angst, ihm nicht folgen zu können, Angst, meiner Unlust auf eine gefährliche Raserei auf glitschigen Straßen Ausdruck zu geben. So folgte ich ihm denn, fuhr so schnell, wie ich noch nie durch Hamburg geradelt war, blind gegen den Regenvorhang, das blasse rote Rücklicht Christians im Blickfeld, überholte ihn mit einem hohlen Gefühl im Magen, ohne ihn anzusehen, tief über den Lenker gebeugt, hechelnd, versuchte das Tempo noch zu steigern, mit der beständigen Furcht im Nacken, er möchte mühelos an mir vorbeischießen, aber als er dann tatsächlich an mir vorbeizog, sah ich aus den Augenwinkeln seine zusammengebissenen Zähne, die vorspringenden Sehnen am Hals, das Blondhaar klebte auf dem Kopf, und ich spürte, daß auch er am Rande seiner Kräfte war. So überholten wir einander mehrmals, gerieten auf Zebrastreifen, in Kurven oder auf Straßenbahnschienen in gefährliches Schlingern, stürzten aber nicht und hielten mit quietschenden Bremsen zur gleichen Zeit vor dem Haus im Eppendorfer Weg. Meine Lunge brannte, mein Kopf drehte sich, und ich hatte Mühe, zu Atem zu kommen. Christian warf das Rad von sich und ließ sich auf den Asphalt fallen, in eine Pfütze. Es spielte keine Rolle, bei dem Zustand, in dem wir waren. Er sagte nichts, lächelte mich nur an, während sein Brustkorb sich hob und senkte. Ich sehe sein lächelndes Gesicht vor mir wie eine Fotografie. Schließlich drehte Christian den Kopf weg und sah zu Boden.

Als das Semester schon zu Ende war und Christian in Reisevorbereitungen steckte, kam ich an einem frühen Abend zu ihm in die Wohnung. Ich hatte den ganzen Tag über keine Schuhe getragen wegen der Hitze und war auch barfuß zu ihm hinüber nach Eppendorf marschiert. Wir redeten den ganzen Abend über, bis er gegen Mitternacht fragte, ob ich nicht Lust hätte, schwimmen zu gehen. Auf meine ungläubige Frage, wo das denn um diese Uhrzeit möglich sein solle, antwortete er mir: im Lattenkampbad. Es gebe dort den ganzen Sommer über inoffizielle nächtliche Treffen am Becken. Ich war zunächst etwas eifersüchtig, als habe er mir verschwiegen, Mitglied in einem Geheimbund oder bei den Freimaurern zu sein, etwas, wozu ich nicht gehörte. Er musterte mich und zog dann seine Sportschuhe und Strümpfe aus, und wir verließen beide die Wohnung barfuß. Du hast recht, sagte er draußen. Tausendmal angenehmer in so einer Nacht, den warmen Boden direkt unter den Füßen zu haben.

Am Rande des Geländes der Badeanstalt kletterten wir

über einen mannshohen Gitterzaun, zwängten uns durch ein Gebüsch und spürten dann den Rasen unter den Sohlen, während wir uns durch die absolute Dunkelheit vorwärtstasteten. Von irgendwoher schimmerte ein bläuliches, feenhaftes Licht wie ein Bildschirm durch die Nacht, und nie werde ich den Anblick vergessen, der sich vor uns auftat, als wir näher kamen: Inmitten der Dunkelheit war nur das große 50-Meter-Becken unter Wasser erleuchtet, und der massive Sprungturm wuchs als Schatten, mehr zu ahnen als zu sehen, daneben empor. Im Nähertreten waren bewegliche Silhouetten zu erkennen und leises Stimmgemurmel zu hören, dann platschte es laut, als jemand ins Wasser sprang und die Beleuchtung und das Schattenspiel zum Zittern brachte.

Es waren vielleicht 25–30 Leute, die direkt um das Becken auf den Sandsteinfliesen oder in einiger Entfernung auf dem Rasen lagen, Pärchen und kleine Gruppen, die meisten nackt; die glatten Körper der Mädchen, die am Beckenrand lagen, ohne Scham, aber auch ohne Provokation, ihre Brüste und ihr Geschlecht entblößten, schienen in dieser unwirklichen Umgebung ein erregendes Versprechen. Weinflaschen und Joints machten die Runde. Christian nickte links und rechts einigen Gestalten zu, die er zu kennen schien. Wir zogen uns aus und sprangen kopfüber vom Beckenrand in das erfrischende kühle flüssige Licht, zogen unsere Bahnen mit dem Blick auf die schwarze Samtdecke des Himmels, legten uns auf den noch immer tageswarmen Stein, tranken, rauchten.

Irgendwann schnellte Christian auf die Füße und deutete zum Sprungturm. Ich schüttelte den Kopf: Lieber sterben, als von da oben runterspringen, noch gar in der Dunkelheit. Ich hatte nie gewagt, vom Zehnmeterturm zu

springen, und für das, was die andern als Feigheit einschätzten, wahrscheinlich zu Recht, reichlich gelitten in meiner Kindheit, aber meine Beziehung zu Christian hatte den Grad von Offenheit erreicht – oder besser: schon am ersten Tag besessen –, daß ich ihm, ohne mich zu schämen, sagen konnte: Ich habe Angst. Er lächelte mir verständnisvoll zu, stand dann aber auf, ging auf den Turm zu und kletterte die Leiter hinauf in die Nacht.
In diesem Moment war der Abend für mich verdorben, der Reiz des Schwimmens im nächtlichen Becken schal geworden. Nicht daß ich böse war auf Christian oder ihn haßte, aber indem er sich die Leiter hinaufbewegte, entfernte er sich mit Siebenmeilenstiefeln von mir. Eine Freundschaft, so scheint mir, benötigt ein gewisses Gleichgewicht zwischen den Beteiligten, zu große Über- und Unterlegenheiten sind Gift für sie. Christian, auf dem höchsten Brett angelangt, kaum mehr als eine Ahnung, breitete die Arme aus, sprang ab und tauchte mit einem vollendeten Kopfsprung ins Wasser. Kurz darauf schoß er prustend empor, Poseidon oder Achill, und winkte mir begeistert zu. Aber ich würde ihm nie folgen. Ich hatte Angst, ich mißtraute meinem Körper, und der Körper war, was uns trennte. Ich dachte gewiß nicht an seine Abreise in diesem Moment, aber ich weiß, daß ich in schmerzhafter Gewißheit die Grenze dieser Freundschaft erfühlt hatte. Wir waren nicht mehr in allem gleich, und mochte ich auch irgendwann eine größere Karriere machen als er, mochte eine schönere Frau mich lieben, mochte ich in irgendeiner Hinsicht talentierter sein als er – nicht ich war es, der dieses traumsicher gemeinsame Band durchtrennt hatte, sondern er. Von nun an, ahnte ich, würde jede meiner Gesten ihm gegenüber der Ver-

such einer Kompensation sein. Ich hatte ihn noch immer genauso lieb wie zuvor, aber jetzt war es eine Liebe mit einem bitteren Kern.

Drei oder vier Wochen nach seiner Abreise erhielt ich seinen ersten Brief, 12 Seiten auf blauem Luftpostpapier, mit der Maschine eng betippt, übersprudelnd von gegensätzlichen Erfahrungen, unverarbeiteten Bildern und Epiphanien. Aber es schien, als benötige unsere Freundschaft die leibliche Präsenz, das Auge in Auge, denn Christians Brief – ohnehin waren all seine schriftlichen Äußerungen von einem überzogenen Intellektualismus –, sein Brief schien mir, als ich Zeile um Zeile vordrang, von einer unerträglich hochnäsigen Besserwisserei. Er war wieder zum schneidenden Spötter mit hochgezogenen Augenbrauen und zuckenden Mundwinkeln aus dem Seminar geworden; gewiß schrieb er, er erwarte mich im Herbst, schloß dann aber an, meinen Klischeevorstellungen von den Staaten werde ein solcher Besuch und eine Konfrontation mit den ungleich komplexeren Realitäten nur guttun können – ich hatte in einer unserer träumerischen Abendstunden phantasiert, wie ich in meiner kanadischen Holzfällerjacke und meinen Boots in JFK aus dem Flugzeug steigen würde –, und was mich schockierte, war gar nicht in erster Linie sein belehrender Ton, sondern die Tatsache, daß er mir wehtat, indem er das Spinngewebe unserer gemeinsamen Träumereien zerriß. Überdies waren mir seine Motive ebenso klar, wie sie ihm selbst sein mußten: Wenn er sich jetzt über unsere Gespräche lustig zu machen vorgab und so tat, als seien es nur Kindereien gewesen, über die er hinaus war, diente das mehr dazu, ihn selbst zu stärken, als mich zu erniedrigen. Ich war traurig, daß er nicht mehr fähig schien, sich mir zu öffnen.

Vielleicht las ich auch Dinge aus diesem Brief heraus, die gar nicht darinstanden. Vielleicht hätte ich ihn mehrmals lesen sollen, aber ich las ihn nur einmal, zerriß ihn dann zornig und warf ihn fort. Ich fühlte mich wie jemand, der von seiner Geliebten hinterrücks betrogen und verlassen wurde.
Ich antwortete ihm nicht. Bevor sein Jahr in New York zu Ende war, hatte mein Leben eine unerwartete Wende genommen, und ich lebte nicht mehr in Hamburg. Es dauerte schließlich sechs Jahre, bis ich wieder zurückkam. Vieles hatte sich geändert, und ich versuchte, alte Kontakte neu zu knüpfen. So schrieb ich auch an Christians Eltern, um zu fragen, wo er lebte. Kurz darauf erhielt ich einen Brief von seiner Mutter. Christian war nach einem Jahr zurückgekommen, aber sein Stipendium war um ein zweites Jahr verlängert worden, damit er seine Magisterarbeit weiterführen konnte. Er hatte sich auf jüdische Emigranten in New York konzentriert, denn er hatte dort ein jüdisches Mädchen polnischer Herkunft kennengelernt, Sarah. Er machte seinen Magister in seinem zweiten New Yorker Jahr und heiratete dort auch Sarah. Dann waren sie nach Hamburg zurückgekehrt, wo Christian bei seinem alten Professor die Magister- zu einer Doktorarbeit ausbaute. Anstatt aber, wie man es ihm angeboten hatte, eine akademische Laufbahn einzuschlagen, hatten Christian und Sarah, die ebenfalls malte, versucht, sich als Maler durchzubringen. Christian hatte ein Alkoholproblem, das, wie seine Mutter sagte, einer der Gründe gewesen sei, warum Sarah sich nach zwei Jahren in Hamburg von Christian trennte und zurück in die Staaten ging. Daran sei Christian, schrieb seine Mutter, »zerbrochen«. Er sei alkohol- und tablettenabhängig geworden, keiner

Hilfe und keiner Hoffnung zugänglich. Vor sechs Monaten habe er mit einer Überdosis Schlaftabletten Selbstmord begangen. Sarah, die zum Begräbnis nach Hamburg gekommen war, sei hiergeblieben und lebe jetzt malend in ihrer früheren gemeinsamen Wohnung in der Dorotheenstraße. Christians Mutter hatte ihre Adresse beigelegt.

Die zwei Leben des Dominik D.

Als wir uns nach dem Abspann aus dem kleinen, aber vollbesetzten Arts & Essais-Kino herausdrängten, fühlten wir uns glücklich.
Glücklich über den Erfolg, den Dominiks erster Film davontrug, und glücklich, daß er ihn verdiente, denn es war ein guter Film. Die Pariser Presse hatte ihn hoch gelobt: das Debüt eines 50jährigen, der nie zuvor eine Kamera in den Händen gehalten hatte und erst seit zwei Jahren Drehbücher schrieb, von Rohmerscher Sensibilität, einer Virtuosität der Montage, die an den besten Godard gemahnte, und der Poesie Demys.
Wir waren stolz, als stamme der Film von uns, und ich kaufte »Le Film Français« und verfolgte mit, wie »Die Tribulationen eines Pariser in Paris« vier Wochen lang die Spitze des Box-Office-Klassements für Kunstfilme hielt und in einer Woche sogar an neunter Stelle der gesamten Liste lag. Er galt als einer der Favoriten für den diesjährigen Prix Louis Delluc.
Angefangen hat alles mit der Astrologie, besser gesagt mit der Entscheidung meiner Frau vor einigen Jahren, diese Kunst zu erlernen.
Ob jenes Geburtshoroskop der Grund oder nur der Auslöser war für alles, was folgen sollte, darüber bin ich mir bis heute nicht sicher, wenn ich auch als abergläubischer Mensch an so etwas wie »self-fulfilling prophecies« glaube, das heißt daran, daß die Dinge erst dann auf uns wirken, wenn wir ganz persönlich mit ihnen konfrontiert

werden, oder anders gesagt, daß wir in Ruhe das 80ste Lebensjahr genießen können, wenn wir von unseren Sternen, die uns frühen Tod vorhersagen, nicht wissen, daß es aber schier unmöglich ist, solch ein biblisches Alter zu erreichen, wenn wir beizeiten über ein derartiges Fatum informiert werden.

Als wir Dominik kennenlernten, vor sieben oder acht Jahren, arbeitete er als Nachtwächter bei der Post. Es war die Mitte der 80er Jahre, die Epoche der Golden boys, der Rehabilitierung des Geldes, der Spieler und schnellen Gewinner, der Auflösung angestaubter moralischer Imperative angesichts der Dynamik des Machbaren; die einzige Zeit, die eine Figur wie den berühmt-berüchtigten Gerard Saby hervorbringen konnte, der beinahe Präsident geworden wäre und heute, kaum drei Jahre nach seinem Tod, so vergessen ist, als hätte es ihn nie gegeben, diesen Gerard Saby, dessen Existenz auf so seltsame Weise mit der Dominiks verwoben war, welcher in diesen Jahren als ein purer Anachronismus des Zeitgeistes dahinvegetierte.

Gerard Saby dagegen war dessen reinste Ausbildung, ein Lehrbeispiel für Zynismus, Schlagfertigkeit und Erfolg, und die Medien konnten sich nicht genug an ihm tun. Es scheint aber doch, als sei Unsterblichkeit den Künstlern und ihren Werken reserviert, die Verfallszeit der öffentlichen Personen ist ungleich kürzer, und daher ist es vielleicht von Interesse, einige Worte über die gleißende Karriere Sabys zu verlieren. 1940 geboren, aus ärmlichen Verhältnissen stammend, versuchte er in den 60er Jahren vergeblich, als Schlagersänger den Massen sein Ego aufzudrängen. Zehn Jahre später aber finden wir ihn als Millionär wieder, dessen Geschäftsprinzip es ist, marode

Firmen aufzukaufen, zu sanieren und teuer zu verstoßen. Öffentlichkeit gewinnt ein Unternehmer aber erst in den 80er Jahren, und hier zeigt Saby eine kaum glaubliche Dynamik, es ist, als ginge es ihm, mehr als um den materiellen Erfolg, darum, der berühmteste Franzose seiner Zeit zu werden. Bekannter als die Marken, die er vertreibt, tritt er selbst in den Werbespots für seine Produkte auf, er entwickelt sich zum Sport- und Kunstmäzen und stiehlt bei den Pressekonferenzen seinen Sportstars und Künstlern die Schau. Er lebt in einem Palais im Faubourg St. Germain. Schließlich tritt er in die Politik ein, kauft sich ein, war man versucht zu denken; Symbol der Epoche: Er geht zu den Sozialisten, und es gelingt ihm als erstem seiner Partei, Pariser Bezirksbürgermeister zu werden, in einem der letzten Arbeiterviertel. Die einfachen Leute lieben Volkstribune, und da es rechts bereits einen gibt, hat er, die Marktlücke erkennend, sie sofort ausgenutzt. Die Präsidentschaftswahlen stehen bevor, und die Meinungsumfragen prophezeien ihm, der doch noch gar nicht offiziell kandidiert hat, ernsthafte Chancen, zumindest die Stichwahl zu erreichen. Das alles trotz der immer zahlreicher werdenden Skandale um seine Person und seine Unternehmen, die Front seiner Gegner formiert sich; aber alle Bankrotte und Bestechungsaffären, die einen Normalmenschen längst in den Schuldturm oder ins Gefängnis getrieben hätten, scheinen Saby zu stimulieren und steigern, indem er sich geschickt und lautstark als Opfer der Hochfinanz und der Reaktion darzustellen weiß, seine Popularität beim Volke nur noch.

Dann das bekannte und viel besprochene Ende. Und heute ist es fast, als habe es ihn nie gegeben. Keine seiner Unternehmungen, keine seiner Stiftungen existiert noch, was auch vielleicht gar nicht in seinem Interesse gelegen hätte.

Zurück aber zu Dominik. Wir lernten ihn über eine Freundin kennen, deren bester Freund er war. Wie bei allem, was von ihr kam, war ich zunächst höchst mißtrauisch, und als ich Dominik zum ersten Mal sah, schienen meine Vorurteile sich zu bestätigen: ein kleiner, oder besser klein wirkender Mann, in Wirklichkeit maß er gewiß seine 1,75 m, aber er ging stets leicht gebückt, die Schultern nach vorn gezogen, als habe er sich ein Leben lang durch zu enge Türen zwängen müssen. Er war dünn wie ein Hemd, ich glaube, er wog nicht mehr als 55 kg. Krauses dichtes schwarzes Haar, aus dem wie Nebel der erste Grauschimmer stieg, ein hageres, unter der Oliventönung blasses Gesicht, flüchtende Augen schwammen, erschreckte Goldfische, im Aquarium seiner dicken Brillengläser hin und her. Ein Korse, Kettenraucher, schwerer Epileptiker, unheilbarer Stotterer und Rassist, der im 19. Bezirk inmitten der von ihm wenig geschätzten Araber leben mußte, und sexuell auf professionellen Service angewiesen.

Isabell, unsere Freundin, blond, groß, mit Hollywood-Formen, eine Art rosa Cadillac von Frau, vergötterte er; ihre zahlreichen Schwächen entgingen ihm keineswegs, änderten aber nichts an seiner absoluten Treue zu ihr. Das weibliche Geschlecht war eine Frucht, vor der ihn zutiefst ekelte, und er litt an der gängigen Übereinkunft, seine Liebe hauptsächlich durch den Genuß dieser Frucht zu beweisen, das vermochte er nicht, er konnte den Frauen, die er wirklich liebte, wie Isabell, ausschließlich platonisch huldigen. Da dies aber eine Form der Liebe war, von der die wenigsten, und gewiß nicht Isabell, leben konnten, mußte er sich mit der bitteren Rolle des besten Freundes und manchmal der des Kupplers begnügen. Später, als sie ein uneheliches Kind geboren hatte und es aufzog, wurde Dominik sein Pate, und man kann sich keinen liebevolleren und großzügigeren Vater vorstellen als diesen Patenonkel.

Am Anfang aber war ich mißtrauisch. Ich verstand kaum, was er sagte, er hockte am Tisch, zusammengesunken und spuckte Wortkaskaden hervor, von peinigenden Schweigeminuten unterbrochen. Die gestotterten Labiallaute waren MP-Salven, vier rasende Sätze, dann nichts mehr. Er ließ uns perplex.

Ich erinnere mich, wie er vier Monate lang schier verzweifelte, weil sein Badezimmer renoviert werden mußte. Er gestikulierte mit fächerförmig gespreizten langen Fingern, schlug sich mit den Fäusten gegen die Schläfen und sagte: K-k-k-katastrophal! Chkannichmehr! S-s-ssiszuviel! Es sind zu viele Probleme! Und die Handwerker. Ein Araber in meiner Dusche! Stellt euch das vor! Wenn ich ihm sage, er solle sauberer arbeiten, zieht er das Messer! Psycho!

Schließlich fand er den einzigen Ausweg aus der seit Monaten andauernden überkomplexen Renovierungsmisere in Gestalt eines Bekannten, der Freimaurer war und den er um Hilfe anging.

Beim nächsten Mal erzählte er erleichtert: G-g-gottseidank! Es hat lange gedauert, aber es hat sich gelohnt. Und der Handwerker war ein Herr von Geschmack. Er hat die Fliesen selbst herausgesucht und, Hut ab, ich hätte es nicht besser gemacht. Erstaunlich. Selbst die Fugen hat er in einem passenden Blauton gehalten. Ich frage euch, ob das nicht eine Schwuchtel gewesen sein muß, bei soviel

Farbempfinden? Immerhin war er sehr korrekt, ein Franzose. Ich werde Silvester in der Badewanne verbringen mit einem Whisky und Roy Eldridge. Obwohl das Badezimmer im Prinzip kein Raum ist, der mir sehr wichtig wäre.

Was mich im Laufe der Zeit für ihn einnahm, war etwas Woody-Allen-Haftes, das ihm selbst gar nicht bewußt zu sein schien, wenn er in seinen MP-Kaskaden von verschiedenen Katastrophen berichtete und wir uns, um nicht zu lachen, in die Lippen bissen und er betrübt den Kopf schüttelte: I-i-ich schwöre euch! Es war keineswegs zum Lachen.

Dieser Humor war bitter nötig, um ein objektiv nicht eben einfaches Leben zu meistern. Ganztägig von Gardenal-Tabletten in einer prekären Ruhe gehalten, um die Frequenz seiner epileptischen Anfälle zu verringern, konnte er von Glück sagen, den Posten als Nachtwächter gefunden zu haben, wo er seit fast 25 Jahren arbeitete. Er war allein, es war dunkel, es war still, Menschenmassen und -aufläufe waren ihm unerträglich.

Morgens schlief er, nachmittags war er entweder im Kino – ich habe nie jemanden kennengelernt, der in der Geschichte des französischen Films intimer bewandert war – oder im Gebäude der staatlichen Radiogesellschaft, bei kostenlosen Jazzkonzerten oder Aufzeichnungen einer öffentlichen Sendung über Filmkunst. Zu welcher Stunde er die Prostituierten besuchte, weiß ich nicht, obwohl er diese Lebenstatsache nicht verschwieg: Ich besuche mit Vorliebe algerische oder thailändische Damen, denen ihre Traditionen eine Devotion ins Blut geschrieben haben, auf die ein Individuum wie ich normalerweise keine Aussicht hätte.

Einmal im Jahr fuhr er mit einem Koffer und zwölf Paar Schuhen (nicht, daß er etwa reich gewesen wäre, außer fürs Kino und für Schuhe gab er kein Geld für sich aus, für andere wie sein Patenkind wohl, denn er wußte nicht, was Geiz war) nach Nizza, wo er seit 20 Jahren dasselbe Appartement mietete, ging auch dort ins Kino, spazierte ansonsten im weißen Leinenanzug die Promenade des Anglais auf und ab und blickte abends wohl einmal ins Kasino. Nachts, da er nicht schlafen konnte, las er.

Es ist interessant zu sehen, wie verschiedene Menschen auf die Astrologie reagieren und wie schnell und entschieden ihre positive oder negative Reaktion kommt. Dominik gehörte zu der Gruppe, die meine Frau auf der Stelle baten, ihnen ihr Thema zu stellen. Es scheint, daß die meisten Leute, die an die Zukunft glauben und an ihre Fähigkeit, diese nach ihrem Willen zu formen, Angst davor haben, Präetabliertes, Festgeschriebenes in den Sternen zu entdecken, das ihrem Zukunftsglauben hinderliche Perspektiven anlegen könnte. Bescheidene, resignative Kandidaten dagegen beruhigt die Idee, von den Konstellationen die Unausweichlichkeit der Sackgassen aufgezeigt zu bekommen, in denen ihr Leben sich verfahren hat.

Die einzigen Vorbehalte, die ich gegenüber der Arbeit meiner Frau besaß, bestanden darin, daß die meisten ihrer Horoskope Freunden und Bekannten gestellt wurden, und ich fragte mich, inwieweit die frappierenden Analogien zwischen dem Errechneten und dem Sichtbaren nicht aus einem Prozeß halb unbewußter Mimikry erwuchsen. Für Dominik jedenfalls schien wieder einmal alles völlig stimmig, und er selbst las dann auch die Analyse mit befriedigt-masochistischem Ingrimm: ein Was-

sermann mit Skorpion-Aszendent, mit einer Venus-Mars-Opposition und weiteren disharmonischen Konstellationen zwischen Sonne und Jupiter, Merkur und Saturn und einer höchst gefährlichen Sonne-Pluto-Konjunktion im 12. Haus, die so ziemlich der einzige harmonische Aspekt des Themas war. Zahlreiche Häuser waren völlig unbesetzt, und fast alle Planeten drängten sich gerade in den Abschnitten zusammen, die es leichtmachten, ein hypernervöses, ja von seinem Nervensystem regelmäßig aus dem Gleichgewicht geworfenes Individuum erstehen zu lassen, das gänzlich aus der Welt und Gesellschaft fiel und von kaum kontrollierbaren, drängendsten physischen Imperativen gezogen und gebeutelt wurde.
Meine Frau, darauf bedacht, Folgerungen, denen sie die Psyche ihrer Anvertrauten nicht gewachsen glaubte, zu verschweigen, hatte zu mir von ominösen Verbindungen gesprochen, die eine brutale Zäsur fürs zweite Lebensdrittel prophezeiten, in dem Dominik sich gerade befand. Der wedelte mit seiner filterlosen Pall Mall in der Luft umher und zitierte: Je größer beim Subjekt dieses Themas das unverdiente Glück ist, desto tiefer wird der Fall sein! (Von unverdientem Glück in Dominiks Leben nichts wissend, hatte meine Frau darauf verzichtet, diesen Satz zu streichen).
Meine Position verdanke ich ausschließlich meiner Mutter! Was wird um Himmels willen aus mir werden?
Seine Mutter, gestorben, bevor er 25 war, Pächterin eines Stehcafés am Ostbahnhof, hatte ihm in der Tat seine »Position« vermittelt, einer ihrer Kunden arbeitete in der Personalabteilung der Post. Im Falle eines Nachtwächters allerdings, der kaum mehr als den gesetzlichen Mindestlohn erhielt, konnte einen der eventuelle Fall von den

Gipfeln solch angemaßten Lebensglückes schwerlich schrecken.
Die Prädisposition, las er uns vor, zum gesellschaftlichen Abseitsstehen bedeutet jedoch keineswegs die Unmöglichkeit öffentlichen Daseins! Wie sollte das wohl gehn, wo ich unfähig bin, einem Fremden in die Augen zu blicken, geschweige denn, mich vor einer Menge zu produzieren?
Als meine Frau das dahingehend interpretierte, daß jemand auch durch sein Wirken, also nicht persönlich, sondern stellvertretend, Öffentlichkeit bilden könne, waren wir beide, er wie ich, überzeugt, die Grenzen der ansonsten gewiß phänomenalen Akkuratesse der astrologischen Wissenschaft erreicht zu haben.
Das nächste Mal, daß wir einander sahen, druckste er eine Weile herum, bevor er meine Frau fragte: Wenn zwei Menschen am selben Tag geboren sind, haben sie dann dasselbe Horoskop?
Nein, sie müßten schon am selben Ort und zur selben Stunde zur Welt gekommen sein, erwiderte sie.
Dominik schwieg eine Weile, als überlege er sich, wie er meiner Frau eine Ungeheuerlichkeit servieren sollte, die ihre ganze Wissenschaft ad absurdum führen mußte, halb darauf hoffend, halb davor zurückschreckend.
In diesem Falle, sagte er schließlich mit Grabesstimme, habe ich haargenau dasselbe Thema wie Gerard Saby. Ich habe gestern im Radio ein Interview mit ihm gehört, Jahr, Monat, Tag, derselbe Vorort, ich glaube, auf 15 Minuten hin dieselbe Uhrzeit...
Er starrte vor sich hin, er verstand die Welt nicht mehr: Und dabei repräsentiert dieser Mensch alles, aber auch alles, was ich verachte und hasse...

Wie er da saß, Dominik, und, an allem zweifelnd, über die Verbindung nachsann zwischen ihm, dem epileptischen korsischen Nachtwächter und dem telegenen Bezirksbürgermeister, Unternehmer, Finanzjongleur und Multimillionär, hatte etwas von unwiderstehlicher Komik, und ich begann zu lachen, auch meine Frau schmunzelte, bevor sie daranging zu erklären, daß ein astrologisches Thema kein Lebenskorsett sei, keine himmlische Fatalität, sondern nichts als ein Muster, ein Koordinatenkreuz, und daß es von vielem anderem abhinge, Elternhaus, Erziehung, Zufällen, wie das Muster sich fülle und entwickle.
Ja, mag sein, aber er kommt auch aus einfachen Verhältnissen, murmelte Dominik erschlagen.
Ich versuchte einen musikalischen Vergleich, den ich aber, kaum war er ausgesprochen, als wenig glücklich erkannte: Deine Partitur, sagte ich, führt eben vielleicht dasselbe Thema in Moll durch und die seine in Dur...
Und überdies kandidiert er für die Sozialisten! entgegnete Dominik kopfschüttelnd.
Das hat nichts mit den Sternen zu tun, das ist purer Opportunismus: Jedenfalls ist es eine Tatsache, daß auch er sich außerhalb der gesellschaftlichen Normen befindet, daß er drängende physische Bedürfnisse hat, liest man in den Zeitungen, nein nein, auf dem Untergrund gibt es wohl Parallelen, sagte meine Frau, darauf bedacht, die Astrologie zu verteidigen.
Das Resultat von alldem war, daß Dominik in den darauffolgenden Wochen mit kopfschüttelndem Erstaunen und einem lächeln machenden Eifer das öffentliche Leben Sabys mitverfolgte und uns, wann immer ein neuer Prozeß oder eine Anklage das nur auf Charme und Chuzpe bauende Imperium des Erfolgsmenschen in den Grund-

festen erschütterte, anrief, kurz vor dem Nervenzusammenbruch:
Der Gauner wird demontiert, Gott sei Dank! Aber das heißt, daß auch mir eine Katastrophe bevorsteht! Die Post will Stellen kürzen. Sie werden mich rauswerfen, da ich meinen Posten ohnehin nicht irgendwelchen Fähigkeiten verdanke, sondern nur den Beziehungen meiner Mutter, oder sie werden mich tagsüber arbeiten lassen, was aufs gleiche herauskommt. Ich bin überzeugt, daß die letzten Tage und Wochen meines Lebens angebrochen sind, denn eines ist sicher, wenn ich die Arbeit verliere, werde ich mich umbringen müssen. Es ist bitter, 50 Jahre gelebt zu haben, in der stetigen Hoffnung, ein anständiger Mensch zu sein, wenn auch kein wichtiger, und mich nun als das schwarze Ich, die Antimaterie eines Gerard Saby begreifen zu müssen und, über die Sterne an ihn gekettet, mit ihm unterzugehen...
Glücklicherweise schien die Aufregung sich mit der Zeit zu legen, auch wenn Saby nicht mehr aus den Skandalmeldungen verschwand. Dann saßen wir einen Sonntag vor dem Fernseher, als die Abendnachrichten begannen, und wurden unvorbereitet von der Schreckensbotschaft getroffen, die die Sendung eröffnete: Gerard Saby war am Morgen tot in seinem Stadtpalais aufgefunden worden.
Hatte er sich angesichts der drohenden finanziellen und juristischen Katastrophe umgebracht? War er gar Opfer eines Attentats oder Meuchelmordes geworden? Nein, nichts von alledem, berichteten die aufgeregten Reporter, bevor das Defilee der Kommentare anhob: Er war einer epileptischen Krise erlegen, ja, Saby, hatte, was niemand wußte, an dem hohen Übel gelitten, jetzt konnte man es sagen, dürfte man das Geheimnis lüften. Politische

Freunde, politische Gegner, Sportler, Künstler, Staatsanwälte erschienen auf dem Bildschirm: Für mich war Gerard Saby... ein Verlust für... Frankreich, den Sozialismus, die republikanische Debatte, den Sport, das Unternehmertum, die Freiheit der Künste... die Demokratie...
Nach rund zwanzig Minuten hatten wir uns mit seinem Tode abgefunden und schritten zum Abendessen.
Es war erst beim Geschirrspülen, daß meine Frau sich plötzlich vor die Stirn schlug und schrie: Dominik!
Ohne weitere Worte liefen wir zum Telefon, zögerten dann aber, den Hörer abzuheben. Waren wir unter der Hand doch schon so sehr von seiner abstrusen Gleichsetzung und Parallelisierung seines Schicksals mit dem von Saby angesteckt, daß wir ernsthaft glaubten, auch er könne in der vergangenen Nacht entschlafen sein? Es war immerhin möglich, denn da er in seinem Haus keine Kontakte pflegte und selbst seine Freunde nie zu sich einlud, weil er sich der multikulturellen Nachbarschaft seines Viertels schämte, mochte seine Leiche wohl unbemerkt mehrere Tage lang liegenbleiben können. Und, erregbar wie er war, mußte das Ganze auch keineswegs der Fatalität der Konstellationen zuzuschreiben sein, als vielmehr Dominiks Aberglauben.
Hältst du's für möglich? fragte ich.
Möglich, möglich... Alles ist möglich.
Schließlich faßten wir uns ein Herz, und meine Frau rief an, und ich drückte die Lautsprechertaste, um notfalls mithören zu können.
Es war eine Grabesstimme, die Hallo? in den Hörer flüsterte.
Natürlich, erklärte Dominik, habe er die Nachrichten

gehört und sich danach sofort, um dem Unvermeidlichen zuvorzukommen, in sein Bett gelegt, das Telefon für alle Fälle daneben, und warte nun, denn lange könne es nicht mehr dauern. I-i-ich hoffe nur, die Schmerzen werden nicht unerträglich sein...
Ja hast du denn eine Krise, bist du krank?
Wozu denn noch? antwortete er würdig. Wünscht ihr mir außer dem Tod auch noch eine Krankheit an den Hals?
Meine Frau versuchte es mit einer astrologischen Argumentation, um ihm klarzumachen, daß keineswegs alle Leute, die am selben Tag geboren seien, auch am selben sterben müßten. Und das unverdiente Glück, das sich räche? fragte Dominik, und meine Frau legte die Hand auf die Muschel und flüsterte: Ich schwöre dir, ich werde in unserem Bekanntenkreis keine Horoskope mehr stellen!
Da Dominik während des Telefonats nicht starb und auch nicht krank zu sein schien, brachen wir das Gespräch irgendwann ab, wünschten ihm gute Besserung oder dergleichen und luden ihn für den kommenden Samstag zum Abendessen ein.
Er hustete bitter lachend ins Telefon und versprach uns, er wolle, wenn die Kräfte und die Zeit noch ausreichten, ein Testament aufsetzen, in welchem er uns seine Bücher vermache.
Wir riefen ihn jeden Tag an, er erklärte uns, aus Stolz und Pflichtgefühl heraus habe er sich nicht krankschreiben lassen, es liege etwas Würdiges im Gedanken, bei der Arbeit zu sterben, was auch den Vorteil besitze, daß es bald bemerkt werde, und die Eventualität, daß arabische Nachbarn, vom Geruch angelockt, seine Wohnung aufbrechen würden, unwahrscheinlicher mache. Tagsüber ver-

ließ er das Bett nicht und harrte stoisch des Kollapses, des Herzschlags, der Apoplexie, des letalen epileptischen Anfalls oder der über ihm zusammenbrechenden Zimmerdecke (angesichts des baulichen Zustandes des Hauses war dies die wahrscheinlichste Alternative), mit welchen das Schicksal ihn denselben Weg wie seinen Antipoden würde gehen lassen.
Als er am Freitag noch immer lebte, spürte ich so etwas wie Erleichterung und gestand mir ein, daß ich, wenn auch nicht wirklich daran geglaubt, so doch seinen, dem Sabys folgenden Tod, nicht für gänzlich außer der Ordnung gehalten hatte.
Am Samstag abend klingelte es, und hinter einem riesigen Blumenstrauß stand ein verwandelter Dominik. Das erste, was auffiel, war, daß er 10 cm größer wirkte, er ging nicht mehr eingesunken, seine Schultern waren gerade, zum ersten Mal besaß er so etwas wie eine Luftverdrängung. Und er stotterte nicht! Seine Sätze, die schon zuvor weder dumm noch banal gewesen waren, gewannen nun, da die Komik der Elokution wegfiel, etwas Respektheischendes, sein Humor war nicht mehr drollig, sondern messerscharf, man lachte nicht mehr über den Gegensatz zwischen seinen Aperçus und der desolaten Gestik, mit der sie vorgetragen wurden, sondern über eine feine und bittere Ironie, und er selbst lachte lauthals mit.
Einige Wochen später verkündete er uns, er habe sein erstes Drehbuch geschrieben, noch ein wenig später, daß er den Mut gefaßt hatte, es bei einer der öffentlichen Aufnahmen im Radio einem benachbart sitzenden TV-Produzenten zuzustecken, und einen Monat später erklärte er uns, das Drehbuch sei angenommen, es werde verfilmt, und er müsse die Dialoge schreiben.

Von diesem Moment an schienen die Schleusen geöffnet, Regisseure und Sender fragten bei ihm an, er schrieb zwei Krimis und eine sarkastische Komödie für Chabrol persönlich. Es schien, als sei er nach jahrelanger Festungshaft von seinen Ketten befreit, oh, er verwandelte sich nicht vollständig, er behielt seinen Nachtwächterposten und mied nach wie vor Menschenmassen und das Sonnenlicht, und in seinen Krimis kamen die Mörder bevorzugt aus Nordafrika.
Ich koche über vor Geschichten. Ich werde noch weitere 50 Jahre leben müssen, um sie alle aufzuschreiben. Jetzt, wo ich nicht gestorben bin, besteht kein Grund, warum ich es nicht noch ein gutes Stück länger machen sollte.
Und dann drehte er also seinen ersten Film, die Tribulationen eines Pariser Nachtwächters und Flaneurs, seine Begegnung mit den Bars, den Prostituierten, seine Liebe zum Kino, das sich mit der Realität vermischte und vermengte. Er kam noch immer zum Essen zu uns, er kümmerte sich noch immer um seinen kleinen Patensohn, er hatte noch stets die Angewohnheit, den Anrufbeantworter einzuschalten, wenn er zu Hause war, und abzuschalten, wenn er ausging, da er, wie er sagte, wissen wollte, wer anruft, ohne antworten zu müssen.
Vor zwei Wochen teilte er uns das Thema seines zweiten Films mit: Es sollte die Geschichte von Zwillingen sein, beide aus der Pariser Vorstadt. Während die Natur ihr Füllhorn über den einen ausgeschüttet hat, kränkelt der andere vor sich hin und kommt auf keinen grünen Zweig. Aber beide sterben am selben Tag.
Letzte Woche war die Verleihung des Prix Louis Delluc. Da wir auf Reisen waren, schalteten wir den Fernseher auf unserem Hotelzimmer ein, um das Ergebnis zu hören.

Der Preis war einstimmig und posthum an Dominik D. gegangen, der am Vorabend, wie man bereits berichtet habe, völlig überraschend an einem Herzschlag gestorben sei.

Literatur

Im Spätfrühling 1993 fand im Südosten Österreichs, nahe der Grenze, die früher die jugoslawische gewesen und jetzt die slowenische war, wie jedes Jahr ein Literaturwettbewerb statt, zu dem zwölf, meist junge, deutschsprachige Autoren geladen waren sowie ein Troß von Verlagsmenschen, Feuilletonredakteuren und Germanisten.
Dieser Literaturwettbewerb lief Jahr für Jahr nach dem gleichen Schema ab: Jeder Autor las in öffentlicher Runde einen Text vor, den noch niemand kannte, und eine Jury kritisierte und bewertete ihn aus dem Stegreif. Wenn, nach Ablauf von sechs Tagen, alle Autoren gelesen hatten, tagte die Jury und wählte einen Preisträger aus.
Die Veranstaltung stand bei allen Beteiligten in einem zwiespältigen Ruf, war aber sehr bekannt, wenn sich die Interessierten auch vielleicht über die Tragweite ihres Renommees täuschten. Die Leserunden wurden zwar im Fernsehen gezeigt, aber in subventionierten Kanälen, da die Sehbeteiligung die Kosten nicht rechtfertigte, und ein durchschnittlicher Leser aus der norddeutschen Provinz vermochte mit dem Namen des Wettbewerbs nichts zu verbinden. Das lag daran, daß sich die Veranstaltung dem literarischen »Nachwuchs« verpflichtet fühlte, und jemand, der vielleicht nur einmal im Jahr ein Buch kauft, ist nicht unbedingt darauf aus, den Pionier zu spielen und einen Autor zu wählen, von dem nicht bereits sicher ist, daß andere ihn ebenfalls gerne lesen.
Im fremdsprachigen europäischen Ausland gar hatte nie-

mals jemand von dieser deutschen Literatur-Schau sprechen hören, und falls sich je ein Engländer, Franzose oder Spanier in das österreichische Provinzstädtchen verirrt hätte, würde er vermutlich nur kopfschüttelnd seine Vorurteile über deutsches und kakanisches Wesen bestätigt gefunden haben.

Gerade das aber, was den Ausländer wahrscheinlich abgestoßen und befremdet hätte, machte bei den Anwesenden Erfolg und Dauerhaftigkeit der Zusammenkunft aus: Die Literatur verwandelte sich hier zu einer Art sportlicher Disziplin wie der Eiskunstlauf. Die Teilnehmer sprachen ihre Kür, die Juroren aber begnügten sich nicht damit, Karten mit Noten hochzuhalten, sondern führten ihre Bewertung wortreich aus, extemporierten, hielten Plädoyers, so daß die Atmosphäre sich schließlich irgendwo in der Mitte zwischen Winter-Olympiade und Revolutionstribunal einpendelte. Das Charakteristische, Nationalspezifische am Prinzip der Veranstaltung war das ungeschriebene Gesetz, daß zwölf verschiedene Schriftsteller nicht alle recht haben konnten, und demzufolge die Lust, mit der die Juroren jedes Jahr zwei Drittel von ihnen verwarfen und ihnen vorhielten, ihren Beruf verfehlt zu haben.

Wirklichen Spaß konnte daher das Ganze auch nur den Juroren machen, die sich, je nach ihrem öffentlichen Talent, in Szene setzten, da Spaß aber nicht der einzige Köder ist, Spannung, Angst und Hoffnung ebenso anziehend sein können, fanden sich auch Jahr für Jahr Autoren, die sich der Prozedur und der Gefahr, öffentlich erniedrigt zu werden, tapfer oder naiv aussetzten. Es waren andere Gründe, die für sie den Ausschlag gaben: die Hoffnung, mit einem Schlag bekannt zu werden, die Hoffnung, unter all den Anwesenden einen zukünftigen Fürsprech zu finden, die Hoffnung, einen lukrativen Verlagsvertrag oder überhaupt einen Vertrag zu ergattern; für die meisten von ihnen die erste, und oft die einzige Gelegenheit, im Rampenlicht, wenn auch nicht im Mittelpunkt zu stehen, interviewt zu werden, und schließlich, nicht zu verachten: der materielle Aspekt. Kostenlose Reise, Vollpension in einem Luxushotel, finanzielle Aufenthaltserstattung und, wer weiß, am Ende eben vielleicht der Preis oder ein Stipendium, das die meisten noch nicht sehr anspruchsvollen Autoren monatelang finanziell über Wasser halten konnte.

Die Zuschauer schließlich, die Tag für Tag die Lesehalle betraten, hatten ganz unterschiedliche Beweggründe: Ein kleiner Teil interessierte sich brennend für Literatur und war neugierig, neue und unbekannte Autoren und Texte kennenzulernen. Eine größere Gruppe wurde von dem sado-masochistischen Circus-Ambiente angezogen, den launigen Verrissen der Kritiker, ihren Bonmots, den roten, sprachlosen Köpfen der Schriftsteller, den Tränen oder dem Geschrei, das in manchen Momenten die Gefühle zum Überschäumen brachte. Es ist menschlich, ein wohliges Schauern zu empfinden, wenn andere als man selbst angeklagt und öffentlich hingerichtet werden, und da es überdies nur Literatur war und die Anklagen und Hinrichtungen sich in Worten erschöpften, mußte keiner ein schlechtes Gewissen nach Hause tragen; alles blieb letztlich doch in einem zivilisierten und demokratisch korrekten Rahmen.

Was noch fehlte, um den Zuschauerraum täglich zu füllen, lieferte ein drittes Kontingent von Besuchern, die einfach deswegen kamen, weil in einer Provinzstadt jegliche Veranstaltung gut gegen die Langeweile ist und weil die strah-

lende Präsenz von Fernsehen und Presse auch den Bürgern, Honoratioren und Geschäftsleuten, die weder die Literatur noch der Skandal interessierten, eine Gewähr gab, daß man hier seine Zeit würdig vertreiben konnte.
Die Veranstalter taten alles mögliche, um dem Selbstgefühl der jungen Schriftsteller und den Eitelkeiten der Literaturprofessionellen während der Tage des Wettbewerbs zu schmeicheln. Anders als in Deutschland herrschte hier im Süden Österreichs nicht die protestantische Regel, ein Privileg mit einer Erniedrigung erkaufen zu müssen. So wurden die Autoren, die sich schon auserwählt fühlen dürften, anwesend zu sein, nicht, wie es in Luthers Heimat sicher geschehen wäre, in Mehrbettzimmer von Pensionen und Jugendherbergen gepfercht, um sie an ihre Kondition zu erinnern, nein, sie bewohnten die gleichen luxuriösen Einzelzimmer des Luxushotels wie ihre Verleger und die Juroren. Mancher bescheidenen Seele genügte das schon, um sie den Aufenthalt nicht bereuen zu lassen, und die meisten, die sich eine solche Unterbringung nicht leisten konnten und mit dem Lohn ihrer literarischen Produktion nie würden leisten können, versöhnte der Komfort dieser außergewöhnlichen Tage mit den Ängsten, Schmerzen und Enttäuschungen des Wettbewerbs selbst.
Auch für die Unterhaltung der Autoren war gesorgt. Wenn sie nicht vorlasen und ihren Mitbewerbern nicht zuhören wollten, konnten sie in dem Städtchen spazierengehen, das als ein eigentümlich-charmantes Gemisch aus Stilen, Epochen und Ambitionen in der sommerlich warmen Vorgebirgssonne döste. Eine Prise Alpenromantik mit röhrendem Hirsch, ein Echo italienischer Lebenslust in den pigmentgetönten Rosa- und Ockerfassaden

der Häuser, ein Hauch Nostalgie der verwehten k. und k.-Internationalität, der etwas Levantinisches hatte und an das nur zwei Autostunden entfernte Triest gemahnte; gemischt mit der wohlstands- und effizienzorientierten gesichtslosen Modernität einer deutschsprachigen Stadt mit Bahnhof, Autobahnanschluß und eigenem Flugfeld mit Betonpiste und zugleich genügend Eingeschlossenheit zwischen Berggipfeln, um der Literatur ihr Ghetto zu wahren und den Teilnehmern das Gefühl zu vermitteln, wärend der Tage des Wettbewerbs sei jede Flucht zwecklos, der Ort des Geschehens hoffnungslos von der Außenwelt abgeschnitten.

Wer das Städtchen nicht durchwandern noch die Seeufer erkunden oder gar baden gehen wollte, fand immer ein Café, in dem an einem Tisch eine Runde aus Verlagslektoren, Journalisten und jungen Damen in lautstarke Diskussionen vertieft war. An den Abenden war es ungeschriebenes Gesetz, in einem pittoresken Gasthaus, dessen baumüberhangene Terrasse auf den See ging und das sich zwischen Ausflugslokal und Feinschmeckerrestaurant nicht recht zu entscheiden vermochte, an langen Tafeln gemeinsam zu dinieren.

Die Diskussionen standen, wie jedes Jahr, im Zeichen eines Wettstreites im Wettstreit, dem zwischen realistischer und zwischen experimenteller Literatur, wobei »realistisch« Erzählungen genannt wurden, in denen handelnde Personen vorkamen, die einen Namen trugen, »experimentell« hieß man Texte, in denen beides fehlte, dafür die Beschäftigung mit Sprache, die Sprache an sich und die Ansichten des Autors auf die eine oder andere Weise den Inhalt bildeten oder ihn ersetzten.

Die experimentellen Texte stellten Jahr für Jahr den Sieger, bei wechselnder Jury. Das hatte zwei einfache Gründe: Zum einen verstand der Wettbewerb sich als Detektor der Avantgarde; wozu der Aufwand, um einer Literatur das Wort zu reden, die ohnehin gelesen wurde; worin hätten die Meriten einer Jury bestanden, die es nicht besser, das heißt anders gewußt hätte als das Lesepublikum? Zum zweiten ist es, so paradox das klingt, wesentlich einfacher, intelligent über einen Text zu sprechen, den man nicht verstanden hat, nicht zuletzt, weil es nicht viel an ihm zu verstehen gibt, dafür um so mehr nachzuweisen. Eine Erzählung dagegen, deren Inhalt man vielleicht schon vergessen, der man nicht recht zugehört hat und deren Aufbau, Personen, Emotion und Sprache man nun, ohne Notizen, ohne Vorarbeit, ohne die Hilfe bereits existierender Meinungen, bewerten soll, das ist eine derart undankbare Aufgabe, daß man den Juroren schwerlich vorwerfen konnte, sich ihr nicht zu unterziehen.

Was blieb ihnen auch anderes übrig, im Angesicht von Texten, denen sie zum ersten Mal gegenüberstanden, als zu sagen, was sie immer sagten, und in gewisser Hinsicht war es eben doch die Schuld der »realistischen« Geschichten, wenn sie für eine solche Rezeption zu konkret, das heißt: zu banal waren.

Während also den »realistischen« Beiträgen im Zweifelsfall vorgehalten wurde, sie seien »trivial«, faßte das Negativurteil gegenüber den »experimentellen« Texten sich in das Wort »blutleer«. Da aber Anämie nobler ist als Volkstümlichkeit (und dem Gros der Juroren geläufiger), wurde jahrein, jahraus ein Vertreter der Experimental-Fraktion gekürt, was nicht hinderte, daß die Opposition der Parteien immer wieder aufs neue ein Thema für endlose Diskussionen und Erwartungen abgab.

Als ob all dies noch nicht genügt hätte, die Tage in der österreichischen Provinz zu füllen, boten die Veranstalter den Teilnehmern ein kulturell-unterhaltsames Rahmenprogramm, an dem zu partizipieren zwar keine Pflicht, aber ob der sonstigen Großzügigkeit, die den Autoren zuteil wurde, Ehrenschuld war. Es gab gemeinsame Ausflüge in die Umgegend mit Brotzeit, es gab Lesungen in Gymnasien, die bei den Autoren beliebt waren, weil sie gesondert honoriert wurden, und in Berufsschulen, die nur von zwei der zwölf Schriftsteller wahrgenommen wurden, denn die Berufsschulen lagen in den Vororten, und der Kleinbus, der die Autoren aus dem historischen Stadtkern in die industriellen Viertel chauffierte, fuhr bereits um acht Uhr morgens ab.

Der populärste Programmpunkt war das alljährliche Fußballspiel der Autoren gegen die Kritiker, das aufgrund seines symbolischen Charakters Teilnehmer wie Zuschauer anzog und am vorletzten Nachmittag der Veranstaltung stattfand. Beliebt besonders bei den kritischen wie literarischen Verfechtern des Experimentalismus, die, »hier bin ich Mensch, hier darf ich's sein«, in den zweimal 35 Minuten besonders zügellos foulten und fluchten, hatte das Match bei allen Beteiligten einen Ventil-Effekt; während einer ganzen Woche war der Literatur ein bitterernstes Weihrauchopfer nach dem anderen gebracht worden, da tat es gut, die Kunst einen entspannenden Moment lang an ihren Platz als Unterhaltung neben anderen Unterhaltungen zu verweisen. Das Spiel war für 15 Uhr angesetzt und würde, mit einer stark begossenen dritten Halbzeit, bis in den Abend verlängert werden.

So kam es, daß eine andere Rahmenveranstaltung, die unglücklicherweise auf denselben Tag gelegt war, völlig unterging. Ein kleiner Verlag aus einem Bergdorf an der Grenze, 35 Kilometer von der Stadt entfernt, der sich auf die Literatur der Völker des ehemaligen k. und k.-Imperiums spezialisiert hatte, lud zu einer Lesung von drei Autoren aus dem früheren Jugoslawien. Sei es, daß der Zeitpunkt wirklich ungünstig gewählt war (zwischen dem Abpfiff des Fußballspiels und der Abfahrt in das Bergdorf blieb kaum mehr als eine Stunde) oder daß die Aussicht auf noch mehr Lesungen die Sättigungsgrenze selbst der Willigsten überstieg, jedenfalls fanden sich am späten Nachmittag nur drei der zwölf Autoren, nur zwei der sechs Juroren und nur ein einziger von über fünfzig Journalisten auf dem Parkplatz vor dem Hotel ein.

Die beiden Jury-Mitglieder, ein sportlicher bärtiger Fünfzigjähriger mit kurzgeschorenem, an der Stirn dünnem, stahlgrauem Haar, Literaturredakteur einer TV-Anstalt, und eine rotblonde Wiener Privatdozentin für Semiotik, hatten sich am Vorabend liebengelernt und mit einem Spürsinn, den illegitime Liebespaare mit gejagtem Wild gemein haben, vorausgesehen, daß ihr Idyll auf dieser Veranstaltung am sichersten vor Entdeckung, Klatsch und Tratsch sein würde und zudem gedeckt von den hochliterarischen und -politischen Aspekten des Abends.

Der mitreisende Journalist, ein junger Mann, der freischaffend tätig war, besaß keinen festen Abnehmer für seine Papiere. Seine einzige Möglichkeit, Geld zu verdienen, war, als einziger über etwas zu schreiben, worüber keiner der festangestellten Redakteure schrieb.

Von den drei Autoren, die den gecharterten Reisebus bestiegen, waren zwei Deutsche und einer Österreicher. Der Österreicher, ein dreißigjähriger, verschlossener junger Mann, der bislang hauptsächlich als Lyriker hervorgetreten war, haßte den Wettbewerb, haßte die Mentalität seiner Landsleute und hatte noch mit kaum jemandem ein Wort gewechselt. Sein Lektor, der ihm geholfen hatte, seinen ersten Prosatext zu verfassen, den er hier, unter dem Applaus der Jury (was er haßte) vorgetragen hatte, war ihm auch väterlicher Freund, und mehr als das: Dolmetscher gegenüber der Welt, Schutzwall gegen die Banalitäten des Alltags, behutsam-dominanter Liebhaber. Daß dieser Freund sich lachend, scherzend, voll genüßlich ausgelebter Vulgarität, für das Fußballspiel eingeschrieben hatte, verzieh sein Autor ihm nicht und mußte durch Abwesenheit bestraft werden. Da der junge Österreicher aber bei dem Gedanken, alleine im Hotel zu sitzen oder alleine durch die Stadt zu streifen, in Schweiß ausbrach, hatte er sich dazu entschlossen, der Lesung der Jugoslawen beizuwohnen.

Der zweite der nicht Fußball spielenden Schriftsteller war ein vollbärtiger, leicht angegrauter Vierzigjähriger aus der ehemaligen DDR. Wie der Österreicher wurde er zur Experimental-Partei gerechnet. Er besaß erst seit kurzem die Möglichkeit, offen und frei der Kunst zu leben, zuvor hatte er seine Versuche nur im engsten Freundeskreis zu Gehör bringen können, verdiente sein Brot als Glaser und war mit Publikationsverbot belegt. Lange hatte er als Arbeiter unter Arbeitern existiert, nun weihte er der Kunst, der reinen Kunst, die niemandes Magd ist, einen Gottesdienst von einer Ausschließlichkeit und hermetischen Höhe, die ihm zwei broschierte Veröffentlichungen in einem Frankfurter Verlag und mehrere Stipendien eingebracht hatten. Fußball? Wenn er jemals gewußt hatte, was mit diesem Begriff gemeint ist, so hatte er es lang vergessen. Diese Woche war der Literatur zu Füßen gelegt, und

er hatte keine Lesung ausgelassen, hatte, ständig gedanklich an seinen eigenen Texten feilend, allen beigewohnt, war mit einem pflichtschuldigen Diensteifer, den er im Sozialismus gelernt hatte, in Gymnasien und Berufsschulen gewesen, 8 Uhr morgens, 8 Uhr abends, das spielte keine Rolle, und da es nun noch drei weitere Vorträge geben sollte, stand er zur Abfahrt bereit, zwanzig Minuten bevor der Bus erschien, und starrte schräg in den blaßblauen Himmel, auf der Suche nach Formulierungen für das Manuskript, das er mitgenommen hatte, um es, auch hier in Österreich, täglich um einen Absatz voranzutreiben.
Der dritte und letzte der Schriftsteller, die an der literarischen Landpartie teilnahmen, war 35 und kam aus Hamburg. Er hieß Gerhard Schrader. Schrader war einer der wenigen, die sich den luxuriösen Aufenthalt auch aus eigenem hätten leisten können. Er hatte in Göttingen Jura studiert und arbeitete seit zwei Jahren in der Rechtsabteilung einer Hamburger Privatbank. Er war dort für internationales Firmenrecht verantwortlich und wurde oft geschäftlich ins Ausland geschickt. Und da die Bank die Politik verfolgte, ihr nobles Image nach innen wie nach außen zu demonstrieren, gewährte sie ihren Mitarbeitern einen Reiserahmen, der diese auf gleichen Fuß wie ihre Gesprächspartner stellte, in dem äußerst logischen Gedankengang, daß ein Mann, der Minderwertigkeitskomplexe hat, kein ebenbürtiger Verhandlungsgegner sein kann.
Wie so viele Juristen, die ihr Beruf zu strenger Ordnung und geschliffener Formulierung anhält, war Schrader über das Verfassen von Schriftsätzen zur Literatur gekommen und versuchte nun, Logik und Phantasie in Einklang zu bringen.

Gerhard Schrader hatte in einem kleinen Verlag, der finanziell nicht in der Lage gewesen war, ihm einen Lektor zur Begleitung und Ermutigung mit nach Österreich zu schicken, einen Band Erzählungen veröffentlicht, deren Humor einem Kritiker aufgefallen war, der ihn, in seiner Eigenschaft als Juror, zum Wettbewerb einlud. Dieser Kritiker war einer der Verteidiger der »realistischen« Literatur, und Schrader kam ihm als lebende Illustration seiner Konzepte sehr gelegen. Er hatte ihn ermutigt, dann aber unter dem Feuer der Kritik nach der Lesung (»Trivialliteratur«, »Ich frage mich, wo ist hier die Kunst«, »Antreibereien des Publikums«) die weiße Fahne gehißt und seinen Protegé aufgegeben, als er sah, daß hier nichts zu retten war. Nächstes Jahr würde er es von neuem versuchen.

Der kritische Mißerfolg seiner Lesung hatte Schrader allerdings weniger mitgenommen als ein anderes Ereignis, das zwei Wochen vor seiner Abreise nach Österreich geschehen war und ihn in eine tiefe Krise gestürzt hatte.

An jenem Tag nämlich hatte ihn seine Frau verlassen und ihre gemeinsame Tochter mitgenommen. Es hatte keinen Streit gegeben, sie erklärte ihm sehr ruhig, sie habe sich in einen anderen Mann verliebt, wolle aber nicht sofort mit ihm zusammenleben, sondern für eine Weile alleine bleiben, um, wie es so schön heißt, sich über sich selbst klarzuwerden.

Zehn Jahre Vergangenheit und eine unabsehbare, sicher und überschaubar geglaubte Zukunft brachen in diesem Moment für Schrader zusammen. Schmerz, Leere, Enttäuschung, Zweifel, Unglauben, Hoffnung, Resignation, Schrader machte die gleichen Erfahrungen wie jedermann, dem Derartiges widerfährt, aber er machte noch eine zusätzliche: Die Literatur, das Schreiben halfen ihm überhaupt nicht.

Es linderte oder erklärte die Verzweiflung nicht, sie niederzuschreiben, er hatte auch gar keine Lust dazu. Die Worte fehlten, es fehlten die Gedanken und Gefühle. Jeder Versuch, seinen Zustand zu fiktionalisieren, jedes Wort, um die Schmerzen in der Struktur eines Textes zu bändigen, entpuppte sich als leere Hülse, absolut unfähig, irgend etwas von der Realität einzufangen, irgendwie gegen sie zu bestehen. Nichts Geschriebenes hielt stand vor der Leere, vor den Tatsachen. Die Literatur versagte schmählich vor dem Sprachlosen, dem Wirklichen. Im Schmerz, in der Trauer, lernte er, schweigt man, wie die Tiere, alle Worte waren für vorher oder nachher. Peinlicherweise half ihm die Arbeit in der Bank mehr als alle Literatur, in den Tagen nach der Trennung nicht verrückt zu werden.

In dieser Stimmung, in dieser alptraumhaften Wachheit war er nach Österreich gekommen und wußte schon nicht mehr warum. So hatte ihn auch sein Mißerfolg gleichmütig gelassen; daß man seinen Text verdammte, war richtig, wenn es auch aus falschen Beweggründen geschah. Literatur, die gegenüber wirklichem Schmerz, wirklicher Trauer nicht standhält, war in der Tat sinn- und nutzlos, und er würde nicht mehr weiterschreiben. Er redete nicht darüber, er redete ohnehin kaum; ihm, der soeben die Grenzen der Ernsthaftigkeit von Literatur entdeckt zu haben glaubte, kam dieser ganze Jahrmarkt der Ängste und Eitelkeiten, den er mit dem kalten Blick des Verzweifelten wahrnahm, nur lächerlich vor und bisweilen obszön:

Wie die jungen Dichter ungeschickt im Büffet-Luxus der

provinziellen Vier Sterne schwelgten, wie sie voller Angst und nägelkauend, als ginge es um ihr Leben, bei der Auslosung der Lesungen bangten, zu früh in der Woche oder zu früh am Morgen an die Reihe zu kommen, wenn der Kater vom Vorabend die Juroren unwirsch und unwillig machte; wie sie, sobald genügend Ohren zugegen waren, romantisch renommierten (»Mein Text, das ist alles oder nichts, entweder sie kapieren ihn, oder sie werden mich lynchen«), wie sie die schattenwerfende Nähe der Kritiker suchten, um Originalität und Gleichgültigkeit zur Schau zu stellen, wie sie zu allem bereit waren für eine Gewinnsumme von 15 000 Mark. Aber wenn Schrader die Autoren pathetisch erschienen, so waren es die Juroren und Verlagsprofis, die wahren Stars der Veranstaltung, die ihm mit ihrer gleichmäßig auf Branchenklatsch, Literaturtheorie, Sport und Sex verteilten Konversation bewiesen, daß die Literatur tatsächlich nicht mehr war als ein Zeitvertreib, um Zeitungsspalten zu füllen und ein hoffnungsloser Berufsstand, wenn man eine Familie und eine Geliebte ernähren und ein komfortables Auto fahren wollte. Schrader, der gerne einem Fußballspiel im Fernsehen folgte, aber keine Lust hatte, sich das lächerliche Gekicke dünner weißer Beine von Zigarrenrauchern und Intellektuellen anzutun, der aber alleine im Hotel in Depressionen versunken wäre, entschied sich, mit in das Dorf an die Grenze zu fahren. Enttäuscht von seinesgleichen, die gegeneinander intrigierten, um für ihre Elaborate einen kleinen Obolus und einige Sternschnuppen Medieninteresse zu finden, hoffte er halb, daß die Jugoslawen, die andere Sorgen haben mußten, ihn von diesem immer heftigeren Gefühl, er müsse alles, was mit Literatur zu tun hatte, von sich abwaschen wie eine Schmutzkruste, ablenken würden.

Die Busfahrt dauerte fast eine Stunde, das Dorf befand sich am Ende eines Seitentals, eine Straße dritter Ordnung führte dorthin und endete dort. Der Österreicher trug die Kopfhörer eines Walkman über den Ohren während der Reise und summte leise mit, der DDR-Autor las, der Journalist redete mit dem Fahrer, die beiden Turteltauben in der letzten Reihe gingen einander an die Wäsche, und Schrader starrte aus dem Fenster auf die Berglandschaft, den Horizont, der sich zusammenzog, die immer längeren Schatten, die graugrünen karstigen Felsmassive, die kaum bestellte Landschaft, die Leere und Desolation, die allen Grenzgebieten eigen ist.

Das Dorf, in das der kleine Verlag geladen hatte, bestand aus einer Handvoll Häuser, einer Kirche, einem Gasthof und dem Gebäude des Verlags, einem renovierten Bauernhof. Der Mehrzwecksaal mit Bühne, Klavier und 50 Stühlen war viel zu groß für die Gelegenheit. Außer den Busreisenden waren nur vier weitere Zuschauer erschienen, der Bürgermeister und seine Frau, der Pfarrer und eine Lehrerin. Ein Mädchen, das für den Verlag arbeitete, hieß die spärlichen Gäste willkommen, und der Verleger selbst, ein 45jähriger mit tiefen Falten um die Mundwinkel und einem Kranz von Krähenfüßen um die braunen Augen, hielt tapfer seine Einführungsrede in ein, durch die Umstände obsolet gewordenes, Mikrofon. Drei Autoren waren geladen, aber nur zwei waren gekommen. Ein kroatischer Romancier und ein bosnischer Lyriker. Der dritte Autor, und hier wurde die Stille des Abends zum ersten und einzigen Mal konzentriert, denn der Verleger sprach mit zitternder Stimme und Tränen in den Augen, der dritte Autor war verschollen. Er lebte in Sarajevo, hatte versprochen zu kommen, war nicht mehr zu Hause, doch niemand besaß Nachrichten über seinen Verbleib in den letzten drei Tagen.

Der einzige aus der literarischen Reisegesellschaft, der der Vorstellung der lesenden Autoren lauschte, war Gerhard Schrader. Der Journalist notierte mechanisch, der DDR-Dichter grübelte, die Augen zur Decke gehoben, über ein Sprachproblem, der junge Österreicher wetzte auf seinem Stuhl und schwankte zwischen Sehnsucht und Rachegelüsten gegenüber seinem Lektor, das Jurorenpaar hatte, erfahrungsgeschult und von dem frustrierenden erotischen Geplänkel im Bus hungrig gemacht, das magere kalte Büffet gesucht und gefunden und stand jetzt, nonchalantes Interesse heuchelnd und alle Konzentration darauf verwendend, geräuschlos zu kauen, an der Rückwand des Saals.

Der kroatische Romancier war das krasse Gegenbild all dessen, was Schrader in den letzten Tagen über den Weg gelaufen war. Ein bärenhafter Mittvierziger mit vollem, grauem Haar und Fleischerhänden, die so sehr zitterten, daß das dünne Manuskriptpapier knisterte. Er war, erklärte der Verleger, vor dem Krieg, der ihm Arbeit und Wohnung geraubt hatte, hierhergeflüchtet und, kaum war der Waffenstillstand geschlossen, nach Dubrovnik zurückgekehrt, hatte seine Zimmer repariert und seinen Beruf als Lehrer wieder angetreten, sobald seine Schule öffnete. Er würde, des Deutschen nicht mächtig, in seiner Muttersprache lesen, der Verleger hinterher die Übersetzung vortragen.

In dem Moment, da der Kroate mit einer abgehackten, gehetzten Baßstimme zu sprechen begann, wußte Schrader, daß jede Übersetzung hier überflüssig war. Mit seinen ersten Worten verwandelte der nervöse Bär sich in ein Kraftwerk, einen Rapper, einen arabischen Märchener-

zähler, einen Storyteller. Sein Mienenspiel, seine Intonation, die Melodie seiner Worte zwischen Donner und Wispern, Motorenlärm und pastoralem Lied, seine schockartigen Pausen, Blutflecke auf einer Kameralinse; die wilde Freude des gemeinsamen Essens und Trinkens; die Erscheinungen toter Geliebter, sich öffnende Berge, vom Himmel steigende schimpfende Götter, fliegende Jungfrauen, glockenklingende Winterstarre, durch die zwei Kinder Hand in Hand irren, Männer, die für eine Liebe 1000 Jahre ausharren, digitalisierte Selbstverbrennungen; all das erzählte der Mann, ohne daß man ein Wort zu verstehen brauchte, die Geschichte von Menschen, vom Leben und Sterben, zu Sprache gewordene Splitter eines von mythischer Zerstörung heimgesuchten Landes.
Schrader und der Verleger, der nach der Lesung behutsam wie ein Vater seinen Arm auf die Schulter seines Autors legte, applaudierten am längsten. Dann las der Verleger die Übersetzung, er las gut, aber hatte man nicht zuvor schon alles verstanden, was zu verstehen war?
Der Lyriker, der danach an die Reihe kam, war erst vor drei Wochen aus dem umkämpften Sarajevo gekommen, und man las in seinen Augen, wie es um das Leben dort bestellt sein mußte. Es waren die Augen eines gehetzten Tiers, riesig in tiefen knochigen Höhlen, Augen, die sich bewegten wie Radarschirme. Der Krieg hatte die Physiognomie des Mannes verändert, alle Sinnesorgane, die ihn vor dem lauernden Tod warnen konnten, schienen gewachsen: die große Hakennase, um die Gefahr zu schnuppern, die riesigen vom Schädel abstehenden Ohren, schaufelförmige Hände, um sie in einer hilflosen schützenden Geste vor den Körper seiner Frau und seiner Kinder zu halten.
Der Mann trug ausgebeulte Jeans und einen filzigen Pull-

over, er hätte in Deutschland problemlos für einen der obdachlosen, bettelnden Asylbewerber durchgehen können, die einem den gutgelaunten Einkaufsbummel verderben, und Schrader bezweifelte, daß das Luxushotel, in dem er logierte, ihn als Gast akzeptiert hätte. Er mußte an die 50 sein, dann nannte der Verleger sein Alter: 35.
35 Jahre alt, verheiratet und Vater von drei Kindern. Bevor der Krieg dem ein Ende machte, hatte er in Sarajevo eine Literaturzeitschrift herausgegeben und in der Cinemathek gearbeitet. Lächelnd dachte Schrader, daß man ihn im Wettbewerb bei diesem curriculum vitae der Experimental-Fraktion zugeordnet hätte.
Schrader glaubte kein großer Freund von Poesie zu sein, aber das änderte sich, genauso wie die zu eilige Kategorisierung, als der bosnische Lyriker auf deutsch aus seinen »Kellergedichten« zu lesen begann. Er las langsam, mit einer singenden Stimme, und was er sagte, war so einfach und klar, daß Schrader plötzlich wußte, was das ist: der Krieg, das Leben, das Leben im Krieg, der alltägliche Tod, die alltägliche Angst, das alltägliche Weiterleben auf geborgte Zeit. Die kleinen Freuden, Überraschungen, Hoffnungen und Niederlagen, die mitten aus dem allgegenwärtigen Tod das Leben ausmachten: Mitten im Tode seid Ihr vom Leben umfaßt. Das Gedicht als die natürliche, die adäquate, präzise Antwort auf die Desaster des Kriegs. Eine Antwort, die noch, indem sie von Mörserschüssen übertönt, erstickt, ausgelöscht wurde, recht behielt. Ein Ton, der weiterschwang, über dem Rauch, dem Pulverdampf, über dem Gemetzel, über den Gräbern. Nicht triumphierend noch selbstsicher noch allwissend, sondern so, wie der Bauer tausend Jahre lang sein Feld pflügte: hoffnungslos und zuversichtlich.

Die Gedichte hießen »Wasserholen«, »Radio« oder »Nebel-Leben« und handelten eben davon: Wie man zwischen den Kugeln der Heckenschützen hindurchmuß mit seinem Plastikkanister, um zur lebensnotwendigen Wasserleitung zu gelangen; was es bedeutet, im Radio die französische Stimme eines Philosophen zu hören, der aus Paris nach Sarajevo gekommen ist und schwört, daß er nichts vergessen wird, und danach ein englisches Lied, von dem es heißt, es sei die Nr. 1 der Hitparaden; oder was der Nebel in Sarajevo bedeutet: Leben nämlich, denn er macht die Stadt und die Menschen unsichtbar, lähmt die Heckenschützen, und die Überlebenden treten aus ihren Mauern, gehen auf die Straße, treffen einander, lachen, reden, kaufen ein und umarmen sich.
Nachdem der Lyriker geendet hatte, las der Verleger noch die Texte des abwesenden Schriftstellers vor, konzise, kurze Situationsbeschreibungen des Lebens in der belagerten Stadt, Informationen, wie der Autor in einer Einleitung erklärte, da es in Perioden wie dieser wichtig sei, den anderen zu beschreiben, wie das Leben im Krieg funktionierte.
Der Schlußapplaus war kurz, die beiden Jugoslawen und ihr österreichischer Verleger standen mit hängenden Armen vor dem spärlichen Publikum wie ein Mathematiklehrer, der einem begriffsstutzigen Schüler an der Tafel mit allen Mitteln eine Differentialgleichung zu erklären versucht hat und nun vor der absoluten Leere im Blick seines Schützlings zu kapitulieren gezwungen ist.
Die Zuschauer gingen zum Büffet oder dem, was das hungrige Liebespaar davon übriggelassen hatte. Der Pfarrer redete mit den Autoren, ein kleiner runder Mann, und der große bärenhafte Romancier und der lange magere

Lyriker beugten sich zu ihm herab. Der österreichische Autor und der Schriftsteller aus der DDR unterhielten sich mit den Juroren und ließen sich von dem mitgereisten Jungen über ihre Chancen beim Wettbewerb interviewen. Schrader kaufte dem dankbaren Verleger, der ihn fragte, ob er Journalist sei, die Bücher der drei geladenen Dichter ab und wartete dann, bis der Pfarrer die zwei anwesenden freigab, um sich zu bedanken und ihnen die Hände zu schütteln. Sie hielten seine Hand lange fest, und Schrader suchte nach einem Ansatz für ein Gespräch, aber es fiel ihm nichts ein. So begnügte er sich mit Dankesworten, Komplimenten und Ermutigungen, die kollegial erwidert wurden.

Da das Büffet bald abgegrast war, wechselte das Liebespaar hinüber ins Gasthaus, um ein Abendessen zu bekommen, das den Namen verdiente. Der junge Österreicher setzte sich ans Klavier und improvisierte, der DDR-Autor hockte sich neben ihn und klatschte rhythmisch in die Hände und rief von Zeit zu Zeit: »Yeah«. Der Priester verabschiedete sich. Am andern Ende des Saals hockten die Jugoslawen um den Verleger, der, den Telefonhörer am Ohr, versuchte, eine Verbindung nach Sarajevo zu bekommen, um Neuigkeiten über den Verbleib seines dritten Autors zu erfahren.

Schrader ging nach draußen, um zu rauchen. Es war dunkel, und die Berge, die das Tal abschlossen, zeichneten sich gegen den Himmel ab. Hinter diesen Bergen, in fünf Kilometer Luftlinie, lag Jugoslawien. Nein, nicht mehr Jugoslawien, Slowenien war es jetzt. Weniger als 60 Kilometer dahinter begann Kroatien, wo noch gekämpft wurde. Vier Autostunden weiter das belagerte Sarajevo, in dessen Kessel der Tod täglich seine spitzen Finger

streckte. Wenn hinten weit in der Türkei die Völkerscharen aufeinander schlagen. Ich begehre, nicht schuld daran zu sein. Das Pulverfaß. Zwei Autostunden entfernt von dieser Sommerfrischler-Idylle.
Gerhard Schrader faßte einen Entschluß. Niemand würde ihn bei der Rückfahrt vermissen, und zu Hause wartete niemand auf ihn. Er war frei zu tun, was er wollte, und was er wollte, war, diese Berge zu übersteigen und auf der anderen Seite, nach vier oder fünf Tagesmärschen zu erfahren, was es war, das mitten im Feuer des Bürgerkrieges Sprache wachsen ließ anstatt Schweigen.
Um elf Uhr war Abfahrt. Schrader beobachtete, wie der Journalist, das Jurorenpaar und seine beiden Mitbewerber einstiegen. Ohne zu zögern fuhr der Bus an, und die roten Rücklichter verschwanden in der Nacht. Das Haus des Verlegers war geschlossen, im ersten Stock brannte in zwei Zimmern Licht. Es erlosch bald. Schrader ging hinüber ins Gasthaus, verlangte ein Zimmer, trank noch ein Bier und legte sich schlafen.
Am nächsten Morgen frühstückte er ausgiebig, kaufte eine Flasche Wasser und Reiseproviant sowie eine Wanderkarte und marschierte aus dem Dorf. Die Straße endete, ein Feldweg führte auf die Berge zu und stieg langsam, dann stärker an. Wie alle Leute, die nicht an Bergtouren gewöhnt sind, täuschte Schrader sich in den Entfernungen. Der zugänglich aussehende Bergrücken mit der Almhütte, den er sich am Vormittag als Tagesziel gewählt hatte und der, laut seiner Karte, bereits auf slowenischem Gebiet liegen mußte, war bei Sonnenuntergang nach zehn Stunden Fußweg noch kaum näher gerückt. Schrader, der auf eine Übernachtung in der Hütte gerechnet hatte und darauf, am nächsten Vormittag

in das Dorf auf der anderen Seite des Kamms hinabzusteigen, sah sich gezwungen, mindestens einen zusätzlichen Tag einzuplanen. Als es dunkel wurde und der Weg nicht mehr zu erkennen war, legte er sich ins Stroh eines offenen Unterstandes am Waldrand. In der Nacht sank die Temperatur beträchtlich, und als Schrader am nächsten Morgen erwachte, war er steif vor Kälte. Auch waren seine Schuhe nicht für Gebirgswanderungen gedacht, und jetzt am Morgen spürte er bei jedem Schritt schmerzhaft die Kilometer des Vortages.
Irgendwo, bereits jenseits der Baumgrenze, verlief er sich und gelangte an den Fuß eines Felsmassivs, das nur zu erklettern, nicht aber gehend zu überwinden war. In Minutenschnelle zogen Wolken auf, und es begann zu regnen, ein eisiger Regen. Die Felsen erforderten keine alpine Erfahrung, aber selbst wenn er sie besteigen würde, wußte er nicht, ob er dahinter wieder auf seinen Weg träfe. Er konsultierte die schnell durchweichte Karte und kam zu dem Schluß, daß über den Felsen eine relativ ebene Strecke folgen mußte, hinter der er auf den Pfad stoßen mußte. Vielleicht hatte er hier sogar eine Abkürzung gefunden. Im stechenden Regen brauchte er Stunden, um auf allen vieren den Hang hinaufzuklettern. Die Steine waren glitschig, und wenn auch keine Absturzgefahr bestand, so doch die eines Sturzes und eines gebrochenen oder verstauchten Gliedes. Er ließ alle Vorsicht walten, aber als er oben angekommen war, fehlte ihm der Atem, und seine Muskeln reagierten nicht mehr. Hier oben kam er zwischen den Felsbrocken nur langsam und unter Umwegen voran. Ein Weg war nicht zu sehen. Er stolperte über Schotter, der Horizont war zu allen Seiten durch die Regenwolken verhängt.

Als es wieder Abend wurde, mußte er sich eingestehen, daß er völlig die Orientierung verloren hatte. Die Wolkendecke war so dicht, daß er nicht einmal die Himmelsrichtungen ausmachen konnte. Mühsam hielt er die aufsteigende Panik nieder. Hunger und Durst taten das ihre. Dann die Kälte. Dann die Nacht. Das Thermometer fiel, und obwohl Schrader sich gegen Regen und Wind unter einen Felsüberhang geflüchtet hatte, kroch die Kälte durch seine Kleidung. Als er am Morgen die Augen aufschlug und in die Sonne blinzelte, war sein Körper völlig taub. Der Himmel war von einem reingewaschenen Blau, als hätte niemals eine Wolke existiert, und die Sonne war im Osten über die hohen Gipfel gestiegen. Er versuchte aufzustehen und fiel um. Er spürte seine Beine nicht mehr. Die Angst war wie eine plötzlich aufgerissene Ofentür, er massierte seine Beine, zog die Schuhe aus und knetete seine bestrumpften Füße, aber er konnte seine Finger nicht fühlen. Er kroch aus der Spalte und robbte auf dem Felsplateau vorwärts. Rechts unter ihm, keine 200 Meter entfernt, folgte der Trampelpfad den Mäandern eines Bergbaches. Aber er konnte nicht aufstehen. Dann hörte er den Hubschrauber. Dann sah er ihn: Er flog erstaunlich niedrig. Bis zu dem Moment, als eine Gestalt sich herausbeugte und ihm zuwinkte, kam ihm der Gedanke nicht, er könne seinetwegen hier sein. Dann las er die Aufschrift »Bergwacht«.
Der Hubschrauber landete auf einem Flachstück oberhalb seines Liegeplatzes, und zwei Männer mit einer Tragbahre sprangen heraus. Im unmenschlichen Gebrüll des Motors waren ihre Schritte lautlos. Als sie vor Schrader standen, sagten sie nichts als seinen Namen, er nickte. Man erklärte ihm, als man ihn auf die Bahre hievte, daß

der Veranstalter des Literaturwettbewerbs eine Suchmeldung aufgegeben hatte. Als er auf seine Beine deutete, schon in der Kabine, nickte man, und er hörte das Wort »Erfrierungen«.
Am Flughafen wartete ein Krankenwagen, der ihn ins Spital fuhr. Er sah kurz einen Arzt, erhielt eine Betäubungsspritze, und als er wieder wach wurde, stand ein freundlicher bebrillter Mann in weißem Kittel vor ihm und sagte, daß alles soweit in Ordnung sei, aber daß man ihm, wegen der Erfrierungen, zwei Zehen habe amputieren müssen.
Am Abend trat einer der Organisatoren des Literaturwettbewerbes in sein Zimmer und erkundigte sich pflichtschuldig nach seinem Befinden. Er fragte, wie lange Schrader im Krankenhaus bleiben müsse, um Hotel und Rückfahrt für ihn zu regeln. Bevor er ging, nannte er ihm auch den Namen des Preisträgers und bedankte sich noch einmal für Schraders Teilnahme. Er ließ ihm auch die Lokalzeitung, in der der diesjährige Wettbewerb resümiert wurde. Neben dem Bericht über den Gewinner und den üblichen kritischen Worten zum Prinzip der Veranstaltung gab es auch eine einspaltige Glosse mit dem Titel »Der alljährliche Herostrat«, in der Schrader folgendes las: »Wir hatten bereits den, der zu flennen anfing und Morddrohungen ausstieß. Wir hatten den, der die Jury beschimpfte und anspuckte, dann den, der sich während seiner Lesung mit einer Rasierklinge schnitt und ein Blutbad verursachte. Und nun, als diesjährige Ernte den, der wie Zarathustra ins Gebirg geht, um dort zu erfrieren, um den Preis posthum zu erhalten, und den unsere Bergwacht für teures Geld retten muß. Liebe Autoren, wenn Ihr soviel Fantasie und Anstrengung in Eure Texte legen

würdet wie in Eure Publicity-Gags, dann wäre es um unsere Literatur besser bestellt.«

Der Herd

Einmal sagte meine Mutter zu mir: Wir fahren morgen in die Schweiz, nach Zürich, Tante Friedel besuchen, die ist schwer krank.
Ich war acht Jahre alt, und das Wort »schwer« beeindruckte und ängstigte mich. Ich stellte mir vor, die Krankheit hocke ihr mit allem Gewicht auf der Brust wie ein Teufel, hindere sie am Atmen und starre ihr ins Gesicht, wie es mir in Alpträumen häufig geschehen war.
Wer ist Tante Friedel? fragte ich. Meine Mutter antwortete, sie sei die Schwester ihres Vaters. Meines Großvaters also, von dem meine Eltern mir immer Wunderdinge erzählt hatten, an den ich mich aber nicht mehr erinnern konnte. Er war zuletzt Pförtner beim Hessischen Rundfunk in Kassel gewesen und hatte nach dem Krieg, als er Chauffeur bei den Amerikanern war, einmal an der Bar mit Gary Cooper getrunken, der im selben Jahr wie er geboren war und im selben starb. Es gab ein Photo von ihm, auf dem er, auf dem Rundfunkgelände, eine Fahne hißte. Ein breiter Mann, der eine Baskenmütze trug und die Strickweste mit den Wildlederflicken, die jetzt meinem Vater gehörte.
Ich fragte, warum diese Tante Friedel, die wir nie gesehen hatten, in der Schweiz lebte. Meine Mutter sagte, sie habe den Onkel Walter 1937 geheiratet und sei dadurch Schweizerin geworden.
Was für eine Krankheit hat sie? fragte ich.
Krepps, sagte meine Mutter, und ich erschauerte. Krepps

war die Krankheit, die schon meinen Großvater dahingerafft hatte, es war kein Entkommen vor ihr. Nun litt ein anderer aus unserer Familie daran und war daher auch zum Tode verurteilt. Einen Moment lang hoffte ich inständig, die unbekannte Tante würde den Krepps besiegen, um den Fluch zu bannen. Zwar sollte die Krankheit nicht ansteckend sein, aber ich hatte trotzdem Angst, mich jemandem zu nähern, ihn womöglich anzusehen, der von ihr befallen war. Es war wie in der Schule oder auf dem Fußballplatz, wenn plötzlich spürbar, wie bei einem aufziehenden Sommergewitter, die Spannung stieg und sich unweigerlich in einer Prügelei entladen würde. Jedesmal, wenn ich in der Nähe war, ich mochte so unauffällig tun, wie ich wollte, wurde ich magisch bemerkt und hineingezogen. Etwas in meinen Augen fiel den Prüglern auf und würde ebenso dem Krepps auffallen.
Hoffnungslos, denn ich kannte die unvermeidliche Antwort im voraus, fragte ich meine Mutter: Muß ich mitkommen?
Ja was sollen wir denn sonst mit dir machen? Du wirst sehen, Zürich ist eine schöne Stadt, und es wird eine schöne Reise.
Werden da auch andere Kinder sein?
Nein, Tante Friedel hat keine Kinder. Sie ist ja auch schon alt.
Wie alt ist sie?
Achtundfünfzig.
Es war eine weite Fahrt für mich. Durch den lichten Schönbuch, an Tübingen vorüber, über die Alb, deren dichte Wälder jetzt endlich, im Juni, hellgrün leuchteten, dann hinunter zum Bodensee durch die blühenden Wiesen und weißflimmernden Kirschbäume und zur Grenze

bei Schaffhausen. Es war ein Samstag, und wir warteten in der Schlange vor dem Schlagbaum. Die grünuniformierten schweizerischen Grenzer sahen sich alle Reisepässe genau an und winkten von Zeit zu Zeit Autos heraus.
Meine Eltern trugen Sonntagskleidung, und auch ich hatte meinen Blazer und die graue Hose anziehen müssen, in der es verboten und unmöglich war zu spielen, und in der die Sonntage so lang und diffus waren wie Fieberträume. Wir wurden durchgelassen.
Einmal in der Schweiz, stieg die Laune meiner Eltern sichtlich, mein Vater am Steuer sang sogar, wie sonst, wenn wir in die Ferien fuhren: »Die süßesten Früchte kriegen nur die großen Tiere, und weil wir beide klein sind, erreichen wir sie nie.«
Kannst du dich an die Friedel erinnern? fragte meine Mutter meinen Vater.
Er zog ein Gesicht: Ich hab' sie einmal gesehen, und das ist mindestens 15 Jahre her. Was macht ihr Mann noch mal?
Er ist pensioniert. Aber er war irgendwas in einer Bank.
Die Schweizer Banken... sagte mein Vater sinnend.
Aber geschrieben habe ich ihr regelmäßig, sagte meine Mutter, wie um sich gegen einen Vorwurf zu wehren, den niemand gemacht hatte.
Müssen wir lange dableiben? fragte ich.
Nun laß uns erst mal dortsein, sagte mein Vater.
Sie ist doch so krank, sagte meine Mutter. Wir möchten sie doch noch einmal sehen und ihr zeigen, daß wir sie nicht vergessen haben.
Und, setzte sie hinzu, wir möchten ihr dich auch einmal zeigen. Schließlich kennt sie dich noch gar nicht.
Du wirst also artig sein, sagte mein Vater, und ihr einen Kuß geben.

Ich sagte nichts. Sie, die wußten, was es mit dem Krepps auf sich hatte, wollten mich direkt in den Kreis stoßen, dort, wo der Tod auf dem Bett hockte und in sein Gesichtsfeld. Ich war gelähmt vor Angst, seine Augen zu sehen, den Totenkopf, den nackten Schädel, der mich angrinsen würde, auf mich zukommen, und ich war gebannt, unfähig zu flüchten.
Ich sah aus dem Wagenfenster. Schon waren wir im fremden Land. Die Ortsschilder trugen seltsame Namen, die alle auf -kon endeten, und die Nummernschilder der Schweizer Autos waren oval und trugen oben in der Mitte ein blutrotes Kreuz.
Das Haus der Tante und des Onkels stand in einem der Außenbezirke Zürichs, vom See durch die eigentliche Stadt getrennt. Es war ein spitzgiebeliges Haus in einem kleinen Garten, in dem es zwischen tiefdunkeln Tannen und Wacholder hier und da rosa und goldgelb blühte, ein gepflegtes Haus in einer langen Reihe gleichaussehender gepflegter Häuser, in einer Straße, in der kein Laut zu hören war.
Der Onkel öffnete die Tür, ein kleiner Mann in einem schwarzen Anzug, mit einem dicken grauen Schnurrbart und großen stummen schwarzen Augen und wenigen grauen Haaren, die in Strähnen quer über den nackten Schädel gelegt waren. Der Schädel war rot, als habe der Onkel zu lange in der Sonne im Garten gearbeitet.
Er nahm mit einem höflichen »Merci« – auf der ersten Silbe betont – die Pralinenschachtel entgegen, die meine Mutter ihm überreichte, gab meinen Eltern die Hand, nachdem er die Pralinen in die Linke genommen hatte, und sah mich aus schwarzen Augen stumm an.
Dann schien er zu bemerken, daß wir noch immer

draußen standen, verneigte sich entschuldigend und hieß uns mit einer Handbewegung eintreten.
Im Flur, wo es stickig roch und wo eine hohe Penduluhr tickte, wies er auf die steile Treppe und sagte: Gehen wir am besten gleich hinauf.
Ich griff nach der Hand meines Vaters.
Im Flur der Etage schob der Onkel sich unter gemurmelten Entschuldigungen an uns vorbei, klopfte an eine Tür und öffnete uns dann. Mir schlug das Herz hart in der Brust. Ich trat ein. Das Zimmer war grün. Ich sah den Tod nicht, aber ich roch ihn. Sein Geruch erfüllte das Zimmer, und bevor ich noch die Luft anhalten konnte, hatte ich ihn schon eingeatmet.
Hier schau, was man dir mitgebracht hat, sagte der Onkel zu seiner Frau. Da sah ich sie. Ich sah ihr Gesicht, ein schmales Gesicht, eine spitze Nase, zwei weiße Flecke unter den Augen in einer käsig-gelben Haut, gelbweißes Haar auf dem weißen Kopfkissen.
Tante Friedel richtete sich auf. Die Sehnen der dünnen sommersprossigen Arme spannten sich.
Komm her, mein Bub, hörte ich. Ach, wie ist er hübsch und schick. Ein richtiger kleiner Kavalier.
Meine Eltern sahen sich an. Der Onkel stand bei der Tür. Er sah niemanden an.
Ich kämpfte mich flach atmend durch den unerträglichen Gestank, den niemand zu bemerken schien, und blieb vor dem Bett stehen, in diesem grünen Zimmer, aber außer Reichweite der bleichen Arme, die sich nach mir streckten, und sah forschend auf das ausgemergelte Gesicht, um den Tod darin zu entdecken. Das Lächeln der Frau machte ihre Nase noch spitzer und ihre Wangen hohler.

Du brauchst keine Angst vor mir zu haben. Komm, daß ich dir einen Kuß gebe.
Sofort war meine Mutter hinter mir und bugsierte mich vorwärts.
Die Lippen der Tante waren kalt auf meiner Wange, aber der Kuß brannte wie Säure.
Und wie heißt du? fragte die Tante mich.
Ich nannte Vor- und Nachnamen.
Sofort rief meine Mutter und lachte dabei, aber es klang falsch: Du brauchst doch der Tante Friedel nicht deinen Nachnamen zu sagen!
Das Zimmer war grün, weil es nach Westen ging und das eindringende Tageslicht durch die grünen, geschlossenen Vorhänge gefiltert wurde. Vor dem Bett stehend, und da man mich aufgefordert hatte zu sprechen, fragte ich:
Was stinkt hier denn so?
Das abrupte Schweigen belehrte mich, daß ich etwas Falsches gesagt hatte. Ich hatte den Tod nirgends gesehen und in der Hoffnung, der Gestank habe eine andere Ursache, fragen wollen. Noch bevor jemand antwortete, sah ich selbst, woher der Geruch kam: Unter dem Bett stand ein gläserner Nachttopf, zur Hälfte voll bräunlichen Urins. Ja, es roch wie Urin, nachdem man Spargel gegessen hatte und einen Tag lang vergessen, wegzuspülen. Aber das war nur die eine Hälfte des Geruchs. Die andere kam aus der Kölnisch-Wasser-Flasche, die auf dem Nachttisch stand, und mit dem die Tante sich abtupfte. Das Kölnisch Wasser sollte den Uringeruch, den Verwesungsgeruch überdecken, aber es vermischte sich mit ihm. Die Kölnisch-Wasser-Flasche war halb leer. Da wußte ich, daß die Tante sterben würde.
Sie fand als erste die Sprache: Ich glaube, es ist hier nicht das Richtige für Kinder, in diesem Zimmer.

Sie wandte sich an mich; mit einer freundlichen, sanften Stimme:
Kranke Leute sind kein schöner Anblick. Willst du nicht hinausgehen, im Garten spielen, während deine Eltern hier ein bißchen bei mir sitzen bleiben?
Ich nickte.
Walter, zeig ihm bitte, wo's hinaus in den Garten geht.
Ich folgte dem Onkel, der mir die Tür aufhielt. Meine Mutter sah mich böse an.
Der Onkel ging schweigend die Treppe hinab, öffnete die Gartentür und deutete mit der Hand hinaus. Er sah mich aus seinen schwarzen Augen an, fast wirkte es, als lächle er.
Draußen atmete ich tief ein, es duftete nach Rosen und Lorbeer. Ich hatte Angst, mich an dem Todesgestank angesteckt zu haben und nun auch hier, weit fort von zu Hause, in diesem stillen Haus sterben zu müssen. Dann umrundete ich das Haus auf den sauberen Kieswegen. Der Garten war klein, es gab keine Schaukel, kein Spielzeug, nur Blumen und Büsche und Bäume, aber die waren zu klein, um hinaufzuklettern. Ich hockte mich auf einen Baumstumpf bei der Hecke und sah hinauf zu dem Fenster mit den grünen, geschlossenen Vorhängen. Da hörte ich Schritte. Der Onkel tauchte auf und hielt ein Buch in den Händen. Er reichte es mir. Er fragte nicht so dumm, wie andere Erwachsene, ob ich denn auch schon lesen könne, er drückte mir stumm das Buch in die Hand und verschwand wieder. Ich hatte Achtung vor ihm.
Die Sonne schien, ich saß in einem fremden Land in einem Garten, unbeaufsichtigt, mußte nicht spazierengehen und konnte lesen. Es war nicht so schlimm, wie ich gefürchtet hatte, wenn ich nur den Geruch aus Urin und Kölnisch

Wasser hätte vergessen können. Es war ein Märchenbuch, aber besser das als nichts.
Nach einer Weile hörte ich es hinter der Hecke rascheln, ich sah auf, ein Mädchen blickte blitzschnell hinter dem Zaun hervor und floh auf der Stelle, als unsere Augen sich trafen. Es war so groß wie ich gewesen und hatte langes schwarzes Haar. Ich legte das Buch beiseite, denn ich spürte das Mädchen hinter der Hecke, die zu hoch und zu dicht war, um hindurch oder hinüber zu blicken.
Plötzlich tauchte sie wieder auf, rannte wieder fort. Ich hörte ihren Atem. Ein Spiel? Ich schlich die Hecke entlang, bis zum Ende des Gartens, auf der Suche nach einem Durchguck. Als ich mich tief bückte, konnte ich zwischen den Ästen hindurchsehen. Ich sah das Mädchen an der Hausmauer stehen und herüberspähen. Sie konnte mich nicht sehen.
Ich rüttelte am Zaun, schrie: Ich kann dich sehen! und floh hinter das Haus. Als ich wieder zum Vorschein kam, stand das Mädchen am Zaun.
Ich habe dich schon lange gesehen, sagte sie.
Ich dich auch.
Was machst du hier? Hier sind nie Kinder.
Ich bin hier zu Besuch.
Willst du rüberkommen, spielen? fragte sie. Ich bin auch allein.
Ich weiß nicht, ob ich darf...
Dann komm' ich rüber. Ich heiße Felicitas.
Das war ein Name, den ich noch nie gehört hatte, und ich verstand: Venicitas.
Ich frag' eben meine Eltern, ob ich rüberkommen darf.
Du wartest auf mich, versprochen?
Ich versprach es. Aber während ich noch wartete, traten

meine Eltern und der Onkel in den Garten und sagten mir, wir wollten gehen. Ich traute mich nicht, von Venicitas zu sprechen. Ich sah hinter mich, aber sie war noch nicht da.

Geh hinauf, dich von Tante Friedel verabschieden, sagte mein Vater.

Du brauchst nicht, wenn du nicht willst, sagte der Onkel. Ich richte ihr schon deine Grüße aus.

Mein Vater sah den Onkel von der Seite an.

Der Kofferraum unseres Autos stand offen. Mein Vater und Onkel Walter trugen zu zweit einen schweren, chromglänzenden Elektroherd aus dem Haus und wuchteten ihn ins Auto. Der Kofferraumdeckel schloß nicht. Ich sah die Schweißtropfen auf der Glatze des Onkels. Mein Vater kratzte sich am Kinn. Es war ein Vierplattenherd. Unserer hatte nur drei Platten.

Ist der Herd für uns? fragte ich.

Ja, sagte meine Mutter. Tante Friedel hat ihn uns geschenkt.

Ich war stolz, daß wir einen Herd mit vier Platten haben würden, aber es war seltsam, ihn aus diesem Haus zu holen, während die Tante oben in ihrem Bett lag, in dem grünen, stinkenden Zimmer.

Verstehst du? fragte mein Vater den Onkel. Altes Fett, oder Soße zum Beispiel...

Der Onkel sah ihn an, dann nickte er und bedeutete ihm, zu folgen. Ich wurde ins Auto gesetzt. Von hier aus war das Zimmer mit den grünen Vorhängen nicht zu sehen. Der Giebel war hoch wie der eines Lebkuchenhauses. Ich hielt nach Venicitas Ausschau. Aber sie war nirgends zu sehen.

Schließlich fuhren wir ab. Meine Mutter winkte dem Onkel aus dem offenen Fenster zu. Sie lächelte und hörte

von einer Sekunde zur nächsten damit auf, als wir um die Ecke bogen.
An der Grenze wurden wir angehalten, und mein Vater stieg aus und öffnete den Kofferraum. Dann verschwand er. Als er wiederkam, stieg er ganz still ins Auto, aber kaum hatten wir den Schlagbaum passiert, jubilierte er und schlug meiner Mutter auf den Schenkel. Er war äußerst zufrieden mit sich.
2000 Mark ist der Herd wert! schrie er. Ein neuer Herd! Unbenutzt! Weißt du, wieviel wir dafür hätten an Zoll zahlen müssen? Was haben Sie zu verzollen? fragt er mich, und ich sag', ach, einen alten Herd, sag' ich, seh'n Sie? Und deute auf die Fett- und Soßenspuren, die ich vorher draufgemacht habe! Und was sagt er mir? Wären Sie mit 20 Franken einverstanden?! Und ob ich damit einverstanden wäre!
Auch meine Mutter war guter Laune. Dann drehte sie sich zu mir: Aber du hast den Mund nicht halten können! Ich hoffe nur, sie ist uns nicht böse deswegen...
Na, laß gut sein, sagte mein Vater, und das war ein Zeichen seiner außergewöhnlichen Stimmung, genau wie die Tatsache, daß ich ein Vanilleeis mit heißer Schokolade bekam, obwohl ich sonst nichts hatte essen wollen, als wir in Konstanz Rast machten.
Was meinst du, was noch nachkommt? fragte mein Vater. Meine Mutter zog eine fragende Grimasse: Das hängt auch von dem Walter ab, und der ist Schweizer... Aber ich frage mich, an wen es sonst gehen soll.
Den Herd, sagte mein Vater, können wir jedenfalls gebrauchen.
Ich habe mit einem Mädchen gespielt, das heißt Venicitas, sagte ich.

Felicitas, meinst du, verbesserte mich meine Mutter.
Nein: Venicitas! sagte ich.
Wir fuhren über die Alb und sahen das Hechinger Schloß hoch und braun im Spätnachmittagslicht. Ich dachte an die Tante, die in ihrem Zimmer lag, während meine Eltern den Herd aus ihrem Haus trugen, und an den getäuschten Zollbeamten. Zum Abendbrot waren wir zu Hause.
Einige Wochen später erhielten meine Eltern die schwarzgerahmte Karte aus der Schweiz. Ich vergaß Zürich, vergaß die Gesichter von Tante und Onkel, vergaß Felicitas. Nur der Herd erinnerte mich an das grüne Zimmer und an den Geruch aus Urin und Kölnisch Wasser, den Geruch des Todes.
Meine Mutter rief den Onkel einmal an und schrieb ihm drei weitere Briefe. Aber wir hörten nichts mehr von ihm, und von seinem Tod, Jahre später, erfuhren wir nur durch Zufall und mehr als ein Jahr nach dem Begräbnis. Er hatte alle seine Habe an ein Kinderheim und den Tierschutz vermacht.

Der digitale Abenteurer

1. BRIEFING

1.1 Produktbeschreibung
Thomas Hoehnemeyer, 36 Jahre alt, 1,79 m, 80 kg, schwarzhaarig, südländischer Typus, geboren in Osnabrück, Sohn eines wohlhabenden Patentanwaltes. Abitur, ein Semester Jura, danach drei Jahre Visuelle Kommunikation. Versucht sich während der Punk-Epoche zunächst erfolglos als Sänger einer Punkgruppe, danach erfolgreicher als Manager, Texter, Produzent. Nebenbei Arbeit als Pop-Journalist. Ab 1982 in Hamburg. Eintritt in eine der Majors als Programm-Assistent, später -Direktor. 1986 Gründer und Gesellschafter einer Video-Produktionsgesellschaft, die schnell (1989) zur größten deutschen und danach (1991) zur größten europäischen aufsteigt. 27 Mitarbeiter. Billings: 21 Millionen DM, Gross Income: 9 Mio. DM. Mehrfacher Millionär. Unverheiratet. Lebt mit seiner Mutter. Hobbies: Motorradfahren. (Hat mehrmals als Amateur an der Tourist Trophy-Isle of Man partizipiert – keine nennenswerten Resultate.)

1.2 Produktstärken
Zunächst das persönliche Vermögen, das H. unabhängig macht. D. h. wir können uns voll und ganz den aktionsimmanenten Problemen widmen, ohne zunächst an ein Sponsoring, Mäzenat oder dergl. denken zu müssen. Dann die zahlreichen Kontakte: H. besitzt unschätzbare

Vektorqualitäten, und zwar sowohl im Medienbereich (als ehemaliger Journalist und in seiner heutigen Position in einem höchst publicity-trächtigen environment und aufgrund seines direkten Drahtes zu den Medien) als auch bei der Musikindustrie und Distribution. Schließlich und endlich gehört er als Unternehmenschef zu einer privilegierten Soziogruppe und hat darüber hinaus selbst als Mäzen für eigene Mitarbeiter Ausstellungen organisiert (Video-Installationen und -Clips), wodurch er sich in der modernen Kunst- und Kulturszene einen Namen gemacht hat.

Zu den Stärken müssen schließlich noch einige persönliche Eigenschaften gerechnet werden: photogener Typus (schönes, dichtes Haar), Mehrsprachigkeit (fließend Englisch und Spanisch), sicheres Auftreten auf jeglichem Parkett (ausgezeichneter Redner ohne Manuskript, selbst auf Englisch) und last, not least, eine Ausstrahlung von in sich ruhender Autorität und Gelassenheit.

1.3 Produktschwächen

Zunächst zu den Unmaßgebenden, weil leicht behebbaren: H. ist nicht besonders groß, was aber lediglich eine Frage der Positionierung, der Rahmenbedingungen wie Form des Auftritts, Kameraposition etc. ist. Er leidet unter leichtem Übergewicht, was im Falle der Weigerung, eine Abmagerungskur anzutreten, aber dadurch mit positiven Vorzeichen belegt werden könnte, indem man ihn als Gourmet, Feinschmecker, weitgereisten Weinkenner, kurz, als Mann von Welt positioniert, den irdischen Genüssen nicht abgeneigt; dies wird von den Erwartungen der anzusprechenden Target-group abhängen.

H. hat sich seit dem Ende der 70er nicht mehr selbst ins

Rampenlicht begeben wollen, sondern ist heute eher zum Schalter und Walter hinter den Kulissen geworden. D. h. sein Mangel an Bekanntheit gegenüber dem Endverbraucher ist heute ebenso hoch wie sein Renommee bei den Insidern. Auch hieraus könnten wir einen Vorteil ziehen, insofern, als wir gegenüber der zukünftigen Target-group es mit einem unbeschriebenen Blatt zu tun haben, und die Erfahrung lehrt, daß es stets einfacher ist, aus dem Nichts aufzubauen, als ein existierendes Image zu ändern. Zu diesem Komplex könnte man noch hinzufügen, daß H. selten ausgeht, d. h. kaum an den strategischen Orten der Nacht zu finden ist, was seinen Grund allerdings nicht in einer Abneigung gegenüber nightlife, sondern ausschließlich in seiner überdimensionierten Arbeitszeit hat.
Sein Bachelor-hood in seinem Alter sowie die Tatsache, daß er seit dem Tod seines Vaters mit seiner Mutter zusammenlebt, könnten Anlaß zu unfruchtbaren Spekulationen werden (Homosexualität). Erschwerend hierbei die Tatsache, daß er vor fünf Jahren einen damals 21jährigen zum 50%-Partner in seinem Unternehmen gemacht hat. Die beiden gelten als unzertrennliche Freunde. Der junge Partner hat jedoch erwiesenermaßen eine feste Freundin, mit der er lebt. Hier muß jedenfalls durch entsprechende Maßnahmen entweder zu Akzeptanz des Unschärfephänomens oder besser für Dissuation gesorgt werden.

1.4 Strategische mittelfristige Zielvorgabe
Es geht H. um eine Verbindung mehrerer objectives, mit dem Ziel, eine allseits fruchtbare Synergie zwischen persönlicher Passion, gesteuertem Einsatz der abfallenden Publicity sowie selbst-recycelnder Mehrfachverwendung des Profits zu erreichen.

Ohne sich in psychologischen Details zu verlieren, ist die Ausgangslage folgende: H. ist an einem Scheideweg angelangt. Er hat beruflich über jedes Erwarten reüssiert. Weitermachen auf demselben Strang bedeutet für ihn Wiederholung, Langeweile, mit dem einzigen Ziel, zusätzliche Profite in seinem derzeitigen Erwerbszweig bzw. auf dessen sideways zu realisieren.
Demgegenüber steht nach seinen eigenen Aussagen sein Alter, das es verlange, sich in neue »Abenteuer« zu stürzen. Was er will, ist, einen »Massenausgleich« herzustellen zwischen seinem beruflichen Renommee hier und seiner bislang im Schatten stehenden Persönlichkeit, seiner identity dort.
H. ist (mit gutem Recht) überzeugt, daß ein öffentliches (und gesteuertes und mediatisiertes) Ausleben seiner persönlichen Passionen Signalwirkung auf ein weit gestreutes Publikum haben könne, und daß er auf diese Weise Image- und Notorietätsgewinne erzielen werde, die wiederum seinen derzeitigen bzw. zukünftigen Unternehmungen dienlich sein können.
Die uns von H. zur Wahl gestellten Felder, in denen er sich bislang nur gegenüber einem Insider-Publikum illustriert hat, sind folgende:
– Motorradfahren,
– Kunst- (Video)ausstellungen organisieren.
Es handelt sich also zunächst darum, festzustellen, wer ansprechbar und sensibilisierbar ist, und in einem zweiten Schritt, wie man die so festgelegte Target-group sowohl in der Breite als auch in der Tiefe erreichen kann.

2. Target-group Analyse

2.1 Target-group Definition

Um eine echte und tiefe Publikumsadhäsion zu gewährleisten, müssen wir dafür sorgen, daß es sich bei unserer Aktion sowohl um etwas handelt, was die Meinungs-Leader anspricht (Media-Vektoren, AB-Einkommensgruppen in Agglomerationen, 20–39, Sex gemischt), als auch um etwas wirklich Populäres oder zumindest leicht Popularisierbares. Hierbei ist auf folgendes zu achten: Das geänderte soziale Klima nach der Wiedervereinigung, das neu entstandene soziale Gefälle. Hier gilt es, jeglichen Eindruck zu vermeiden, ein Wessi-Millionär schlage über die Stränge. Zweitens müssen wir eine seit dem Beginn der 80er durch den Tiefeneinfluß »grüner« Ideen verschobene Ethik ins Kalkül ziehen, die, wenn sie auch nicht zwangsweise zu Hinderungen führt, jedoch sicher beachtet werden muß, was Semantik und Semiotik unseres Approaches betrifft.

Unsere Aktion muß also zunächst das Interesse der Meinungsführer finden (Soziodef. s. o.). Wir haben es hier mit einer Gruppe von 68ern und Nach-68ern zu tun, bei denen sich vage Ideen von sozialer und ökologischer Solidarität mit dem Individualismus und Hedonismus der Kohl-Ära vermischen. Kurz gesagt: passioniertes und passionierendes Ausleben der persönlichen Identität ja, aber nicht auf Kosten von Kindern, Tieren, Ausländern, der dritten Welt und der Ökologie.

Vektoren hierbei sind natürlich Public relations, Sponsoring (am besten Assoziationen mit TV-Stationen; auch zur Vermarktung), Präsenz in strategisch plazierten Talkshows, sowie im Printbereich die Adhäsion von Lifestyle-Titeln wie Fit for Fun, Max etc.

Um aber z. B. das TV-Interesse zu gewährleisten und die Aktion wirklich ins Volk zu tragen, ist unser core-target eine CD-Gruppe, ebenfalls jung, 15 bis 35, Arbeiter, Angestellte, Arbeitslose. Wichtig: Neue Länder.
Hierbei ist vor allem darauf zu achten, ein potentielles Neid-Phänomen in eines der Identifikation umzuwandeln. Die armen Teufel vor allem dürfen nie denken: Der Reiche amüsiert sich auf unsere Kosten, sondern eher: Ein Typ setzt seine Träume dank seines Willens durch – das kann und will ich auch, bzw. wenn nicht, gibt er mir immerhin escape-values = Traum-Freiheit.
Hierbei wichtigster Vektor neben TV: Bildzeitung (u. U. um Serie bemühen).

2.2 Definition der Strategie
Während sich aus der Organisation von Ausstellungen nichts machen läßt (nicht populär, nicht spannend genug), können wir m. E. unsere o. g. Zielgruppen mit der Basis »Motorrad« perfekt erreichen. Dabei trifft es sich ideal, daß H. vor Jahren an einer Orientierungsfahrt durch die marokkanische Wüste teilgenommen hat. Hier liegt unser Knotenpunkt:
Wir schlagen folgende Aktion vor: H. (passionierter Motorradfahrer, humanistischer Abenteurer) organisiert ein Motorrad-rallye-raid für Amateure und Profis von Deutschland nach Marokko (oder noch besser: in die Türkei, nach Anatolien). Er selbst wird als Organisator, spiritueller Leiter und treibende Kraft des Ganzen wirken, und der Erfolg (bei Teilnehmern und Publikum) muß aus der Ausstrahlung von Passion, Leidenschaft, erfülltem Kindertraum kommen, die die Realisierung eines solchen Abenteuers für H. selbst besitzt.

Die Rahmenbedingungen müssen relativ krude sein, um dem ganzen gegenüber der Medienkonkurrenz (Rallyes, Abenteuerurlaube, Kriege) einen hohen Publicity-Wert zu verschaffen. Einige Verschollene, leicht Verletzte etc. wären, auch für Nebenschauplätze in den Medien sowie um den Typus »verhinderter Fremdenlegionär« zum Mitmachen zu provozieren, ideal.
Um das Ganze nicht zu purer Hedonistik ausarten zu lassen und u. U. auch ethisch orientierte Persönlichkeiten zur Teilnahme zu bringen, müssen wir einen additional value anbieten, einen moralischen Köder:
Dies könnte zum Beispiel sein, einen Teil der Profite einer karitativen Organisation zu überlassen (Greenpeace, Unicef, Friends of the Earth).
Angesichts der aktuellen Situation (neuer Ausländerhaß, Mölln etc.) sowie dem Zielort scheint es uns jedoch vielversprechender, den humanitären Aspekt im Zusammenhang mit Türken/Türkei, evtl. Kurden zu suchen. Zum Beispiel: »Durchs wilde Kurdistan« oder Sternfahrt nach Anatolien zur Völkerverständigung, zur deutsch/türkischen Freundschaft, oder »Abenteurer gegen Fremdenhaß«. Dies ist noch zu vertiefen.

2.3 Approach

Der Approach soll nach H.s Ansicht (und kann auch gar nicht anders) über die Faszination angesichts seiner Person, seines Willens, seiner Idee, seines Charismas hergestellt werden. Um Medien, Meinungsführer und End-Publikum zu begeistern, muß die Aktion auf diese eine Person fokussiert werden, die dementsprechend präsentiert werden muß.
Hoehnemeyers ohnehin guten Kontakte zu den Medien

müssen dann in einem zweiten Schritt helfen, die Aktion logistisch auf finanziell gesunde Beine zu stellen. Auf keinen Fall dürfen wir bei alldem die Finalität des Ganzen aus dem Auge verlieren: Durch das öffentliche Ausleben seiner Passion will H. natürlich letztendlich seinen Einfluß und den Absatz seiner Produkte erhöhen. (Hieran im Kapitel Marketing-Mix denken!)

3. C. I.-KREATION

Um H. aus seinem bisherigen Schattendasein ans Licht der Öffentlichkeit zu bringen und diesen Kontakt gegenüber den Zielgruppen zu einem Erfolg zu machen, der langfristig nachwirkt und H. eindeutig positioniert, ist es nötig, seine Identität zu klären, zu formen und greifbar zu machen.

3.1 Semiotik
H.s Ziel-Identität ist der Typus des »humanistischen Abenteurers«, der allerdings nicht Nostalgie, sondern Modernität demonstrieren soll (siehe den technologischen Aspekt der Aktion).
Wichtigste Zeichen-Stellen sind:
- der Kopf
- die Kleidung
- die Accessoires
- der Auftritt

Kopf
H. hat gelocktes, dunkles Haar, was eine gute Basis darstellt. Die Haartracht des Abenteurers muß länger als modisch sein, und er muß einen Vollbart tragen (»gerade aus der Wüste zurück«, bzw., was die Haarlänge betrifft, ein

wenig jenseits der Mode, um den unwillkürlichen Eindruck hervorzurufen, er sei, was diese Bagatellen betrifft, nicht ganz auf dem laufenden, weil er einen guten Teil seiner Zeit außerhalb der Zivilisation verbringt). Der Bart jedoch nicht verwildert, sondern elegant gestutzt, denn wir haben es mit einem modernen und zivilisierten Menschen zu tun. Eine leichte Bräunung, nicht übertrieben, um nicht den Eindruck zu erwecken, wir haben es mit einem Touropa-Urlauber zu tun (Lawrence von Arabien war bleich!), bzw. um Hautkrebs-Debatten zu vermeiden.
H.s Gesichtsausdruck ist bereits ideal: ein Lächeln zwischen Ironie und Humor, was es mit einer gewissen zurückgehaltenen Ungeduld zu kombinieren gilt.
Kleidung
Ein besonderes und zugleich individualisierendes Merkmal ist hier vonnöten. Das könnte das Schuhwerk sein, aber angesichts gängiger Kamerapositionen scheint uns eine Kopfbedeckung interessanter. Baskenmütze ist zu franziskanisch, Borsalino zu boulevardhaft, Bandana zu falsch jugendlich; wir könnten einen modischen Brückenschlag und ein interessantes Paradoxon (denn diese Kopfbedeckung hat nichts mit dem Abenteurer zu tun) durch eine verkehrt herum getragene Baseball-Kappe erreichen (Erinnerung an USA, Kontestation, Sympathie mit den Schwarzen). Ansonsten Kombination von Armani ausschließlich in Seide und Leinen (Natur!) für die Stadt und unseres Erachtens ein lokaler Touch durch lässiges Tragen von anatolischen/kurdischen Trachten.
Accessoires
Da H. über kräftige Handgelenke verfügt, ist das wichtigste Accessoire ein Markenchronometer, der sichtbar ist (Farbkombination: blaues Zifferblatt, Goldgehäuse und

Armband). Keine Rolex wg. Zuhälterimage, eher Breitling. Die Uhr, am besten am RECHTEN Handgelenk getragen (Studien zeigen, daß Entscheider sie dort tragen), muß Eile und Kontrolle symbolisieren. Ein Kreuz, bzw. Amulett (keltisch ist en vogue) um den Hals kann eine Idee von Aberglauben transportieren, die vielleicht nicht unwillkommen wäre, da sie eine (menschliche) Furcht vor den Gefahren des Abenteuers illustriert.

Auftritt

Der Auftritt H.s muß ihn nach zwei Seiten hin abgrenzen: gegenüber dem kalten Manager durch eine willentlich zur Schau gestellte »kindliche« Lust, seine persönlichen Träume wahrzumachen UND zu teilen (Seitenblicke, Lächeln, gute Laune, Entspanntheit). Gegenüber dem puren Showman durch eine deutliche Darstellung der Unabhängigkeit (selfmade man), der Verantwortung trägt und wahrnimmt (umgeben von einem Stab).

H. hat Verständnis, aber wenig Zeit für die Journalisten.

H. liebt Kinder und kann einen Etappenstart verzögern, um ihnen ein Motorrad zu erklären.

H. ist kein »Crocodile Dundee«. Er bewegt sich in der Metropole ebenso gewandt wie im Kaukasus.

H. glaubt an Fortschritt, aber im Dienst der Menschen.

H. glaubt an Spaß, aber haßt Rücksichtslosigkeit.

H. hat eine Schwäche für Frauen, aber ändert sein Leben nicht für sie.

H. ist wohlhabend, aber kein Citizen Kane.

H.s Gesicht muß die Wunschgesichter all seiner Anhänger vorwegnehmen, und sein ganzes Publikum muß in sein Gesicht blicken können wie in einen Spiegel.

3.2 Ikonografie
Unsere Ikonografie muß eine der Bewegung sein, keine der Statik.
Photos sollten H. stets in Bewegung zeigen:
beim Abschiedwinken, beim Aussteigen aus einer Limousine, auf dem Motorrad, vor einer Landschaftstotalen, immer eher sein rechtes Profil oder Halbprofil (was vorwärtsstrebende Bewegung simuliert) als ein Vollporträt.
Ebenfalls sollte auf seine Position gegenüber den anderen geachtet werden: stets etwas entfernt, bzw. erhöht (dirigierend, kontrollierend, überblickend).
Das gleiche gilt auch für die wichtigeren TV-Aufnahmen.
Wir sollten auf natürliche Farbgebungen Wert legen (erdige Farben, Pastell-Kombinationen), dabei aber nie den Farbfleck vergessen, der ihn in jeder Menge sofort kenntlich macht (z. B. die rote Baseball-Kappe).
Es ist weiterhin darauf zu achten, so häufig wie möglich H. mit einer Kombination ins Bild zu bringen, die Modernität/Technologie mit Humanismus/Verantwortung verknüpft: z. B. H. mit einem Motorrad und einem Kind, H. in einem Helikopter mit einem Hund oder dergl.
H. selbst ist durch seine Tätigkeit bereits überdurchschnittlich conscious, was einen Auftritt vor Publikum betrifft, es geht hier lediglich darum, in den kurzen Aufmerksamkeitsdauern des Publikums gewisse Eindrücke festzuschreiben.

3.3 Mythologie
Um ein gewisses Image-Startkapital zu besitzen, ist es immer gut, eine neue Persönlichkeit mit mythischen Attributen ausstaffieren zu können, die einen unbewußten Wiedererkennungseffekt beim Publikum garantieren.

In unserem Falle ist die Situation etwas komplizierter, da wir in der BRD noch über kein schlagendes Beispiel eines Business-Showmanns verfügen, d. h. über eine Gestalt, die dank ihrer Medienkonformität scheinbare Antinomien vereinen kann, wie z. B.: ein gutaussehender Geschäftsmann, ein zivilisierter Abenteurer oder grenzübergreifend wirken: Geschäftsmann und Politiker und Medienstar oder Dinge wie Sport und urbane Intellektualität unter einen Hut bringen.

Hier sind wir weniger weit als unsere Nachbarn, was m. E. hauptsächlich eine Frage des Auftretens ist, was wiederum aus der deutschen Mentalität gespeist wird, die es nicht verstehen und zulassen will, daß einer mehreres können und repräsentieren darf.

Wie immer in diesen Fällen sollten uns die USA als ultimative Referenz zu Hilfe kommen. Ohnehin bezieht die bundesdeutsche »Volksseele«, seit der Selbstaufgabe jeglicher eigenen Identität nach 45 sowie in einem zweiten Schub nach 68, ihre Mythologien aus den Staaten.

Wer bietet sich hier nun an, der einerseits ins Bild paßt und andererseits selbst den ungebildeten Schichten bekannt genug ist, um einige seiner Charakteristika für die Verwendung seitens H. abzukupfern?

– John F. Kennedy für den jungenhaften Enthusiasmus und den Eindruck, Spaß an seinem Job zu haben.

– Steven Spielberg als Paradigma des Künstler/Geschäftsmannes vor allem nach dem Marketing-Geniestreich »Schindler«. Dies ein schlagendes Exempel, wie der »Quantensprung« in den Humanismus zu lancieren ist.

– Indiana Jones. Zwar eine Kunstfigur, aber zeittypisch. Der Held mit extremem Stylismus, vermenschlicht durch deutlich vermarktete Schwächen bzw. Phobien (die Schlangen).

Hierüber Videos anfordern und auf ikonografische Verwendbarkeit durchgehen.

Zuletzt ein Wort zu dem Namen. Studien haben ergeben, daß der ideale Name (ideal, was den Klang und die damit verbundenen Assoziationen sowie die Memorisierungs-Qualität betrifft) aus einem einsilbigen Vor- und einem zweisilbigen Nachnamen besteht. Von Alliterationen rate ich in unserem Fall ab.

Thomas könnte zu Tom werden (ist auch internationaler und jugendlicher). Hoehnemeyer müßte gekürzt werden, am besten zu Hoehne. Das »Meyer« muß jedenfalls weg, die Namensänderung mag natürlich ein Handicap darstellen, aber da der Name in der Öffentlichkeit heute noch nichts bedeutet, sehe ich hier keine Schwierigkeiten. Die geschlossenen und weichen »o«-Vokale sind positiv belegt, weil beruhigend und nicht aggressiv klingend, sondern vertrauensbildend.

4. MARKETING-MIX

4.1 Produkt
Das Produkt ist doppelt: ein Mann und seine Passion, die er ins Werk setzt. Ein moderner humaner Abenteurer, der den Leuten heutige Träume verschafft und durch die Art, wie er dies tut, zu einem Beispiel für die Allgemeinheit wird, die durch Konsum der sidefalls seiner Aktivitäten in seine Fußstapfen zu treten vermag. Wir verkaufen Individualität, Erfolg, Mythos und Verantwortung.

4.2 Kosten
Die Kosten für die Notorietätsbildung H.s einerseits und die Organisation des Motorrad-raids in die Türkei sind

auf insgesamt ca. 6 Millionen DM zu schätzen (hier nicht die Nebenkosten für türkische Institutionen, Beamte sowie diverse humanitäre Organisationen unterschätzen).
Die Lastenverteilung sollte folgendermaßen aussehen:
Vorlagen seitens H.: 0,5 Mio DM,
Sponsor (Motorradfirma oder Zubehör) 1 Mio DM,
Teilnahmegebühren: 0,15 Mio DM,
Fernsehrechte bzw. Beteiligung: 1,5 Mio national,
                                         0,5 Mio international,
Merchandising: 2,5 Mio DM,
so daß wir bereits im ersten Jahr dieser challenge auf ein positives Ergebnis hoffen können.

4.3 Distribution
Da wir es nicht mit einer Konservendose, sondern mit einem Menschen zu tun haben, ist die Distribution ein Problem menschlicher Relationen. Um unser Produkt an den Mann zu bringen, müssen wir es mediatisieren, ein Interesse um dieses neue Phänomen herum aufbauen und dem Publikum danach die Wege in eine Kauflösung weisen.
Die Distribution des Unternehmens Tom Hoehne ist daher eine Frage von PR- und Media-Arbeit sowie von gelungenem Merchandising des Unternehmens.

4.4 Media/PR
Eine gemeinsame Aktion zwischen H. und den visuellen Medien ist unser Nahziel. Die einzige Möglichkeit, unserem Produkt in Kürze einen Notorietätssprung und einen echten Imageaufbau zu gewährleisten.
Um das Medieninteresse herzustellen, müssen wir natürlich etwas bieten, und zwar über die reine Kombination raid/Persönlichkeit H.s hinaus. Das Interesse muß ge-

schürt werden, dann explodieren, dann perpetuiert werden. Zunächst ist also die Vita anzubringen, dann der humanistische Touch und schließlich das dramatische Ereignis. Hierbei muß die Ikonografie H.s perfekt funktionieren und in der Kombination einprägsames Bild/kurzer prägnanter Text ein unauslöschliches und sich im Unterbewußtsein der Zuschauer festhakendes Bild geben.
Um das Interesse wachzuhalten, sind in dieser Phase kleine Skandale höchst nützlich, in der Art von: ein Motorradunfall mit einem Schwerverletzten, die logische Mediendiskussion über die Gefahren des Sports und dann EIN AUTORITATIVES STATEMENT seitens H.s, das einerseits kontrovers sein muß, zum anderen entscheidend; so daß man merkt: Er ist der Boss dieser Veranstaltung, er entscheidet »über Leben und Tod« und vor allem: Er ist fähig, sich über Moralapostel hinwegzusetzen, die dem Publikum den Spaß verderben wollen.
Die Presse muß danach hauptsächlich für features benutzt werden: Lebens- und Erfolgsgeschichte H.s / People-stories: H. und X, H. und Y etc. sowie für vertiefende Artikel über die humanitäre Seite des Ganzen (für die Zeit und die SZ z. B.).

4.5 Merchandising
Die Liste der Möglichkeiten ist hier lang und muß darauf geprüft werden, daß sie am Ende mit den ökonomischen Interessen der verschiedenen Unternehmen H.s konform geht.
Printverwertung: Die autorisierte Biografie, Artikelserie, Photobücher, Jahresbände über den raid, Buch zum Film, etc.
Musikalische Verwertung: Jingles oder Cover-Versionen,

Nebenprodukte, Gadgets: Pins z. B.
Gemeinsame Aktionen, Kolloquien, Bücher, Features zum humanitären Aspekt.
Poster, Videos, Puppen in H.s typischer Erscheinung.
U.U. die allen PR- und TV-Aktionen beizugebende musikalische Untermalung mit einer dementsprechend zu kreierenden Gruppe inkarnieren und aus dem Media-Cover Hit-Möglichkeiten schlagen,
CD-Roms mit Kombination aus humanitär-ethnologischen und Abenteuer-Aspekten (über schulische Verwendung nachdenken), etc.

4.6 Langfristige Optionen
Wenn H. sich durch die ersten Abenteuer im Bewußtsein der Allgemeinheit als Persönlichkeit des öffentlichen Lebens positioniert haben wird, ist es Zeit, an längerfristige Konsequenzen zu denken. Denn einerseits ist es nicht wünschenswert, eine Masche totzureiten (was auch der Glaubwürdigkeit der Person H.s als »Dynamiker« schaden würde), und zum andern müssen wir natürlich die strategischen Ziele einer solchen Initiative im Auge behalten. Als da sind: breite Einflußnahme, Festigung und langfristige Absicherung der ökonomischen Position durch Übernahme einer öffentlichen Rolle – Ausweitung dieser öffentlichen Rolle durch finanzielle und Medien-Kraft.
Wenn wir hier vor allem daran denken, den zu erwartenden Erfolg im politischen Spektrum zu nutzen, dann geschieht das aus der Gewißheit heraus, daß ein aggressiv vorgetragener Anspruch auf Selbstverwirklichung, wenn er nicht direkt anderen Schaden zufügt, ins Positive umschlägt, da er als Ehrlichkeit ausgelegt wird. Jedermann weiß, daß es den herkömmlichen Politikern um Macht

und Einfluß geht – nur geben die es nicht zu. Jemand, der bereits Geld hat, wird nicht in den Ruch kommen, reicher gehen zu wollen, als er gekommen ist, und man wird ihm sein »ich will« verzeihen, da es aus Enthusiasmus und Lust kommt (die er zuvor in seinen öffentlichen Aktivitäten bewiesen haben wird).
Ein Mann wie H. kann die menschlich-männliche Lust auf Macht moralisch rehabilitieren.
Daher schlagen wir (auch wenn es jetzt für dergleichen Entscheidungen noch zu früh scheint) ein Engagement in sozialdemokratischer Richtung vor, wo es mehr Staub aufwirbeln, mehr alte Moralzöpfe durcheinanderbringen und mehr Kontroversen = mehr Mediatisierung erzeugen wird als im konservativen Lager. H. könnte eventuell den seit langem überfälligen Schritt der Rekonziliation zwischen der alten Bebelschen Moral und den Erfordernissen des nächsten Jahrtausends vollziehen.

5. Erste Resultatskontrolle

5.1 Ablauf
Seit zwei Jahren sind Tom Hoehne und sein raid »Hamburg–Ankara – Biking gegen Fremdenhaß« über die Grenzen hinaus bekannt geworden. 46 Teilnehmer an der ersten, 97 an der zweiten Auflage, davon 19 Türken und 11 in der BRD lebende Türken. Der erste deutsche Privatsender ist seit dem zweiten Jahr Co-Veranstalter. Der musikalische Jingle »Likin' Bikin'« von der Gruppe »Friendship« ist zu einem Hit in der BRD, Österreich, Benelux und Schweiz geworden, die daraus gezogenen LPs und Clips zu großen Verkaufserfolgen. In Music Week immerhin bis auf Platz 12.

Tom Hoehne ist in allen nennenswerten Print-Medien sowie in allen Fernsehkanälen interviewt worden.
Der verschollene und nach drei Tagen tot aufgefundene österreichische Pilot Leuthner hat eine mehrere Wochen währende, kontrovers geführte und packende Mediendebatte zur Folge gehabt, an deren Ende H. das mittlerweile zum Markenzeichen gewordene Schlußwort geprägt hat: »Auf der Hamburg–Ankara mache ich, was ich will.«
Durch gezielte Indiskretionen ist bekannt geworden, daß Tom Hoehne innerhalb der Rallye-Karawane von jedermann mit dem Spitznamen »Gott« belegt wurde, was aus seiner Omnipräsenz (Hubschrauber) und seiner perfekten, dynamischen Organisationskraft kommt.

5.2 Aufnahme
Statt eines Kommentars hier lediglich als ein Beispiel unter vielen einige Worte aus einem Leitartikel einer der wichtigsten deutschen überregionalen Tageszeitungen:
»Man kann Hoehne hassen (viele tun das) oder lieben (das tun noch mehr, vor allem die Jugend), aber eines kann man nicht: ihm seinen emblematischen Charakter abstreiten. Schon jetzt steht fest, daß er unsere Epoche repräsentiert, in allem, was an ihr abzulehnen ist (der kapitalistisch-hedonistische Trieb) und in allem, was in ihr Hoffnung macht, durch seinen vor allem international vielgerühmten Einsatz für die Völkerverständigung, der uns in zwei Jahren wohl bereits mehr Sympathien eingetragen hat, als ganze Dezennien deutscher Diplomatie.
Er vereinigt echten Abenteuergeist mit einem gesunden Wirtschaftssinn und einer geschickten Handhabung der Medien. Seine Egozentrik ist ebenso berühmt wie seine

Gutmütigkeit. Wer kennt nicht seinen Satz: »Auf der Hamburg–Ankara mache ich, was ich will«, der so viel böses Blut gemacht hat, und wer hat ihn nicht ins Herz geschlossen, als er einem kleinen anatolischen Jungen seine berühmte Baseball-Kappe aufsetzte und ihm vor den laufenden Kameras sein Motorrad zeigte und darüber völlig vergaß, das Startsignal zur Etappe zu geben.
Mehr als zu Geld oder zu Berühmtheit (denn beides hat er), treibt es Hoehne zu den eigenen Grenzen. Und daß er diesem Ziel so enthusiastisch folgt, zeigt eine Form von Ehrlichkeit, ja Naivität, bei der selbst der zurückhaltendste Beobachter sich fragt, inwieweit es nicht genau das wäre, was unser Leben eigentlich ausmachen sollte. Nun, wir sind nicht so, aber Hoehne ist so, und er läßt uns stellvertretend teilhaben an unser aller Suche nach dem Kern unseres Lebens.«

5.3 Daten
Tom Hoehne

Bekanntheitsgrad

	ohne Hilfestellung	mit Hilfestellung
vorher	0 %	1 %
nachher	47 %	86 %

Hoehnemeyer communication:
Entwicklung billings in 2 Jahren .... + 112 %
gross income .... + 136 %

Zusätzliche Erwerbszweige:
billings .... 12 Mio DM
gross income .... 5,8 Mio DM

Uwe Timm im dtv

»Ein Autor, der engagiert Zeitstimmungen und geistigen
Moden nachspürt und der Gesellschaft Defizite
unter die Nase zu reiben beliebt.«
Toni Meissner in der ›Abendzeitung‹

Heißer Sommer
Roman · dtv 12547
Eines der wenigen literarischen Zeugnisse der Studentenbewegung von 1967.

Johannisnacht
Roman · dtv 12592
»Ein witzig-liebevoller
Roman über das Chaos
nach dem Fall der Mauer,
über eine Stadt [Berlin]
voller Glücksritter und
Schwindler, voller Konflikte und Konfusionen.«
(Wolfgang Seibel in ›Die
Presse‹, Wien)

Der Schlangenbaum
Roman · dtv 12643
Ein deutscher Ingenieur als
Bauleiter in Südamerika.

Morenga
Roman · dtv 12725
Die Geschichte vom
Hottentottenaufstand in
Deutsch-Südwestafrika,
dem heutigen Namibia.

Kerbels Flucht
Roman · dtv 12765
Chronik eines entfremdeten Lebens.

**Römische
Aufzeichnungen**
dtv 12766
Impressionen und autobiographische Mitteilungen.

**Die Entdeckung der
Currywurst**
Novelle · dtv 12839
»Uwe Timm gestaltet eine
ebenso groteske wie rührende, phantastische wie
im konkreten Alltag verwurzelte Liebesgeschichte
... außerordentlich vergnüglich zu lesen.« (Detlef
Grumbach in der ›Woche‹)

**Nicht morgen,
nicht gestern**
Erzählungen
dtv 12891

Rennschwein Rudi Rüssel
Ein Kinderroman
dtv 70285

Die Piratenamsel
Ein Kinderroman
dtv 70347

Der Schatz auf Pagensand
dtv 70593

Günter Grass im dtv

»Günter Grass ist der originellste und
vielseitigste lebende Autor.«
John Irving

Die Blechtrommel
Roman · dtv 11821

Katz und Maus
Eine Novelle · dtv 11822

Hundejahre
Roman · dtv 11823

Der Butt
Roman · dtv 11824

**Ein Schnäppchen
namens DDR**
dtv 11825

Unkenrufe
dtv 11846

**Angestiftet, Partei zu
ergreifen**
dtv 11938

Das Treffen in Telgte
dtv 11988

**Die Deutschen und
ihre Dichter**
dtv 12027

örtlich betäubt
Roman · dtv 12069

**Ach Butt, dein Märchen
geht böse aus**
dtv 12148

**Der Schriftsteller als
Zeitgenosse**
dtv 12296

**Der Autor als
fragwürdiger Zeuge**
dtv 12446

Ein weites Feld
Roman · dtv 12447

Die Rättin
dtv 12528

**Aus dem Tagebuch einer
Schnecke**
dtv 12593

Kopfgeburten
dtv 12594

Gedichte und Kurzprosa
dtv 12687

**Mit Sophie in die Pilze
gegangen**
dtv 12688

Volker Neuhaus
**Schreiben gegen die
verstreichende Zeit
Zu Leben und Werk von
Günter Grass**
dtv 12445

Gert Hofmann im dtv

»Er ist ein Humorist des Schreckens und unermüdlicher Erfinder stets neuer, stets verblüffender und verblüffend einleuchtender Erzählperspektiven.«
Frankfurter Allgemeine Zeitung

Die kleine Stechardin
Roman · dtv 8480
Der große Göttinger Gelehrte Georg Christoph Lichtenberg und seine Liebe zu dem 23 Jahre jüngeren Blumenmädchen Maria Dorothea Stechard.

Der Kinoerzähler
Roman · dtv 11626
»Mein Großvater war der Kinoerzähler von Limbach.« Karl Hofmann, der exzentrische Kauz, ist eine stadtbekannte Persönlichkeit. Doch dann kommt der Tonfilm und macht ihn arbeitslos...

Auf dem Turm
Roman · dtv 11763
In einem kleinen sizilianischen Dorf wird die Ehe eines deutschen Urlauberpaares auf eine harte Probe gestellt.

Gespräch über Balzacs Pferd
Vier Novellen · dtv 11925
Unerhörte Begebenheiten aus dem Leben von vier außergewöhnlichen Dichtern: Jakob Michael Reinhold Lenz, Giacomo Casanova, Honoré de Balzac und Robert Walser.

Der Blindensturz
Roman · dtv 11992
Die Geschichte der Entstehung eines Bildes.

Das Glück
Roman · dtv 12050
Wenn Eltern sich trennen... »Ein schöner, durch seine Sprache einnehmender Roman.« (Frankfurter Allgemeine Zeitung)

Vor der Regenzeit
Roman · dtv 12085
Ein Deutscher in Südamerika, das »bizarre Psychogramm eines ehemaligen Wehrmachtsobersten«. (Die Zeit)

Veilchenfeld
Roman · dtv 12269
1938 in der Nähe von Chemnitz: Ein jüdischer Professor wird in den Tod getrieben. Und alle Wohlanständigen machen sich mitschuldig.